文毓满井 雅泽风华

——北京科技大学文化系列丛书

于成文 主编

中国文联出版社

图书在版编目（C I P）数据

文毓满井　雅泽风华 / 于成文主编. -- 北京 ：中国文联出版社，2021.8
（北京科技大学文化系列丛书）
ISBN 978-7-5190-4596-8

Ⅰ. ①文… Ⅱ. ①于… Ⅲ. ①高等学校－校园文化－文集 Ⅳ. ①G647-53

中国版本图书馆 CIP 数据核字(2021)第 173306 号

主　　编　于成文
责任编辑　阴奕璇
责任校对　马　帅
装帧设计　肖华珍

出版发行　中国文联出版社有限公司
社　　址　北京市朝阳区农展馆南里 10 号　　邮编　100125
电　　话　010-85923025（发行部）　　010-85923091（总编室）
经　　销　全国新华书店等
印　　刷　北京虎彩文化传播有限公司

开　　本　710 毫米 x 1000 毫米　　1/16
印　　张　23
字　　数　360 千字
版　　次　2021 年 8 月第 1 版第 1 次印刷
定　　价　47.00 元

编　委　会

主　编：于成文

副主编：李　洁　杨　阳

编　委：邢华超　高　龑　薛　浪　张嘉容
　　　　夏嘉雨　王子月　李世佳　史沛然

前 言

“文化是一个国家、一个民族的灵魂。文化兴则国运兴，文化强则民族强。”当今时代，文化越来越成为民族凝聚力和创造力的重要源泉，成为社会主义现代化建设的有力推手。对于高校而言，校园文化的积淀，凝聚着校园发展历程中的辉煌成果和宝贵经验，反映着高校的办学理念和精神风貌，引导着师生的价值取向和现实追求。

北京科技大学作为新中国成立后成立的第一所钢铁工业高等学府，具有深厚的历史文化底蕴，在七十年走过的光辉历程中留下了许多宝贵的文化成果与精神财富。学校始终坚持以文化人、文化育人，围绕立德树人根本任务，秉承“求实鼎新”校训精神和“学风严谨，崇尚实践”的优良传统，深入实施校园文化精品战略，从中华优秀传统文化、革命文化和社会主义先进文化、校本文化三个层面推进校园文化建设，积极探索校园文化建设新路径新模式。自2015年起，连续多年开展文化立项工作，组织“品读经典，体悟人生”、“阅读中华典籍、学习历史传统”系列文化活动，打造“星火北科”文化育人计划，力求将优秀文化的学习传承融入校园生活的方方面面。

“不忘本来，才能开辟未来。善于继承，才能更好创新”。为了更好地回顾历史、总结经验、探寻规律、谋求发展，学校启动了《文毓满井　雅泽风华》的编写工作，将学校2015~2019共5年文化项目成果加以汇总编撰，同时充分吸收借鉴学校校史研究成果，参阅多部历史文献，详细记述了北京科技大学在文化传承与创新以及教育探索与实践等方面取得的阶段性成就。

在本书付梓之际，再次感谢所有参与北京科技大学文化建设的师生员工以及参与编写本书的全体教师，感谢大力配合支持学校工作的部处和学院，本书的成果来源于奋进探索、积极实践的广大师生。

我校的校园文化建设工作仍有很长的路要走，本书仅暂作小结，其青涩与不足，自不待言，敬请各位读者、各界同仁批评指正。他山之石，可以攻玉。我们将广泛听取各界意见，向兄弟院校学习，更好地为推动文化育人工作贡献北科智慧，为实现高等教育内涵式发展展现北科担当，为我国高校文化事业进步贡献北科力量。

于成文

2021 年 5 月

目　录

第一章

满井文荟

北科大培养的两院院士（“院士摇篮”）

校友是高校育人的宝贵资源、生动教材和重要力量。北京科技大学建校 60 余年来，积淀形成了“学风严谨，崇尚实践”的优良传统和“求实鼎新”的校训精神，为社会培养各类人才 20 余万人，大部分已成为国家政治、经济、科技、教育等领域尤其是冶金、材料行业的栋梁和骨干，特别是有魏寿昆、柯俊、徐匡迪等 39 名校友当选为中国科学院或中国工程院院士，成为学校最丰富、最宝贵的育人财富。

两院院士是国家的财富、人民的骄傲和民族的光荣，也是一所大学的宝贵财富和育人宝库。

两院院士体现办学成果　诠释精神文化 落实成才动力

两院院士是国家设立的科学技术领域的最高学术称号，代表着我国科学和工程技术界的最高水平，是科技创新的杰出代表，更是国家的宝贵财富。长期以来，他们怀着深厚的爱国主义情怀，凭借深厚的学术造诣、宽广的科学视角，围绕国家、产业和地方经济社会发展迫切需要解决的重大工程科技问题，开展宏观性、战略性、前瞻性、综合性的咨询研究，为经济发展和社会进步发挥了重要作用，为祖国和人民做出了彪炳史册的创造性成就。

杰出校友是评价一所大学育人质量的重要标准。作为新中国钢铁工业高等学府，北京科技大学自 1952 年建校以来，秉承“为中华之崛起”的崇高理想，汇聚和培养了一大批求真务实、又红又专的拔尖人才。满井村这方不足千亩的育人沃土，相继走出 39 位中国科学院、中国工程院院士，在我国高校特别是行业特色类高校中位列前茅，被广大校友和社会各界亲切地称为“院士摇篮”，详见表 1、表 2。据中国校友网公布的最新“中国高校院士校友榜”，北京科技大学位居第 20 名。培养出众多院士校友，也成为北京科技大学办学的一个显著特征。

表 1 在北京科技大学学习和工作过的中国科学院院士

姓 名	工作单位 / 职务	毕业学校
魏寿昆	北京科技大学教授	北洋大学
吴自良	中科院上海微系统与信息技术研究所研究员	北洋大学
柯 俊	北京科技大学教授	武汉大学
张兴钤	中国工程物理研究院研究员	武汉大学
肖纪美	北京科技大学教授	唐山交大
邹世昌	中科院上海微系统与信息技术研究所研究员	唐山交大
王崇愚	钢铁研究总院教授	北京钢院相 54 届
徐祖耀	上海交通大学教授	唐山交大
高庆狮	北京科技大学教授	北京大学
陈难先	北京科技大学教授	北京大学
李依依	中科院金属研究所研究员	北京钢院铁 57 届
周国治	北京科技大学教授	北京钢院冶 60 届
叶恒强	中科院金属研究所研究员	北京钢院金物 62 届
葛昌纯	北京科技大学教授	唐山交大
张统一	香港科技大学教授	北京钢院金物研 79 级、博 82 级
雒建斌	清华大学教授	北科大压加研 85 级
张 跃	北京科技大学教授	北科大金属物理硕 87 级

表 2 在北京科技大学学习和工作过的中国工程院院士

姓 名	工作单位 / 职务	毕业学校
范维唐	中国煤炭工业协会会长	北京钢院矿 56 届
徐匡迪	十五届、十六届中共中央委员，十届全国政协副主席，中国工程院原院长，党组书记	北京钢院冶 59 届
殷瑞钰	钢铁研究总院名誉院长	北京钢院钢 57 届

续表

姓　名	工作单位 / 职务	毕业学校
陈先霖	北京科技大学教授	上海交大
周邦新	上海大学研究员	北京钢院相 56 届
涂铭旌	四川大学教授	北京钢院 55 研究生班
崔　昆	华中科技大学教授	北京钢院 54 研究生班
雷廷权	哈尔滨工业大学教授	北京钢院 55 研究生班
胡正寰	北京科技大学教授	北京钢院机 56 届
陈国良	北京科技大学教授	北京钢院相 55 届
柯　伟	中科院金属研究所研究员	北京钢院相 57 届
钟　掘	中南大学教授	北京钢院机 60 届
关　杰	西安重型机械研究所副总工程师	北京钢院机 63 届
刘　玠	十五届、十六届中共中央候补委员，中国科协副主席，鞍山钢铁集团公司原董事长、总经理，党委书记	北京钢院机 64 届
才鸿年	中国兵器装备集团公司顾问	北京钢院钢 62 届
何季麟	宁夏东方有色金属集团公司原董事长、总工程师	北京钢院物化 69 届
王一德	山西省政府决策咨询委员会专家	北京钢院轧 61、轧（硕）68 届
张玉卓	第十九届中央候补委员，中国石油化工集团有限公司董事长，党组书记	北科大采矿博 86 级
蔡美峰	北京科技大学教授	北京钢院采矿研 78 级
费爱国	空军装备研究院某研究所所长	北科大自控博 00 级
谢建新	北京科技大学教授	中南大学压加 78 级
毛新平	北京科技大学教授	北科大冶金博 02 级

校友是大学文化的重要组成部分，校友的求学经历和成长历程与母校的教育培养息息相关。院士校友是校友中最具有代表性的群体之一，他们治学报国、授业立德的师者一生，是一所大学的精神图腾。深入品读曾经在北京科技大学学习和工作过的 39 位两院院士的学术生涯和人生轨迹，他们中有德高望重的学界泰斗，也有冉冉升起的科技新星；有献身两弹一星事业的国家功臣，也有致力钢铁冶金、材料等行业的领军人物；有扎根

高校教书育人的辛勤园丁，也有投身一线生产实践的科技英才；有基础科学研究领域的理论奠基人，也有高技术产业化的应用研究者。虽然所从事的是不同的专业领域，但院士们的选择彰显了一代又一代北科大人爱国奉献、求实鼎新的奋斗历程，是北科大献力国家科学技术发展的历史缩影，也是北科大精神文化的最佳诠释。

院士是科技界和教育界不可多得的宝贵史料和育人教材，对于教育和引导广大科技工作者和青年学生树立正确的人生观，激励社会各界贯彻新发展理念、建设创新型国家，具有十分积极的意义。北京科技大学走出的39位两院院士充满着无数励志向上的动人故事：共和国工业发展的功劳簿上谱写着他们爱国奉献的赞歌，世界第一钢铁大国的丰碑讲述着他们感人肺腑的故事，各行各业的风口浪尖都跳动着他们搏击奋进的身影。他们治学、为师、奉献的人生图景，应该成为新一代青年学生的人生教材，帮助他们领略追求真理、严谨治学的科学精神，领悟爱国奉献、造福人民的科技价值观和人生观，从而循着大师的足迹不断向前。

两院院士体现着深刻鲜活的精神品质

两院院士是当代科技工作者的最杰出代表。回首北京科技大学走出的39位两院院士的奋斗征程和动人故事，他们身上集中体现了五种精神品质，令人印象深刻、回味无穷。

爱国：科技报国的宏伟抱负

两院院士身上集中体现出一种深厚的爱国精神、家国情怀和民族气节。“爱国不需要理由”，是这些老一代科学家们发自内心的回答。这种爱国精神和报国志向是与生俱来、生生不息的，体现在留学科学家毅然回国的无悔选择中，体现在投身“两弹一星”事业的默默奉献中，体现在一代代科研工作者“将论文写在祖国大地”的生动实践中。新中国成立前后，魏寿昆先生、吴自良先生、柯俊先生、张兴钤先生、肖纪美先生等都曾在国外留学或工作，当祖国召唤的时候，他们放弃了优厚的待遇，甘愿为祖国抛家舍业。柯俊先生曾在英国伯明翰大学担任理论金属学系终身教授，他说："我来自东方，那里有成千上万的人民在饥饿线上挣扎，那里一吨钢的作用，远远超过一吨钢在英美的作用。尽管生活条件远远比不上英国和美国，但是物质生活并不是唯一，更不是最重要的。"肖纪美先生留美时辗转多次冲破美国政府的重重阻挠，甚至不顾妻离子散的危险，舍弃全部存款，历尽艰难，投身祖国怀抱。核工业建设初期，吴自良先生、邹世昌先生、张兴钤先生、葛昌纯先生、高庆狮先生等投身"两弹一星"事业。张兴钤先生接到中央调令后，含泪抛家舍业，别妻离女，告别大学讲坛，义无反顾地在戈壁滩隐姓埋名 18 年，全程参与了原子弹和氢弹核试验，为新中国核事业立下汗马功劳。伴随着新中国工业建设的步伐，"到祖国最需要的地方去"成为院士们的共同志向和行动。李依依先生毕业后响应"知识分子劳动化，劳动人民知识化"的号召，远赴东北，深入基层，奋战在炉前、炉顶、热风炉、运输等一线现场，成长为共和国第一代女工长。何季麟先生毕业后远走戈壁滩，到宁夏石嘴山从事钽铌研究，他说："党的需要就是我们的志愿，哪里需要就去哪里安家。"他们用几十年如一日的默默奉献和辛勤耕耘撑起了共和国发展的脊梁。

求是：勤奋严谨的治学态度

"实事求是得真知"，是科学研究工作者执着坚守的治学初心，也是两院院士群体的共同特征。这种勤奋刻苦、严密谨慎、严格细致的精神，充分体现在他们克服困难、不惧艰险的求学途中，体现在他们精益求精、一丝不苟的科研探索中，体现在他们穷尽一生对真知真理的无畏追寻中。徐祖耀先生对金相学的兴趣一直延续逾 60 余年，他几十年甘于清苦，胃切除 3/4 依然带病工作，撰写出版了专著《马氏体相变与马氏体》，他形容这段岁月是"不觉得度日如年，恰似如鱼得水"。叶恒强先生在国外访问时，潜心实验研究，每当夜深人静时，他独自对照着高分辨像照片，把自己拍摄的照片冲洗放大进行比较，国外专家对他作出了"专注勤勉的态度和高度的机敏与判断方式"的极高评价。崔崑先生在"一无设备，二缺资料"

的艰苦条件下，历经无数个日夜奋战，创造性地设计出基于我国富有元素的新钢种冶炼方案，推动一系列新型特殊钢应运而生。张统一先生长年奋战在实验室，坚持每周七天的工作制度，研究成果得到了国际学术界的高度肯定。雷廷权先生刚刚做完直肠癌手术，便迫不及待地“抓紧工作，把损失的两年补回来。柯伟先生留英期间面对实验事故，滴水不漏地检查显微镜真空度，终于揪出了“元凶”——一根头发。他们视学习、科研为生命，用长年累月的勤奋和严谨换来了伟大的学术成就，树立起一座座属于科学的丰碑。

崇实：善尚实践的鲜明品格

“实践是检验真理的唯一标准”是科学家们的价值观和世界观。他们坚信“纸上得来终觉浅，绝知此事要躬行”，他们坚持深入一线、真刀真枪作研究，他们信奉“炉内炼钢，炉外炼人”的人生哲学。徐匡迪先生认为：“实践环节是教育最根本的教益，并非在学习操作（终究会用机械化、自动化代替），而是教会了我如何做人、怎样治学。”范维唐先生多年来始终扎根采矿行业一线，经常深入现场，特别是在阜新矿区，开展了国内首次碹体巷道矿压显现的实测，对生产实践具有重要指导意义，为我国采矿机械化发展做出了卓越的贡献。胡正寰先生长年致力于生产实践创新，他将自己研发和推广斜轧钢球技术的故事总结为“敢想敢干的一百天和苦干实干的十五年”，他说：“将先进技术转化为生产力，是我的毕生追求”。钟掘先生热衷于工作在第一线，甚至与工人们一起抡大锤、倒夜班，在火热的实践中推动了铝加工领域的技术跨越。他们坚持奋战在生产实践的第一线，在实践中感受科学技术蕴含的无穷力量。

争先：敢为人先的创新意识

创新是科学技术发展的灵魂，也是科学家精神的本质特征。多年来，两院院士怀着“敢为天下先”的价值追求，竭力推动科学技术革新发展，书写了一段段紧跟时代步伐、勇立时代潮头的争先故事。葛昌纯先生于20世纪60年代临危受命，克服了没有专家指导、资料短缺、设备不足、物质匮乏等重重困难，经过无数次的实验、推导、计算、总结，终于研制生产出乙种分离膜，掌握了这项尖端技术，为打破超级大国的核垄断建立了赫赫功勋。高庆狮先生应国家之需，自主设计了我国第一台大型通用电子管计算机119、第一台大型通用晶体管计算机109乙机、第一台计算速度为十万次/秒的109丙机。陈国良先生临危受命，创新研制高质量轮盘和环节，帮助歼–6战斗机重新飞上蓝天。周国治先生敢于挑战学术权威，提出了独辟蹊径的热力学计算“周模型”。陈难先先生艺高人胆大，将数论方法引入物理问题，推导出震惊世人的“陈氏定理”。才鸿年先生十年磨一剑，研发我国第一项“薄装甲钢”技术。关杰先生用八个春秋的夜以继日，锻铸我国第一台板坯连铸机。殷瑞钰先生开拓出冶金流程工程学学科和钢铁工业生态化的研究领域，为钢铁工作战略转型做出了突出贡献。谢建新先生坚持“人无我有，人有我优”，解决了铜铝复合材料连铸直接成形的关键技术难题。毛新平先生埋头投入薄板坯连铸连轧研究，填补了我国薄规格热轧钢板生产领域的技术空白。他们将研究紧紧瞄准于学术前沿，创造了数不胜数的“首创”与“第一”。

传道：甘为人梯的师者风范

“弘德育人，师韵兰香；呕心治教，克勤业广”，是一代名师大家的真实写照。他们一生躬耕于教育事业，潜心传道授业、教书育人，终于桃李满天下、春晖遍四方。魏寿昆先生从教83年，曾在10所大学任教，讲授过28门基础课和专业课程，为我国培养了四五代冶金科技人才，教龄之长、恒心之坚、树人之丰，在中国乃至世界教育史上均享有盛誉。柯俊先生联手“四大名旦”，开创了我国第一个金属物理专业，为这一领域培养了大批青年领军人物。陈先霖先生在古稀之年，仍会为一堂课准备3个月，坚持“讲课要1∶10”的原则。陈国良先生在病床上仍坚持给博士生修改论文，每周安排两次学术讨论。高庆狮先生常常亲自下厨为学生烧菜，在餐桌上为学生传道解惑。他们亦严亦慈的师韵兰香，泽被激励着莘莘后辈踵武赓续、薪火递传。

北京科技大学的院士育人的探索与实践

近年来，北京科技大学充分发挥院士校友的育人优势，着力打造院士育人的品牌活动和精品项目，取得了显著的育人效果，成为新时期落实立德树人根本任务、深化“三全育人”的一道亮丽风景线。

注重“以书化人”，编纂出版《师韵》等院士事迹传略文集

院士事迹是人才培养的生动教材。北京科技大学注重挖掘和整理院士校友的学术生涯和奋斗故事，近年来编写出版了《师韵——北科大走出的院士》《魏寿昆传》《柯俊传》《师者如兰》《走近匡迪学长》等院士传略文集，为广大教育工作者、青年学生以及社会各界提供了丰富的学习读物。这一系列图书具有三个鲜明特点：一是文化气息浓郁。例如“师韵”定名意蕴深远，意指院士的学者风范、师者风华、行者风度，如同古韵悠悠的笔触，在素白如缎的纸上舒闲留下墨迹，萦绕细腻书香，引发读者无限畅想。二是史料信息丰厚。编写力求经历之全、资料之真、选材之精，全面梳理了他们的生平事迹、学术生涯、人生感悟等，让读者可以在书中重温院士们的奋斗历程，铭记他们的卓越贡献，感受他们的大师风采。三是感情真挚饱满。以严谨厚重的文风、平实细腻的文笔娓娓叙述院士一路走来的风雨历程，阅读专著犹如一次满怀敬意与震撼的心灵之旅，读者无时无刻不被深深地感染和感动，或被院士们科技报国的壮志豪情鼓舞，或被鞠躬尽瘁的工作精神激励，或被儒雅正直的为人品行感染。

注重“以事动人”，创新举办“院士回母校”系列事迹报告会

邀请院士与学生进行面对面交流，是育人的最有效途径和最生动举

措。北京科技大学积极探索校友育人的新途径新方法，创新开展“院士回母校”系列事迹报告会，邀请院士校友徐匡迪、毛新平等回校作主题演讲并回答学生提问，有效发挥了院士校友对在校大学生的教育和引领作用。活动注重三个导向：一是主题力求鲜明聚焦。紧紧抓住活动主题，重点围绕理想追求、科学精神、职业选择等话题邀请院士进行讲述，引导学生坚定“钢铁报国、科技强国”的梦想与信念，深刻领悟当代大学生的价值选择和时代担当。二是形式力求生动活泼。以教育内涵和学生需求为出发点，采取“主题报告+座谈分享”相结合的活动形式，挑选一名学生主持人与院士进行面对面的访谈交流，让青年学生不仅亲身聆听到两位院士关于科学精神、不懈奋斗、持之以恒的精辟讲述，而且拥有近距离向院士学长提问交流的难得机会。三是宣传力求持久广泛。活动前一周在网络新媒体平台发布话题“我对院士学长有话说”，鼓励青年师生在网络平台上分享院士成长故事，感悟科技人生，说出“我想对院士说的话”，表达对院士的崇敬。线上征集到的祝福或问题在报告分享会现场以“微信墙”形式进行投放，邀请院士学长与网友亲切互动交流。活动后一周在网络新媒体平台连续推出“院士回母校经典语录”，全面展示院士学长的精彩分享内容，引发青年学生广泛、热烈讨论，持续受到教育洗礼。

注重“以文育人”，组织开展学习院士精神主题征文活动

院士精神的学习教育必须久久为功、绵绵用力。北京科技大学坚持以院士校友精神为内核，自2008年起每年面向青年学生开展“读书与成才——学习院士学长，激励自身成才”主题教育活动，面向学生借阅发放院士传略图书，组织学生撰写主题征文，以优秀校友的成长经历激励学生成长成才，帮助学生更好地开展职业规划。活动育人主要体现在三个环节：一是研读书目。面向学生借阅发放院士事迹图书，组织全体同学原汁原味研读院士校友的学术经历，从中得到教育和启发。二是分享心得。组织班团支部开展主题学习活动，讨论读书体会，分享学习心得。三是撰写征文。以“学习院士学长，激励自身成才”为话题开展主题征文活动，组织学生梳理和总结读书之后的思考，表达以杰出校友为榜样促进自身成长

的决心。活动已坚持举办 12 年，覆盖学生近 5 万人次，影响了一代代青年学生，培育形成了一大批优秀征文和经典语录。如《天高任尔飞》写道：“院士学长即像座高山，仰之弥高，钻之弥坚。但突然横亘眼前的此山，并不显得突兀遥远，反倒让我有种站在高山之上的感觉，极目远眺，可以回望匡迪学长的过去，也能展望我们的未来。”再如《起承转合品匡迪》写道：“读匡迪学长，读的是一种钢铁般的意志，拼的是一份深远绵长的爱国情；读匡迪学长，感的是一份对后起之秀支持的温暖，悟的是一位教师对教育事业的挚爱；读匡迪学长，忆的是一段段彪炳史册的光辉业绩，鉴的是祖国发展的一片繁茂景象。”

（2019 年立项项目　撰稿人：崔睿）

让院史说话，用文化育人

习近平总书记在全国高校思想政治工作会议上指出，高校要坚持把立德树人作为中心环节。为实现这一中心环节，习总书记指明了要注重以文化人以文育人，广泛开展文明校园创建，开展形式多样、健康向上、格调高雅的校园文化活动，从而教育引导学生正确认识时代责任和历史使命，激励学生自觉把个人的理想追求融入国家和民族的事业中，成为德才兼备、全面发展的人才。

北京科技大学材料科学与工程学院有着悠久历史和优良传统。本课题组通过梳理学科发展脉络、采访学院老教师、举办仪式教育、开展系列文化活动，挖掘校史院史，让历史发出新时代的声音，营造出积极向上的文化氛围，进一步唤醒材料学院师生身上的“北科”基因、“材料”记忆，以期达到以文化人以文育人的效果，实现立德树人中心环节。

总结发展规律，实现文化育人

“历史的启迪和教训是人类的共同精神财富。”习总书记在中央政治局集体学习时强调“必须坚持正确历史观、加强规划和力量整合、加强史料收集和整理、加强舆论宣传工作，让历史说话，用史实发言”。

北京科技大学材料科学与工程学院与学校同成立、共成长，有着悠久的历史和优良的传统。近 70 年来从主楼、金物楼走出 2 万余名优秀人才，活跃在大江南北、长城内外，投身祖国建设一线。材料学院的历史本身就是一本教材、一份讲义，教授从这里走出的学生安身立命的本领和崇尚实践的精神。

历史作为文化的一部分，是学院文化形成的源头，非常具有研究梳理的价值和意义。一方面，通过梳理展示学院的历史发展过程，能够总结凝练学院发展规律，用于指导材料学院的发展建设，为未来人才培养指明方向。另一方面，从历史角度切入开展文化活动，能够最大程度引起全校师生共鸣，实现以文化人以文育人的目的。因此将院史研究与立德树人充分结合，坚持“以文化人、以文育人”，加强对材料学子的人文关怀，打造健康向上、格调高雅的学院文化活动，培养德智体美全面发展的社会主义事业合格建设者和可靠接班人。

通过设计挖掘、宣传、凝练三个梯度的方案，将历史还原，使得学生有所收益、学院有所收获，并形成持续激励学生成长的成果作品。

挖掘学科发展历史，形成学科口述史纪实

满井苍苍，钟灵毓秀，风华显赫，钢铁摇篮。创建于 1952 年的北京科技大学材料学科有着 60 多年的光辉的历史，硕果累累。课题组成员深入图书馆、档案馆调阅相关材料，梳理我校材料学科成立六十余年发生的大事，制作材料学科记事，发现材料学科覆盖的全部 3 个二级学科均可以追溯到建校初期。1953 年设立全国第一个金相及热处理专业、压力加工专业。材料科学与工程学院成立后，2001 年 3 月，系（所）重新整合，形成了目前的材料学系、材料加工与控制工程系、材料物理与化学系、无机非金属材料系、粉末冶金研究所、功能材料研究所、腐蚀与防护中心、实验测试中心等 4 系 2 所 2 中心格局。

如今的材料科学与工程学科正焕发着勃勃生机。材料学科是首批国家一级重点学科和国家一级学科博士点，所属的 3 个二级学科也全部是首批国家重点学科、长江学者奖励计划特聘教授设岗学科，具有硕士学位和博士学位授予权，并设有博士后科研流动站。在 2003 年和 2007 年教育部的一级学科评估中，分别排名第 3（高校排名第 2）和第 2。2006 年在中国管理科学研究院的《中国大学评价》中，排名第一。美国汤森路透公司 ESI（Essential Science Indicators）2000—2010 数据检索，材料科学与工程学科全球排名 16，进入该学科领域的 1%。2011 年据美国 ESI 数据检索，我校材料学科 SCI 论文数量一直稳居全球该学科领域的前 1%，2010 年全球排

名16位，2011年排名13位。

材料科学与工程学科历经艰难，从无到有，再到现在林木参天，学科的发展离不开每一位为之奋斗过的老师及同学。而在学科发展过程中，乐于吃苦、不惧艰难的革命乐观主义，勇于战斗、无坚不摧的革命英雄主义，重于求实、独立自主的创新胆略，善于团结、顾全大局的集体主义的长征精神也一直在无形中激励着广大师生前仆后继，迎难而上，奋勇向前。

研究中加入对学院老教师代表的口述史研究。非常幸运的是我院还有不少在建校初期入学，毕业后留校工作的老教师。这些老教师与学校、学科、学院共成长，参与了学院的每一件大事，至今仍然关心着学院学科的发展。通过对他们进行口述史的采访研究，既可以立体地梳理还原学院的历史，又可以挖掘励志故事，激励学生努力学习。

本次校史研究，共向二十余位老教师发出采访邀请，因为老教师的身体及时间原因，成功采访10位老教师，分别是原北京科技大学党委书记、校长李静波，材料学院第一任院长余永宁，材料学院原党委副书记胡尧和，材料学系退休老教授谢锡善、胡本芙、刘国权，材料加工系老教授袁康、袁从述、王克智，材料物理与化学系老教授王燕斌等。其中材料学系和材料加工系建系时间较早，故采访人数较多。从采访名单可以看出，本课题组在采访时注意了专业和岗位的覆盖，既有从事领导管理的老师，又有从事一线教学科研的老师。从对老师的采访中，课题组也受益良多。

在采访李静波老校长时，他讲到治学严谨，崇尚实践一直是材料学院的传统，因为我们是理工学科，需要将理论知识与实际生产结合起来。即便是在“文化大革命”这动乱的十年里，他也多次带学生去鞍山钢铁公司、东方红汽车厂等地实习。李静波老校长同时也寄语学生第一是要打好基础。他认为现在的学科专业发展很快，交叉很多，每年都有交叉的新专业出来，因此学生必须要基础好。第二是要学会读书。他认为现在很多学生恰恰是上了大学不会读书。人生一辈子就要学习一辈子，要终身学习。第三是要学会收纳，知识需要收纳，需要吐故纳新。他认为收纳就是整理，知识也需要收纳，但这个也要依靠每个人的特点来做。像无头苍蝇那样的到处乱撞可不行。把知识给学会了，把资料整理出来了，对整个工作都非常有利。第四是学会独立思考。他觉得中国的大学生跟外国的大学生的区别在于，我们的大学生的独立思考能力不够。学校就在于给学生创造一个能够让他善于独立思考的环境。有些成果为什么我们国家做不出，因为我们学生不去想，不愿意独立思考。

在采访余永宁老师时，他谈到了他当年报考北京科技大学（当时是北京钢铁工业学院）材料专业的原因：当时他还在广州上中学，他看到《南方日报》有一版新闻写有“国家钢铁行业亟需发展”，于是他就下定决心报考北京钢铁工业学院。于是，余永宁老师便成为了学校 1953 年第一届独立招生进来的学生，当时他们来的时候学校是一片荒地，只有四栋三层楼高的宿舍楼，大概十一平方米一间房，住八个人，宿舍楼层没水没电，洗脸和洗衣服用井水，尽管那时候条件那么艰苦，但他们仍然充满激情，充满豪情壮志。他提到在那个年代，还没有现在的主楼和教学楼，他们一般白天上完课，晚上就在宿舍点蜡烛学习，现在学生的条件好了，一定要好好珍惜学习和搞好科研的机会，不要浪费年轻时候的光阴。他告诫学生一定要学好英语，才能有利于了解更全面的知识。

胡尧和老师是我校 65 届的毕业生，他回忆起他刚毕业留校时，刚好赶上国家三线建设，学校需要在四川江油建立分院，将部分保密专业搬过去一部分。作为辅导员他组织了一批年轻的教师，带着学生一块，还有一些其他专业老师就到江油建分院去了。虽然因为各种原因，学校最后没有搬迁，但是钢院人这种积极响应国家号召的精神可见一斑。胡尧和老师还回忆了柯俊先生的一段治学严谨的往事。柯俊先生的一个博士在毕业课题中做出来的曲线里头有一个点碰到外头来了，他在答辩时将这个点给抹了。柯俊先生非常生气，他对学生说：“就这一点，恰恰可能是真理的出现，虽然你按照通常规律它是反常了，但是这个反常可能恰恰都反应出一些科学问题。你这样做等于没有科学态度。”说完就给这个学生画了叉，该生也成为第一个答辩不通过的学生。这位学生后来认真改正，通过补答辩完成了学业，现在仍在专门搞学术研究，在业内也很有名气。正是柯先生对他的严格的教育才让他有了后面的成就。

谢锡善老师是我国著名的高温合金专家。他讲到他是 1952 年考入我校，1956 年毕业后公派至捷克留学。来到捷克后他同当时材料学系的系主任章守华先生通信探讨自己应该学什么方向。章先生告诉他捷克的机械制造工业比较发达，他可以考虑在机械制造工业里面寻找方向。当时捷克帮助我国援建了第一个汽轮机厂——上海汽轮机厂，汽轮机厂里面温度比较高，耐热钢很重要，所以当时章守华先生建议谢老师可以考虑做耐热钢这个内容。谢锡善老师当即决定，就做耐热钢！从此，谢锡善教授便开启了他和高温合金之间长达六十多年的“缘分”。他讲到刚到捷克求学时，他一句捷克语都不会，经过三个月的捷克语短期培训，他被导师建议去工厂和研究所实习，一方面做技术调研，另一方面提高语言能力。解决了语言关，他随即通过了专业考试取得了研究生资格。随后用了 5 年的时间获得了副博士学位（相当于现在的博士学位）。谢锡善教授学成回国正赶上苏联撕毁与中国的友好条约，不提供给中国用于航空发动机的高温合金材料。为此，在当时基础相当薄弱的中国高温合金领域里，谢锡善教授和同事们一边育人一边科研，为培养更多的高温合金人才，为提高中国高温合金的研发水平而勤勉敬业，无悔奉献。

材料学系胡本芙老师分享了一段自己的特殊经历。他 1960 年毕业后虽然留在学校工作，但转年就响应国家号召，离开了大城市舒适的生活前往洛阳轴承厂热处理车间现场教学，为基层工人和技术人员教授金属学、热处理等课程，这期间与工人同吃、同住、同劳动。这段特殊的经历也让他了解了基层一线，为今后的科研工作提供了帮助。胡本芙老师强调学生不要埋头搞科研，要有做学问的精神，提高独立思考、分析问题、解决问题的能力，这样才能提高自己的综合能力。同时要有学术诚信，实验数据要实在。过去的学生实验设备没有现在这么先进，学生都是反复实验，获取实验数据，现在条件好了，更应该保证实验数据真实可靠。

刘国权老师是 1973 年进入北京钢铁学院金属材料及热处理专业进行学习，当时正值“文革”时期，学生们停课下厂，在工厂里工作的同时老师们依然争取一切时间、想尽一切办法结合工业生产实际工作为学生们授课。老师们的敬业精神对刘国权老师的求学和从教经历产生了深远的影响，也让他意识到知识的宝贵，让他在艰苦的条件下依然坚持学习。1976 年 12 月他大学毕业并留校从教。改革开放为他们当时年轻一代提供了宝贵的出国学习机会，通过国家教育部组织的全国性竞争性考试，刘国权老师 1981 年出国留学，在美国佛罗里达大学访问学习，当时进行的课题研究的很多内容，他在国内课程中都没有学习过，所以在攻读硕士和博士期间，他补学了很多课程，甚至忙到晚上来不及吃饭，开课老师也被他勤学的精神感动，甚至为了他而调整了课程时间。在他 1984 年取得博士学位后，他的导师 Rhines 教授特别希望刘国权老师留下来跟他继续做研究。但是刘国权老师没有多思考就马上回到急需人才的祖国和学校做他认为的更有用的事情。刘国权老师还回忆了一段培养学生的往事。于海波校友是刘国权老师指导的第一位博士毕业生，他的研究生论文期间，刘老师让他做计算机模拟，这在二十多年前的中国材料学界属于比较创新的方向，于海波博士最开始也不理解，认为材料就是材料，为什么要学计算机的东西，刘老师“逼”着他做并给予细致的指导，最终于海波博士从不理解到接收再到喜欢上这个领域。毕业后他凭着熟练的计算机知识投入创业的大潮中，现在任资产逾百亿的天融信集团董事长。

袁康老师是我校压力加工系的第一批学生。他谈到在科大从教四十多年来最自豪的事情时讲到他帮助不少企业完成了设备的更新和产品的升级，企业在技术转型时，硬件可以靠买，软件则很难跟上，袁康老师多次深入钢厂，帮助企业消化引进的设备，完成产品的升级，推动了国家工业现代化的进程。他谈到 20 世纪 50 年代大学生和现在大学生的区别时，认为现在的大学生反应很快、接触面广、思维活跃，但是钻研精神还不够。20 世纪 50 年代的大学生答疑时都是排着队去找老师答疑，现在是老师安排好答疑的教室，来的学生没有多少。希望现在的大学生能够脚踏实地、埋头苦干、一个目标、追梦到底。

总的说来，通过对老教师们的口述采访，可以更加立体地还原学院发展过程中的史实，从中可以转化出许多励志案例用于学生的思政工作。

举办品牌活动，加大宣传力度，增强育人实效

在梳理了学院学科历史后，利用形成的大量史实材料结合学院的品牌活动来推进育人工作。

举办首届“金鹭杯”材料知识竞赛引入学科相关企业——厦门金鹭特种合金有限公司的支持，结合现在流行的现场答题比赛的形式举办了材料学院首届“金鹭杯”材料知识竞赛。比赛面向全体材料学科本科生及研究生。在比赛前课题组成员将院史和材料科学知识整理成《北科大材料学子应知应会知识手册》发放给全体参赛学生，该手册涵盖了比赛所包含的全

部知识点。参赛学生每三人一组自由组队，通过必答、快问快答、抢答等环节进行角逐。整个比赛共吸引到 74 支队伍 222 人参加，比赛的举行在学生中掀起了一股学习院史的热潮。学院还在比赛中穿插举办了校友讲座，邀请校友回到母校与在校学生一起追忆校史。本次活动是将院史知识融入学生活动的一次大胆尝试，期望通过学生们喜爱的方式，将枯燥的院史知识变得有意思、有意义。

举办学院第二十届师生运动会，邀请校友讲述学院的“体育史”。材料学院成立于 1996 年，是学校成立的首批三个学院之一。1999 年，热爱运动的材料人举办了学院第一届师生运动会，至今已是连续二十届不间断。本次师生运动会，学院特别邀请了近二十年的学院学生会运动会的组织者、参与者回校共叙校友情，为师生讲述学校的发展变化。

抓住校庆日契机，开展特色院史育人工作。校庆日前后，本课题组整理前期收集的院史材料在材子风华公众号推出系列推送，营造校庆氛围的同时，让学生将爱校荣校的观念入脑入心。

凝练成果，举办章守华先生百岁华诞座谈会

研究校史文化的关键点之一就是研究学校的开创者，他们经历了学校从创办到兴起再到变革的全过程。本课题也十分重视此部分。章守华先生是我校建校时的 16 位教授之一，也是学校最初的三个专业之一——金相及热处理系首任系主任。中国工程院院士、原冶金工业部副部长殷瑞钰曾评价章守华先生“在北京钢铁学院开创并长期领导的材料学科，为国家培养了超过万名的本科毕业生和研究生，为我国的经济发展和社会繁荣做出了不可磨灭的贡献”。

课题组专门成立了专项工作组，筹办了章守华先生的百岁华诞座谈会，并借助筹备先生百岁华诞的契机，搜集整理了学院相关的珍贵史实材料，并汇集成册，发行出版了《章守华：正己守道风华百年》一书。书中不仅记录了座谈会举办的全过程，还梳理了章守华先生风华百年的画册和生平经历。章守华先生的经历可以说就是一段励志报国的历史。1948 年他毅然放弃在美国的优厚待遇和生活条件，选择回国到（国立）交通大学唐

山工学院任教，先后被聘为副教授、教授。1952 年国家要大力发展钢铁工业，成立北京钢铁工业学院，任命他为建校筹备委员会委员。章先生又立即投身到建设新校的工作中，并在北京钢铁工业学院创建成立我国第一个金相及热处理专业。章先生的科研成果为我国第一颗人造卫星“东方红一号”火箭壳体用低合金超高强度钢的成功研制发挥了重要作用。章先生作为“武汉一米七轧机冷轧工作辊攻关组”技术总负责人，带领北京钢铁学院研究团队负责实验室研究工作，为工业性生产的中间试验提供了可行的技术方案和可靠的工艺参数，并为保证产品质量提供了有效的检验方法。1980 年第一对国产冷轧工作辊在武钢试轧成功，1986 年和 1990 年此种轧辊国产化率分别达到 60% 和 100%，质量达到了同类进口轧辊的水平。通过这项科研工作，章守华先生培养了一批大型轧辊用钢及其热处理、冷热疲劳、接触疲劳、磨损、断裂等方面的学术带头人。“执着于理想，纯粹于当下”，对于自己的工作，章先生曾经表示“我没什么自豪的事情”“钢铁学院就像我的家一样”“工作中也是我个人的成长过程”“能够培养国家需要的创新型人才，很高兴”。

章先生的工作时间长达 43 年，在这 43 年工作中，他始终坚守在教学和科研第一线，大多数时间都是和青年教师、学生一起上课、下厂、编写教材、从事科学研究。章先生以几十载的无私奉献，践行了一位教育家立德树人的朴实之言。此外，课题组还总结座谈会成果，撰写论文《章守华：执着于理想纯粹于当下》，发表于《北京教育》。

通过课题研究，基本建立起学科历史的挖掘、宣传和凝练“三梯度”体系，从而保证学院历史能够被有效挖掘、宣传及育人。虽然形成了一定的研究成果，但学院的历史仍有很大一部分有待挖掘。接下来，课题组从两方面入手，一是持续不断挖掘学院历史，特别是口述史，不断更新源头材料；二是结合学院新生、毕业生教育，探索更多样、更多彩的活动形式。源头活水加之成熟的体系建设，相信能够不断实现以文化人以文育人，实现立德树人总目标。

（2017 年立项项目　撰稿人：李帅）

中华传统经典推荐与阅读的多维模式探索

礼敬中华传统文化项目之经典书单推荐活动主要分为两个模块推进，分别是将书单推荐与星期四人文讲座平台相结合，图书阅读与小组工作教学模式相结合，其中将中医传统经典专项阅读与倡导健康生活方式融合。两个模块之间进行互益补充，形成阅读指导、阅读反思，阅读个体、阅读群体兼顾的多维模式。活动旨在实践的同时，推动大学生多维阅读模式的探索。

推荐书单与传统文化讲座相结合

以北京科技大学星期四人文讲座第 189、190、191、196 期为旗舰平台，以专题性、承接关系、经典理论为导引，借助于星期四人文讲座的核心平台，将中华传统文化落实为思想的传播和生活方式的解读，让文化走进生活，在认知层面唤起生活在其中的同学们的文化自觉与文化优越感。在阶段性的活动中，西奥多·斯卡拉萨斯教授、郭星华教授、钱志熙教授是我们的传统经典核心推荐人。

传统哲学的包容与西方哲学的灵犀

西奥多·斯卡拉萨斯教授致力于中西哲学的对比分析与研究。他在讲座中分别介绍了苏格拉底、孔子的不同哲学思想，指出苏格拉底认识并学习知识的主要方法是“诡辩”，通过排除错误让我们知道“什么是正确”“什么是真理”，这种方法引出的是消极的而非积极的认知，不是去寻求新的知识；孔子则与他的思想有着不同之处：孔子珍视自己学到的知识，也就是真理，并指出从旧知识中可以获取新知识，他珍视知识的全面联系性，强调不同知识之间的联系和引导，并认为所有的知识是一个整体。在此基础上，西奥多教授针对他们的共同点和不同点进行了阐述，在充分肯定和褒扬中国传统哲学的基础上让同学们对哲学先贤的思想有了深刻的理解。

西奥多·斯卡拉萨斯教授关注时代发展的前沿，乐于讨论引领时代发展的思潮，将度学也纳入了他的比较研究体系，与同学们分享研究的体会与心得。他向同学们解释了“创新”“创造”的真正意义。他告诉我们，“创新”并不是指新的事物，新的事物不一定是“创新”。界定“创新”“创造”的三个要素是“是否针对于解决问题”“是否解决方式不遵循应用或传统的规则”和“是否创新的解决方式与传统或应用的思维方式不同”。对此，他向在座师生介绍“度学”，并指出“度学”的哲学方法论教给人们两种创新思维方式，实现了“创新”动态平衡，真正做到了“跳出思维的盒子”，在极值中找到中间平衡，通过形势分析找到一种新型参数或系数来找寻动态平衡。西奥多教授结合中国的改革与发展实践，将“度学”和“中国梦”联系起来，认为“spend less，enjoy more”的“中国梦”符合中国目前的发展趋势，人们应该利用“度学”科学合理地解释和引导“中国梦”的实现。

基于同为哲学经典的推荐，我们将中西方哲学借由两位教授，形成了文化的对话和对接，更加突显出中华传统文化的世界影响力。

传统情理的阙如与现代法治精神的升华

郭星华教授，法社会学领域的专家。他对中国的情理法的条分缕析的讲解，显示出深刻的问题意识与敏锐的理论自觉，在讲座中讲解丝丝入扣，传达了促进同学们了解中华传统文化视域中的法治精神的活动主题。郭教授主要就中国现代法治建设中两个热点问题进行讲解，并联系中国社会主义法制体系、西方法律精神以及中西方历史文化传统等方面进行剖析。

郭教授提出的问题是“亲亲相隐”的法制改革——亲人之间的罪行是否该揭发？在郭教授的引领下，通过将中国古代法制与现代法制进行比较，不难看出：这项改革是中国司法改革中对于刑事犯罪处理的一种回归传统的做法。这是一种从法律文化上对中国传统文化的认可，也是对于人性的认可，摒弃了以往法律原则一贯学习西方司法体系的做法，顺应了中国社会的发展潮流，可以说是中国司法改革上的一大里程碑。

郭教授以曾引起社会公众广泛争议的司法改革热点问题——“新《婚姻法》中关于‘不动产归属’的新规定是否公平”作为核心讨论点，与同学们展开了一系列的讨论。在讨论的过程中，郭教授又通过列举具体事例和情景分析表达了自己对《婚姻法》新规定的想法，比较了中西方家庭对于婚前财产不同的处理方式，结合中国的现实情况进行分析，使同学们对于新《婚姻法》的公平性有了更加深刻的了解。郭教授在讲解完这两个现代法治建设中的热点问题后，进一步梳理了中西方文化在中国近现代法治建设的不同时期、不同阶段所造成的不同影响，并表明了自己对于法治建设的基本观点：中国要走自己的路，不能一味地学习西方。这次讲座活动中，同学们可以体会到郭教授对中国传统文化强烈的认同感、归属感以及浓厚的爱国情怀，这种文化自信润物无声，深刻地影响了同学们的认知与判断。

传统文学的回归与现代生活的涅槃

钱志熙教授致力于中国传统文学的研究，他的理论体系中搭建起了传统文学与传统哲学的桥梁。钱教授向同学们推荐了陶渊明的诗词，并根据其中核心的三首诗歌的内容具体阐述了“形、影、神”这三个概念的哲学内涵：形即物质生命，也代表魏晋玄学中虚无放废与厚生、养生一派；影即名，代表名教一派的伦理价值生命观；神即心，代表生命的最高理性，并且具有本体的意义。三个概念层层递进，从有形到无形，展现了陶渊明生命哲学的思想层次。他强调，“神”指向的是一种理性和谐的生命境界。陶渊明文学之高于普通作家之文学，就是因为其人生追求这种最高理性的“神”，而其作品中也具有一种理性所产生的和谐境界。

钱志熙教授认为陶渊明生命哲学的超人之处，在于追求彻底的理性，完全不依赖外在的力量与信仰，凭自力悟彻生命的真相，并且解决长期困扰自身的忧生、惜生、营生的情绪。其次在于其实践性。他关于生命的一番立言，虽然也希望对他人有所补益，但更重要的是让自己进一步地领悟，并且在实际生涯中实践之。钱志熙教授以“陶渊明的‘形影神’生命哲学”为题，以陶渊明的组诗《形影神》为依托，带师生们走进陶渊明鲜为人知的“哲学世界”。生命哲学是一种处世的智慧，是君子追求的一种高层次的人生境界。随后，他从“陶渊明形影神的意义”“陶渊明生命哲学的思想动机”“陶渊明形、影、神生命哲学与魏晋以来的哲学与思潮的关系”和“陶渊明形影神生命哲学的形成和发展过程”四方面对陶渊明的生命哲学进行了解读。

钱志熙教授引经据典，引用大量古代诗歌名句、名人故事以及近现代哲学家对陶渊明哲学思想的点评语录来具体讲解陶渊明的生命哲学，使抽象的哲学问题变得形象化、具体化，提升了同学们的理解程度和讲座的趣味性，现场气氛热烈，同学反响良好。在他的讲解下，同学们了解了陶渊明的艺术造诣、人生境界和哲学矛盾，并且从哲学的视角对生命的本质做了透彻的分析。

经典图书阅读与小组工作教学模式相结合

小组提供学习的氛围，小组提供交流的渠道。小组工作是社会工作专业的学科专业课，由小组工作而衍生的“贝壳青年社工”是新生适应成长的有效途径，这一途径为广大同学们所接受，其同伴教育、学习小组、治疗小组的多样化组合也在实践中不断成熟。

传统经典文化的学习是建立在理论和实践的双重基础之上的，对于文化的理解既要内化于心，也应外化于行，基于群体学习的效果和朋辈认知教育的启示，活动将传统经典的阅读、传统文化的实践引入到小组工作的课堂中来，勾连到新生适应教育的模式中去，通过组织环境促进传统经典的传承、创新。

经典的传承与群学的基础

中国文化是“群学”的文化，与小组工作的西方理论基础殊途同归，鉴于这样的共性基础，活动运用中华传统文化作为思想逻辑的起点，设计小组选题、模式、方案，注重倡导本土化的小组工作，将经典融入同学们的集体生活中。组织同学们围绕专业学习，探索组织环境中如何形成传统文化学习的方法。

小组工作关注组织环境中的个体探索，与中华传统文化强调的思辨性异曲同工，基于这样双向的互动，活动以传统文化的精神、价值倡导小组工作的理论自觉与组织化功能。组织同学们围绕经典书目，探索将经典思想衍生为行为习惯的途径。

传统的创新与戏剧化的实践

在小组工作的课堂上，借助于实验课程的特点，以阅读和写作为切入点，在戏剧教学的形式中，我们将传统文化的演绎融合到课堂剧本的设计中，课堂剧本直接取材于传统文化的范本，比如从中医心理学对人情绪和肢体反应的关系角度，让同学们展开情绪体验，形式通过古书阅读、古曲欣赏、书法撰写、绘画临摹或创作而展开。

专题经典推介与心得分享

中医经典图书推荐活动与哲学经典推荐相结合，以中国传统医书推荐活动为核心，从哲学的高度，立足传统中医的站位，以多样化的形式，倡导健康生活方式。活动中倡导传统中医文化与健康养生方式，在同学们中间展开各种体育项目的活动或比赛，同时进行了系列经典视频制作活动。以丰富的图文形式倡导崇尚经典，健康生活。

总之，以经典为先导，以大师为向导，以新生为主体，以组织为核心，经典书单推荐活动立足于探索阅读模式和阅读效果的创新形式，让经典书单在讲座平台有所依托，在对话式学习交流平台有所呈现，在互动式小组工作平台有所实践。活动以传统文化的引领倡导书香生活，健康生活，以传统经典伴随新生成长之路，进一步丰富校园文化生活。

（2015 年立项项目　撰稿人：蒋卓晔）

“阅读经典　学习传统”加强辅导员队伍的优秀传统文化素养

党的十八大报告提出了“建设优秀传统文化传承体系，弘扬中华优秀传统文化”的重大任务。要完成这一重大任务，一项十分重要的也是基础性的工作就是“加强对优秀传统文化思想价值的挖掘和阐发，维护民族文化基本元素”。因为文化作为民族的血脉、人民的精神家园，其灵魂是思想，即民族价值观和民族智慧的结晶。挖掘和阐发优秀传统文化思想价值，需要把握中华优秀传统文化的核心理念、把握中华优秀传统文化与马克思主义的会通点。在新时期，加强辅导员队伍的优秀传统文化素养应当成为高校推进人文素质教育的重要组成部分，要使得思想道德教育、身心素质教育、科学素质教育等相互渗透，从而互相促进。

人文经典，是中华传统文化经过几千年发展变化而积淀出的优秀精华，通过人文经典来教育引导学生，树立正确的世界观、人生观、价值观，有着深远的意义。高校辅导员是陪伴学生度过大学四年的朋友，是帮助学生树立正确人生观、价值观的师者，是进行日常教育管理工作的重要力量。同时，在长期的办学实践中，适应经济社会发展需要，辅导员队伍的角色和定位也发生了深刻变化。通过认真总结和分析我国辅导员制度的发展历程，认真贯彻落实《普通高等学校辅导员队伍建设规定》，为了进一步在辅导员队伍中营造浓厚的书香氛围，通过辅导员学习型组织建设，引导广大辅导员养成阅读经典、持续学习的良好习惯，在博览群书中涵养心灵、浸润思想、陶冶情操、提升境界、丰富生活，在阅读经典中深入挖掘和阐发中华优秀传统文化讲仁爱、重民本、守诚信、崇正义、尚和合、求大同的时代价值。进而以辅导员为媒介，引导学生、教育学生深入学习传统文化，充分发挥辅导员在推进中华优秀传统文化在高校创造性转化、创新性发展中的独特作用，不断提升广大师生对社会主义核心价值观的文化自觉和精神共鸣，进一步增强对伟大祖国的认同、对中华民族的认同、对中华文化的认同、对中国特色社会主义道路的认同。

根据学习型组织理论经典《第五项修炼》中的论述，并结合刚刚公布的高校辅导员职业能力标准的相关要求，可以对学习型辅导员队伍的内涵做出概述。学习型辅导员队伍是以辅导员为中心，以多层次学习体系、全方位服务体系、多样化学习形式为基础，以形成自觉学习文化为基本特征，能保障和满足辅导员的学习需求，从而有效地促进辅导员自身可持续发展，充分发挥教育、服务学生作用的一种开放、创新、富有活力的学生工作队伍。

促进制度建设，打造学习型辅导员队伍

高校辅导员工作在大学生思想教育的第一线，是大学生思想上的旗手、学习上的导师、生活上的益友、品行上的典范。新形势下的大学生具有思想活跃、反应敏捷、个性鲜明和感情丰富的特点，他们在思想、心理、学习、生活、人际交往、情感及就业等方面产生的各种变数导致辅导员疲于应付、工作责任重、个人成就感低等因素也导致辅导员容易产生职业倦怠，这势必要有一个精神支撑点，使辅导员能端正工作态度，对工作产生新的认同感、归属感和自豪感。优秀传统文化被誉为安身立命之学，其实质是教人做人的道理，是一种生命的智慧。辅导员需要汲取优秀传统文化的精华，以获得源源不断的前进的动力和精神力量，对教育事业倾注满腔的热爱和心血。

辅导员在自学人文经典书目的相关知识后，根据自身专业并结合年级特点和学生特色，拟定交流题目，在每周例会上与大家分享展示 PPT。通过 PPT 的展示，来阐述自己的学习成果，以及通过学习获得的收获，并以学习知识为落脚点，结合学生的具体情况畅所欲言，充分探讨，提出个人的意见和建议，进行开展相关工作的可行性分析。

在听取集体建议后对题目进行适当的调整，形成最终交流学习题目，交流题目既有管理方面的解析，如彼得·德鲁克的《战略管理》；也有诸

如《〈论语〉有感》、《之江新语》读后感、《毛泽东选集》读后感等。通过这样的头脑风暴，最终形成解决实际问题的可行性方法，在年级或学院进行试行和推广，以此推动大学生阅读经典、传承优秀传统文化的活动开展。

在辅导员的自我提高中，坚持以民族优秀传统文化为根基，以大学生思想政治教育方面的理论与方法为主体，以高等教育学、心理学为补充，全面提升高校辅导员综合素质。

高校是人才培养的基地，大学生是社会主义现代化建设的栋梁，辅导员是开展大学生思想政治教育的骨干力量，是高校学生日常思想政治教育和管理工作的组织者、实施者和指导者，为促进高校的改革发展和稳定，培养中国特色社会主义合格建设者和可靠接班人，加强高校辅导员队伍建设、打造与时俱进的辅导员队伍势在必行。

高校辅导员必须深入了解学生，不断学习、探索大学生的新特征，有的放矢地开展思想政治教育和学生管理工作。在学生中开展传统文化教育，这就要求：

首先是创新学习方式，搭建辅导员互助学习新平台，自动化学院针对辅导员工作很难抽出大块专门时间学习的特点，在学习方式上推陈出新，采取开放式和参与式的学习方法，鼓励辅导员利用零散时间读经典、学理论，辅导员首先具备扎实的知识基础，通过集体学习，阅读经典、分享交流，掌握传统文化精髓，更好地教育学生、感染学生、服务学生。在工作中学习，在学习中创新。

其次紧握时代脉搏，与时俱进开展思政教育工作。党中央提出在全社会范围内培育和践行社会主义核心价值观。在深入学习社会主义核心价值观的过程中创新理论学习模式，以例会交流学习为依托，以实际工作需求为出发点，并带领学生们在全院掀起学习的热潮。

开展品牌活动，扩大学习效果

建设学工办图书库，利用各方面资源采购各类经典图书，现登记在册的图书已达到200余册，图书类型涵盖马列经典著作、中国古代大家著作、历史、经济管理、辅导员职业能力建设等十余类。开展榜样荐书、图书交换等活动，邀请知名教授、优秀校友为辅导员队伍、学生组织、党团支部推荐经典书目，以教授丰富的学识和优秀校友的社会阅历以及人格魅力，感染学生，吸引更多的人，阅读经典，传承传统文化。定期开展交流会，交流读书心得。

同时在学院通过班会和主题团日活动，来提高学生的读书热情，教给同学读书的方法，并开展相关活动，组织学生走出校园，走向街道，向路人宣传传统文化。开展了宣扬“社会主义核心价值观”的系列活动，并利用我院的志愿服务基地，开展各项宣扬传统文化活动。学院为了弥补学生书源的不足组织图书角，辅导员动员学生把个人的图书暂时存放在班里，组织学生自己管理借阅。图书角设在学院大厅一角，班级设立了两名图书管理员，课间课余随时借还，十分方便。辅导员通过前期的学习，及时推荐合适的读物或文章，有针对性地向学生推荐书籍。

文化建设是一个国家和民族以其固有的文化传统为基础而进行的文化传承、变革与创新。在科学技术高速发展的当今社会，互联网触及世界每一角落，不同地域、不同人种的思想文化相互激荡碰撞的背景下，如何创新公民道德教育途径，提高全民族素质，越发显得重要。因此，加强大学生弘扬中国优秀传统文化教育，对于加强和改进高校思想政治教育工作，提高教育的实效性非常必要，而加强辅导员队伍的优秀传统文化素养是锦上添花。

通过“礼敬中华优秀传统文化”项目的开展，引导学院辅导员感悟中华传统文化的微言大义，通过交流感悟、身体力行等方式，使辅导员受到了深刻的教育，辅导员加强传统文化修养要做到知行合一、身体力行，使之内化，才能以虚拦实，虚功实做，做到厚积薄发，同时唤起学生的道德情感，感染并感化学生。

通过在辅导员队伍中加强中华优秀传统文化的创博，把德育还给学生，让学生参与到各种民族文化活动，学习、实践、体验、感悟、内化、升华，成为道德的主人，充实了高校德育内容。将优秀传统文化融于高校德育中，它把民族精神教育与时代精神教育结合起来，引导学生树立正确的国家意识，确立正确的世界观、人生观、价值观，有利于促进高校德育的吸引力、渗透力和德育作用的广泛实现。

（2015 年立项项目　撰稿人：景鹏）

“中国材料名师讲坛”论坛打造

中国材料名师讲坛是材料科学与工程学院的系列品牌学术讲座，主要聘请海内外材料领域知名的专家学者讲述前沿学术动态、个人及其研究团队的代表性成果、研讨发展战略等。作为研究生学术交流平台建设的重要载体，中国材料名师讲坛得到了学校、学院领导老师们的大力支持与积极响应，在大家的共同努力下，众多大师名家获邀来我校进行学术交流。

习近平在同北京师范大学师生代表座谈时指出，当今世界的综合国力竞争，说到底是人才竞争，人才越来越成为推动经济社会发展的战略性资源，教育的基础性、先导性、全局性地位和作用更加突显。“两个一百年”奋斗目标的实现、中华民族伟大复兴中国梦的实现，归根到底靠人才、靠教育。

2003年由谢建新院士发起创立的中国材料名师讲坛，在国家自然科学基金委员会、科技部、教育部等单位的大力支持下，目前已成功举办九十九讲。中国材料名师讲坛一直着眼于学术论坛的前沿性与专业性，全程紧扣育人主线，依托学科优势，聚焦科技前沿，追踪学术热点，论坛以主题报告为主要形式，为材料领域的大师人物与科研工作者、研究生搭建一个交流与分享的平台。随着论坛的影响力不断扩大，中国材料名师讲坛已成为材料科学与工程学院的品牌学术活动，成为北京科技大学对外学术交流的重要窗口，成为国内材料领域的权威学术论坛。

在第一百讲即将举办之际，材料科学与工程学院对过往举办过的论坛进行资料的整理与汇编，通过回顾论坛发展历史，总结论坛举办经验，发扬大师们严谨的治学态度，为材料师生们在学术道路的前行上指明方向；同时，也希望通过大师们高尚的品德、恢宏的胸襟以及伟大的爱国情操引导、感染、鼓舞材料学子勇攀专业知识高峰，在未来投身国家建设，为“两个一百年”奋斗目标的实现、中华民族伟大复兴中国梦的实现贡献力量。

总结讲坛资料　做好传承创新

通过对过往中国材料名师讲坛资料进行梳理总结，对未来举办的讲坛进行及时汇编，做好文化的传承与创新。加强顶层设计，时刻关注学生所需，加强打造良好学术氛围。主要通过以下活动来实现：

一是通过回顾论坛的发展历史，总结举办论坛的相关经验，完善学术论坛活动开展的方式与方法，打造良好学术氛围。

二是梳理总结中国材料名师讲坛相关资料。对过往各期讲座的内容进行梳理与总结，文字材料汇编成册，影音记录刻录成碟，对于之后将开展的讲坛及时记录与汇总，做好文化传承工作。

三是将成果转化，将《中国材料名师讲坛》汇编图册广泛应用于院士、专家学者来访交流活动中，同时借由图册在师生中开展学术诚信教育，引导学生树立正确的学术观、科研观。

在学校，学院的大力支持下“中国名师讲坛”已举办数计九十九讲，以往资料都有留存且定期整理，主要对以往论坛资料进行梳理，并进行汇总总结：

1. 做好学术论坛整理工作。通过对已举办的学术论坛信息进行汇总梳理，做好资料留存工作。

2. 开展学术交流会，营造出了良好学术氛围、拓宽了学生学术视野、促进了学生学术交流、激发了学生学术热情。

3. 将已举办的名师讲坛所包含的主讲学者信息、主要研究方向、论坛主要内容及影像资料等汇编成册。并以此为依据在师生中广泛开展学术教育。

通过认真调研和筹划，主要按照以下三个过程开展了工作：

1. 过往资料的收集和整理。通过搜索往期中国材料名师讲坛的相关报告以及资料，开展资料的收集工作，汇总整理到中国材料名师讲坛过往主讲人及主讲内容等相关信息中。

2. 内容汇编。对已举办的论坛讲座进行资料整理，整理材料进行中英文互译及排版，汇编成册，做好记录传承。

3. 举办学术交流会。通过举办各系所内的学术交流会，针对不同系所、不同梯队、不同年级学生的差异需求，营造出了良好学术氛围、拓宽了学生学术视野、促进了学生学术交流、激发了学生学术热情。同时邀请不同领域专家与学生进行对话交流。

立足时代先机　促进育人发展

加强顶层设计，以学生需求为导向，创新开展学术活动，取得了一系列丰硕成果。中国材料名师讲坛自开办以来，受到了材料学院师生的广泛认可，每场讲座均有数以百计师生参与，累计参加人数超过 10000 人次，实现材料学院研究生全覆盖；中国材料名师讲坛自开办以来，共邀请到中国科学院院士 25 人、中国工程院院士 16 人、国外院士 29 人及诺贝尔物理学奖获得者 1 人做客学术论坛。

中国材料名师讲坛规范的运作，高水平的教授、学者和高质量的报告吸引了越来越多师生参与。针对不同系所、不同梯队、不同年级学生的差异需求，以论坛报告为主题、特色活动为支撑，营造出了良好学术氛围。目前已完成整理翻译工作，将中国材料名师讲坛“九十九讲”讲座的资料汇编成册，日后可以此为依据持续对学生开展学术教育，引导学生形成正确的学术观、科研观。

引导研究生立足新时代，密切关注学术前沿和动态，培养研究生的创新思维，提高学术论坛参与度和互动性。在下一步工作中，要加大主题性论坛探索力度，使论坛获得持久旺盛的生命力，不断促进我院研究生培养质量的稳步提升，使得学术讲座的开展不仅可以促进研究生自主开展学术交流活动，还可以达到开阔视野、启迪智慧、提高创新能力的目的，营造敢于探索、勇于创新的学术氛围。

（2018 年立项项目　撰稿人：王海波）

颂扬优秀传统文化　感悟北科人文魅力

为深入学习党的十九大精神，贯彻落实《关于实施中华优秀传统文化传承发展工程的意见》《关于加强和改进新形势下高校思想政治工作的意见》和习近平总书记关于弘扬中华优秀传统文化系列重要讲话精神，推动教育部《完善中华优秀传统文化教育指导纲要》进一步落实，加强我校师生中华优秀传统文化教育，传承中华优秀传统文化，弘扬优秀传统美德，北京科技大学文法学院立足自身特色和优势，结合具有学院特色的人文素质教育活动，通过开展北京科技大学“品诗词之韵，悟汉字之美”传统文化实践活动，浓厚校园人文氛围，提升学生人文素养。

北京科技大学“品诗词之韵，悟汉字之美”传统文化实践活动包括“吾肆赛诗会”暨优秀诗歌作品优秀文学作品征集评选活动及优秀文学作品咏诵宣讲活动、北京科技大学“满井诗光”诗词大会等系列活动。

征集评选优秀诗歌作品及文学作品

“吾肆赛诗会”优秀诗歌作品优秀文学作品征集评选活动是文法学院以诗歌创作、征集为主要形式，面向全校师生开展的重要品牌活动。旨在通过征集优秀作品，鼓励热衷于文学创作及传统文化的同学在学习之余能够勤于思考，勇于创造，实现“学有所思”“学有所创”，形成优秀的传统诗文作品，营造浓郁的传统文化气息，丰富同学们的课余文化生活，引领学习优秀传统文化的校园潮流。

本届“吾肆赛诗会”以“追忆往昔峥嵘，拥抱未来时代”为话题，具体设置“礼敬中华优秀传统文化”“培育践行社会主义核心价值观”“学习党的十九大精神以及习近平系列讲话精神”“感念恩师”等多个征集主题，面向全校征集与优秀文化相关的诗歌、散文等文学作品，自4月份启动以来，共收到来自全校各个学院、各个年级的参赛作品共160余件，同时收集学校离退休处退休教职工优秀诗词作品50余篇。邀请文法学院人文素质教育中心、党委宣传部、校团委等多名专家评审进行初审、复审，最终评选出《青春四首》等共15件优秀诗文作品。

本次赛诗会评审出的优秀诗文作品也通过文法之声等官方微信平台、校园广播、海报外展等形式在全校范围内进行广泛宣传，借助新媒体的方式，使同学们潜移默化地感受到传统文化的熏陶与滋养。

优秀诗歌作品及优秀文学作品咏诵宣讲活动

“吾肆赛诗会”暨优秀诗歌作品优秀文学作品咏诵宣讲活动与优秀诗歌文学作品征集评选活动同步进行，分为两部分，一是“吾肆赛诗会”暨优秀诗歌作品创作咏诵大赛；二是优秀诗歌文学作品校园宣传活动。通过集中开展活动的形式将优秀文学、诗歌作品展示在全校师生的面前，引领传播中华传统优秀文化，培育新时代具有“北科特质”的校园人文精神。

“吾肆赛诗会”暨优秀诗歌作品创作咏诵大赛，遴选优秀诗歌文学作品征集评选活动中20件优秀作品，邀请诗词作品作者进行朗诵并解读诗词作品。经过现场评委的综合评审，《青春四首》等3件优秀作品荣获一、二、三等奖，其余选手均获得优秀奖，同时邀请一等奖获得者在满井诗光诗词大会现场表演环节展示作品。通过优秀诗歌作品的现场咏诵，既锻炼了学生作者的朗诵表达能力，也向在座师生展示出中国传统诗歌的文化魅力。

优秀诗歌文学作品校园宣讲活动通过线上和线下两种渠道进行。线上通过学校以及各学院官方微信平台对优秀诗文的朗读音频、内容、写作背景进行投放与推广；线下通过优秀诗词作品海报展览等形式对优秀作品进行宣传，供全校师生前来品读领略诗词的魅力。

“文动满井，诗韵流芳”，满井诗光诗词大会

诗歌是优秀传统文学殿堂里璀璨的明珠，汉字是优秀中华传统文化的重要代表，是我们民族祖先智慧的结晶，是中华文明最灿烂的瑰宝之一。本年度我们将汉字听写大赛与诗词大会相结合，将“普及传统文化知识，提升师生人文素养”作为目标，旨在调动学生对学习中华优秀传统文化的积极性。

本次满井诗光诗词大会采取“团队赛 + 个人赛”赛制，在举办过程中充分强调中华优秀传统文化的思想引领，结合汉字文化元素，融合校史校情，充分展现了我校的人文精神特色。参与报名的同学来自全校多个不同学院、涉及所有年级共计 200 余人，经过初赛与复赛的激烈角逐，共有 12 名同学进入到决赛环节，决赛通过“分组对抗赛”“擂主挑战赛”“状元对决赛”等充满趣味性答题竞赛形式，最终来自外国语学院的牛昕同学获得诗词状元称号。通过举办满井诗光诗词大会，使同学们在书写文字、品读诗词之余，能够进一步认识和了解到其中蕴含的文化背景和文化内涵，充分领略优秀传统文化的无穷魅力。

文法学院不断努力将中华优秀传统文化融入思想道德教育、文化知识教育等各个环节，依托人文素质教育中心的师资力量优势，持续进行传统文化活动品牌建设。北京科技大学“品诗词之韵，悟汉字之美”传统文化实践活动成为学校落实“以文化人、以文育人”的有效载体，对于引导全校学生全面准确地认识中华民族的历史传统、文化积淀，在传承和弘扬中华优秀传统文化中坚定文化自信、涵养社会主义核心价值观具有积极意义。此活动，不仅吸引了同学们对校情、校风、校史、北科大精神、北科大文化和中华优秀传统文化的关注、了解和思考，更为全校学生带来了传统文化的浸润和滋养，对于培育新时代校园人文精神，引领校园文化潮流具有重要作用。

（2017 年立项项目　撰稿人：杨雄）

礼颂优秀传统文化，彰显北科人文风采

——北京科技大学“人文之韵”活动季

为贯彻落实《关于培育和践行社会主义核心价值观的意见》（中办发〔2013〕24号）和习近平总书记关于弘扬中华优秀传统文化系列重要讲话精神，推动教育部《完善中华优秀传统文化教育指导纲要》进一步落实，在北京科技大学形成弘扬优秀传统文化、阅读优秀文化经典的浓厚氛围，北京科技大学文法学院立足自身特色和优势，结合国家大学生文化素质教育基地，整合具有学院特色的人文素质教育活动，开展“人文之韵”活动季系列活动，为浓厚校园人文氛围、提升学生人文素养贡献力量。

北京科技大学“人文之韵”活动季主要包括“优秀传统文化系列”星期四人文讲座、文法戏剧节、“吾肆赛诗会”暨优秀诗歌作品创作咏诵大赛（诗歌文化节）和“文动满井，字韵流芳”汉字听写大赛（传统文化知识竞赛）四项精品活动。

“优秀传统文化系列”星期四人文讲座

自2013年以来，学院邀请到北京大学、中国人民大学、英国爱丁堡大学等知名高等学府的中国古代文学、历史学、哲学、法学等领域的专家学者做客“星期四人文讲座”，解读传统文化经典著作，剖析传统文化精神内涵，教授传统文化学习方法。截至目前，学院共举办“优秀传统文化系列”星期四人文讲座10期，覆盖学生近2500人次，其中较有代表性的讲座如下：

教育部“长江学者”特聘教授、北京大学中文系钱志熙教授以“陶渊明的‘形影神’生命哲学”为题，以陶渊明的组诗《形影神》为依托，向北科大师生讲述陶渊明鲜为人知的“哲学世界”。著名法律社会学专家、中国人民大学郭星华教授以“传统文化与现代法治建设”为题，从传统文化角度切入，指出中国优秀传统文化的精神内涵对中国司法改革以及现代法制制度变革所起到的重要借鉴意义，充分认可了中国传统文化以及古代法制制度对社会主义法治建设的积极作用，鼓励在座同学增强对中华传统文化的认同感和归属感，通过学习中华优秀传统文化强化自身的文化素养与爱国情怀。著名哲学家、英国爱丁堡大学哲学系主任西奥多·斯卡拉萨斯教授以“从苏格拉底、孔子到度学”为题，在陈述、传承前人思想的基础上，让在座师生对中国古代著名的思想家、教育家和政治家孔子的哲学思想有了系统的认知和了解，揭示中国优秀传统文化中的哲学思想在现代化建设中的重要意义。北京曹雪芹纪念馆馆员、中国红学会会员樊志斌老师以“曹雪芹与《红楼梦》”为题，介绍了《红楼梦》的历史地位、文化价值、解读方式，运用大量的史料为我们展现了一个鲜活的曹雪芹形象和历代研究者对《红楼梦》这样一部“千古奇书”的各类评价，使我们对曹雪芹其人和《红楼梦》的研究价值有了更为深入的了解，让同学们走近了中国古典小说巅峰之作《红楼梦》及其作者曹雪芹，激发了同学们阅读传统文化经典作品的兴趣和动力。

文法戏剧节

文法戏剧节创办于2003年，是文法学院立足学院、面向全校的一项品牌活动。多年来，文法戏剧节不断尝试将中华优秀传统文化的经典元素和思想内涵融入到戏剧节精品剧目中，通过戏剧作品渲染中华优秀传统文化教育的浓厚氛围。截至目前，文法戏剧节共举办12届，覆盖学生近6000人次。

首先，文法戏剧节积极结合传统文化的经典元素。第11届文法戏剧节经典剧目《暗恋桃花源》讲述的是2个演出剧组“暗恋”和“桃花源”为争夺在剧场的彩排使用权，不时相互干扰的故事。其中“桃花源”部分以东晋著名诗人、辞赋家陶渊明的《桃花源记》为背景，演绎了古代一位渔夫出走发现桃花源前后的故事，通过两个剧组在时间、空间和演绎内容上的重叠与交叉，展示时间流逝给不同的人带来的不同命运，启示同学们要学会感恩，珍惜当前的幸福并不断坚持下去，不要因为社会变迁而改变自己曾有的理想信念。

其次，文法戏剧节积极融入传统文化的思想内涵。第9届文法戏剧节经典剧目《Lost in 女儿国》以中国古代四大名著之一的《西游记》中的故事为背景，讲述唐三藏西天取经途中，路过女儿国时与徒儿们经历了愤怒、迷茫、伤感等情感历程，通过戏剧化的情节表现告诉同学们坚定理想信念，努力团结进取的重要意义。

最后，文法戏剧节积极展现传统文化的现实挑战。第9届文法戏剧节经典剧目《东厢记》改编自元代著名杂剧作家王实甫的《西厢记》，讲述崔莺莺在护送父亲的灵柩归乡时偶遇张生，并一见钟情，以及由此产生的一系列爱情搞笑故事。作品将现代人的爱情观、价值观和世界观“嫁接”到身处元代的“崔莺莺”和“张生”身上，故事情节幽默并不失讽刺，由此折射出古代传统思想观念同现当代思想观念的冲突与区别，启发同学们优秀传统文化正在遭受不良文化和不良思想的冲击，作为中华儿女，学习和践行中华优秀传统文化精髓，守护好自己的“文化家园”，抵御不良文化和不良思想的侵蚀是我们肩上不可推卸的责任。学院积极在戏剧节剧本设计中强化中华优秀传统文化的主题引导，鼓励青年学生创作具有一定思想性、艺术性、创新性且包含传统文化元素的戏剧作品，调动学生对学习中华优秀传统文化的积极性。在戏剧节演出安排中进一步扩大公演时长和范围，扩大戏剧节优秀剧目的覆盖面与影响力，真正将中华优秀传统文化以学生喜闻乐见的方式入眼入脑入心。

吾肆赛诗会暨优秀诗歌作品创作咏诵大赛（诗歌文化节）

吾肆赛诗会是文法学院以诗歌创作、咏诵为主要形式，面向全校本科生开展的重要品牌活动。旨在通过征集与展示竞赛的形式，鼓励热衷于文学创作及传统文化的同学在学习之余能够勤于思考，勇于创造，实现“学有所思”“学有所创”，形成优秀的传统诗文作品，营造浓郁的传统文化气息，丰富同学们的课余文化生活，引领学习优秀传统文化的校园潮流。

本届吾肆赛诗会以“弘扬中华优秀传统文化，践行社会主义核心价值观”为征集主题，面向全校征集与优秀传统文化相关的诗歌、散文等文学作品，自4月份启动以来，共收到来自全校各个学院、各个年级的参赛作品共130余件，经过比赛组织方以及文法学院艺术教育中心从事文学研究与教育工作的专业老师的初审、复审，最终评选出14件参赛作品参加2015年6月8日在图书馆报告厅举办的吾肆赛诗会暨优秀诗歌作品创作咏诵大赛决赛。决赛中，14篇优秀诗文的作者作为14强选手将通过现场诗文咏诵展示来一决高低，争夺本届吾肆赛事会的最高奖项。“原创诗歌+咏诵展示”是本届吾肆赛诗会的重要特色。优秀诗歌作品的现场咏诵，既锻炼了学生作者的演讲能力，也向在座师生展示出中国传统诗歌的文化魅力。经过现场评委们的综合评审，来自文法学院行政1302班的许楠同学获得特等奖，王展、于嘉鑫、孟羽蔚3位同学获得一等奖，共有26位同学分获二、三等奖。本届吾肆赛诗会共产生《青春·倔强》《神州赋》《满江红·祖国颂》等30篇优秀诗文作品，学院将优秀诗文作品编辑成册，推出《北京科技大学吾肆赛诗会优秀作品集锦——2015》，同时遴选出吾肆赛诗会十强选手作为10位“校园传统文化之星”，打造学习践行传统文化的“青年榜样”，通过主题展板、海报等形式对其进行宣传，渲染阅读传统文化经典、学习传统文化知识、充实自身精神家园的校园氛围。

“文动满井，字韵流芳”汉字听写大赛（传统文化知识竞赛）

汉字是优秀中华传统文化的重要代表，此次汉字听写大赛是文法学院首次面向全校组织开展以汉字听写、成语辨析为形式的比赛活动，希望能够通过此次比赛帮助大学生摆脱平时对电脑、手机的过多依赖，减少提笔忘字的情况，增进大学生对中华优秀传统文化的了解和认知，培养大学生对中华优秀传统文化的学习兴趣，鼓励大学生用实际行动“阅读优秀文化经典，学习优秀传统文化”。

此次汉字听写大赛决赛将“团体赛制”与“个人赛制”相结合，同时将“汉字听写”与“成语竞猜”“传统文化知识竞答”相结合，整合为一项面向全校的“传统文化知识竞赛”。比赛共有来自全校多个不同学院的50余名同学报名，经过初步遴选，产生8支本科生团队和1支留学生团队进入2015年6月9日在图书馆报告厅举办的汉字听写大赛决赛。经过激烈角逐，来自文法学院法学1402班的熊珊妮同学获得特等奖。通过举办汉字听写大赛，同学们在书写汉字之余，能够进一步认识和了解到汉字中蕴含的文化背景和文化内涵，领略优秀传统文化的无穷魅力。

北京科技大学“人文之韵”活动季由北京科技大学国家大学生文化素质教育基地和文法学院发起主办，学院依托国家大学生文化素质教育基地的师资力量优势，整合传统品牌活动，创新活动内容形式，将中华优秀传统文化元素融入到活动中，帮助大学生明确中华优秀传统文化的历史渊源、发展脉络、基本走向，了解中华文化的独特创造、价值理念、鲜明特色，引导学生深入学习领会中华优秀传统文化讲仁爱、重民本、守诚信、崇正义、尚和合、求大同的时代价值，打牢培育和践行社会主义核心价值观的思想文化根基。“人文之韵”活动季提升了大学生自觉学习优秀传统文化、充实自身精神家园的热情，形成了阅读传统文化经典、学习传统文化知识的校园氛围，激发了大学生的参与热情与积极性，鼓励大学生在活动中进一步了解校情、校风和文化传统，加深对校史、北科大精神、北科大文化和中华优秀传统文化的理解与认识，引领校园文化潮流。

（2017年立项项目　撰稿人：史立伟）

“品读经典·对话信仰”主题阅读活动

为深入贯彻落实中央关于培育和践行社会主义核心价值观的意见要求和习近平总书记关于弘扬中华传统文化系列重要讲话精神，按照《中共教育部党组关于教育系统深入开展爱国主义教育的实施意见》的要求，结合《教育部办公厅关于开展第三届“礼敬中华优秀传统文化”系列活动的通知》和《中共北京市委教育工委关于在北京高校开展大学生“读书读经典”系列活动的通知》，落实学校“礼敬中华优秀传统文化”活动部署，学工部策划并发起了“品读经典·对话信仰”主题阅读活动。活动自 2016 年 6 月立项以来，紧紧围绕培育和践行社会主义核心价值观的总体部署，将引导青年学生阅读经典作为立德树人的有效载体，贯穿于人才培养的全过程。以“礼敬中华优秀传统文化”为核心，以培育和践行社会主义核心价值观和激发学生爱国热情为主线，紧密贴合学生的特点、需求及成长规律，以“构建阅读习惯、建设书香校园、传承红色经典、弘扬爱国精神”为目标，在原有工作基础上，科学设计活动项目，固化活动品牌，彰显文化特色，相继开展了一系列形式多样的学生读书读经典项目，营造了浓郁的校园阅读氛围，取得了较为显著的成效，“品读经典·对话信仰”活动已成为贝壳学子用实际行动为社会主义核心价值观代言的一张闪亮名片。

坚持立德树人，明确活动方向

坚持立德树人，以提升人才培养质量为核心，以培养“厚基础、宽口径、强能力、高素质”的全面发展的大学生为目标，将引导学生读书读经典作为学校育人的重要内容和关键环节；坚持学生为本，围绕青年学生的需求特点和成长规律，注重对学生的人格培养和价值塑造，引导青年学生回归经典，在阅读中明确人生方向，树立学术梦想，构建完善的知识结构体系；坚持问题导向，深度聚焦青年学生“急、碎、窄、浅”的不良阅读习惯，将阅读经典作为学生素质培养的重要载体，使学生在阅读中培养科学精神、提升人文素养、涵养道德情操、丰富文化内涵，做“有信仰、有思想、有文化、有品德”的“四有”大学生；坚持知行合一，通过经典荐读、名家导读、青春阅享、书海拾摘、悦读先锋等环节，让学生在阅读经典的过程中立德、修身、明辨、笃行，真正做到读而思、思而行、行而进。

融入新生教育，前移阅读关口

在进入大学的暑期，引导新生阅读校史经典《满井村》和《师韵》，并撰写读书心得。看《满井村》，北科大的光辉历史让每个北科学子都为之自豪；读《师韵》，钢院师生的精神风貌让新生心生敬仰；撰写读书心得，帮助新生更深刻地了解北科故事、感悟北科内涵、弘扬北科精神，做知书达理北科人，为四年的学习生活奠定强大精神基础。2016 年新生入学季，共收到学生《满井村》《师韵》读书心得 3331 份，经过专家、教师和辅导员的审阅和推选，最终评选出 100 篇优秀心得并编辑成册，供学校师生阅读学习。此外，计算机与通信工程学院和高等工程师学院在入学季开展“图书漂流”“墨香传递”活动，倡导志愿、分享、成长、提高的阅读氛围，建立起高年级学生与新生之间精神交流的桥梁，活动共回收读书心得 682 篇。

倡导博雅教育，促进全面成才

推荐经典阅读书单，来自专家学者、知名校友为北科学生推荐的成长书单，立足传统文化及学生成长，帮助学生拓展了视野、了解到外面的世界；各学院院长、书记及专业系主任为每专业推荐 2 本专业课外阅读物并帮助新生做好专业学习规划，走好大学第一步；目前已形成各学院、专业课外推荐书单13份，涉及图书200余本。分享交流学以致用，将读书活动与新生成长对话课、主题班团会等活动有机结合，鼓励学生在阅读后以演讲的方式进行主题分享，学生积极展示读书收获、畅聊读书感悟，来自不同专业、不同年级学生间的思维交融更是精彩纷呈；依托校求是学会和学生通讯社举办演讲大赛和读书知识竞赛，促进学生将阅读收获内化，以阅读充实思想，完善自身知识结构，促进全面发展。

建立导师队伍，领航学生成长

聘请来自马克思主义学院、文法学院、东凌经济管理学院等10余名专家名师担任学生阅读导师，开展“师生共读一本书”活动，传授读书方法，分享读书体会；依托“名家领读经典”北京高校市级思想政治理论课，组织师生赴中国人民大学参加金一南将军读书主题讲座，并邀请著名经济学家李稻葵教授走进我校讲授“中国经济发展展望”，碰撞思想、启迪智慧；部分辅导员担任学生阅读班主任，近40名辅导员参与其中，全年开展读书主题分享80余次，如能源与环境工程学院辅导员发起“读书小站”活动，鼓励学生坚持阅读，并定期举办如“缅怀一二·九，共抒爱国情”“我为社会主义核心价值观代言”等征文活动，收集学生优秀作品并积极转化。每月开展1次辅导员读书沙龙，结合阅读经历分享育人心得，依托“星辰大海”网络思政工作室、小博士新媒体工作室举办辅导员、团干部“读书读经典”分享会，帮助辅导员、团干部更好地克服“本领恐慌”，真正成为青年学生的人生导师和知心朋友。化学与生物工程学院辅导员在微信朋友圈中发起“你点赞，我阅读”活动，督促自己“多读书、读好书、好读书”，以自身实际行动为学生树立榜样。

依托网络媒体，营造“悦读”氛围

在继续发挥传统媒体优势的基础上，注重互联网、新媒体的整合，通过微信公众号“贝壳学子”，定期推送优质图书节选、读书方法摘编、一句话书评书摘等内容，帮助大家利用碎片化的时间进行对经典的阅读与思考，阅读量逾千人次；将学生中优秀的读书心得分期发表，并发起在线讨论，互相启迪，增长智慧；发起“发现身边的读书达人”等项目，让学生在阅读中领悟真谛、感受快乐，激发学生阅读的内在驱动力，变“要我读”为“我要读”。辅导员以年级组为单位，开设经典阅读专栏与学生在线交流互动，推荐书目并撰写书评 50 余份。

注重经验总结，固化品牌优势

“品读经典 · 对话信仰”活动在立意筹划、组织推进、品牌建设、宣传推广等方面已积累了一定的经验，总结起来，可以概括为“六个一”，即在活动中组织学生“阅读一本名著，推荐一部经典图书，参与一次读书心得分享，撰写一篇读书心得，发表一则微书摘（微书评），参加一次阅读主题实践”;“两结合”，即在活动推进过程中做到“第一课堂与第二课堂相结合，现有工作基础与创新活动形式相结合”;“三强化”，即：通过引导学生阅读经典，强化学生的道路自信、理论自信、制度自信、文化自信，强化学生对人文素养、文化内涵和青春梦想的向往和追求，强化学生对北科大“求实鼎新”精神的理解和践行。在学工处的引领下，各学院也认真探索符合本学院学生实际、具有学院特色的经典阅读活动，并及时总结经验。如高等工程师学院进行“一字一书”年度总结活动，号召学生将一年来的阅读心得认真总结，高度凝练、根植内心，并为学生推荐新年阅读书目，将思政教育与核心价值观、工程文化、工匠精神有机融合，获得了学生的积极响应。

设计思路明确，项目影响深远

注重顶层设计，使教育环节环环相扣。“品读经典 · 对话信仰”活动，坚持以学生为主体，在经典的选择和读书项目的设计上，充分尊重青年学生的特点、需求，以青年学生喜闻乐见的方式开展读书活动，最大程度地激发学生阅读经典的主动性和积极性。但同时，坚持“分类指导、重点辅导”的原则，在经典书目的选择上，做好推荐和遴选工作，走好阅读的“最先一公里”；在阅读过程中，强化过程导向，通过名家导读、交流研讨、心得分享等环节，随时掌握学生对经典的掌握情况，并根据阅读经典过程中的重点和难点进行辅导，真正提升学生经典阅读的“获得感”，提高阅读效率；在经典阅读后，注重效果的跟踪与反馈，建立持续改进的长效机制，选树先进模范，发挥榜样的辐射示范作用，走好阅读的“最后一公里”。

注重文化熏陶，培育学生核心价值观内在基因。“品读经典·对话信仰”以引导青年学生阅读经典为载体，发掘优秀传统文化，继承红色文化传统，加强先进精神引领。通过读书会、主题班团会、成长对话课、TED 演讲、经典诵读、知识竞赛等内涵丰富、形式多样的活动，让青年在阅读经典的过程中，启迪智慧、交流收获、思维碰撞、观点争鸣，在校园内营造了浓郁的“科技与人文争辉，经典与现实共融”的文化氛围，为社会主义核心价值观的基因在青年学子的内心生长发育提供了土壤和环境。

经典书籍是人类先进文明和进步思想的载体和浓缩，将阅读经典作为青年学生自觉培育和践行社会主义核心价值观的重要途径和关键环节，取得了十分显著的效果。目前，该项目已上报教育部《高校培育和践行社会主义核心价值观创新案例》。学工部也将秉承持续改进的工作理念，尤其重视探索经典阅读的理论实践模式，给理论学习以出口，提升青年学生理论联系实际的意识和能力，通过实践夯实和检验学习效果，让理论在实践中升华。

（2016 年立项项目　撰稿人：于成文）

当前我国研究生教育文化中存在的突出矛盾

摘　要：本研究在当前党中央多次强调加强我国研究生思想政治工作、全面提高研究生培养质量、切实有效培育研究生教育文化培育、统筹推进“双一流”建设的背景下提出，具有较强的理论与现实意义。本文从研究生教育文化的视角，结合项目负责人承担的中国学位与研究生教育学会 2015 年重点课题“社会主义核心价值观与研究生教育文化研究”，通过对 6858 份调研数据分析，从教育文化主客体等 6 个教育文化要素角度，分析了当前研究生教育文化中的突出矛盾，并提出有效对策。

关键词：研究生教育文化；实践育人；新媒体

研究生教育文化培育事关我国社会主义事业接班人培养、事关我国高等教育体系建设、事关社会主义文化软实力提升。本研究涉及的研究生教育文化概念，是指研究生管理者，包括研究生导师、研究生思想政治工作者等，与研究生共同创造的一切精神和物质活动。主要包括精神文化、制度文化、行为文化、物质文化等几个层面。从精神层面看，包括研究生管理者和研究生的价值观念、思想意识等要素；从制度层面看，包括学校的学术规范、教学管理等要素；从行为层面看，包括教学指导活动、各类社团文体活动等要素；从物质层面看，包括大学校园的基础设施等要素。

一、研究生教育文化当前特点

“社会主义核心价值观与研究生教育文化研究”课题问卷主要分为 3 部分内容，第一部分为基本情况，涵盖 10 道题目，包括年龄、专业、培养类型等基本内容。第二部分为研究生教育文化认知现状，涵盖 27 道题目，主要包括对社会主义核心价值观重要性及内容的认知、认可程度，对自己与周围群体认知及影响研究生教育文化的传播效果因素的判断与评价等内容。第三部分为当前研究生思想政治课调研，涵盖 10 道题目，包括研究生对当前思政课认可程度、从内容形式等方面的评价及建议内容等。问卷发放 7705 份，收回 6858 份，调研结论如下；

第一，对研究生教育文化重要性的认知方面：呈现出研究生对研究生教育文化重要性认识清晰，对于集体与自我、理想与现实的关系认知正向主流，关注国家和社会的发展，认可自我奋斗，就业与学业压力较大，毕业后就业比重大，出国留学回国就业比重大的特点。

第二，对研究生整个群体当前价值观的认知方面：呈现出对研究生群体评价较高，整体评价正向积极和谐的特点。其中，学习动机分类变化明显，交友动机显著突出；学风与学术投入都有所提升；学术道德有所增强。

第三，对研究生教育文化传统传播途径及效果的评价及反馈方面：呈现出认为思政课仍为主流传播途径，思政课整体效果评价一般，对思政教师敬业精神评价较高，对思政教学内容、手段、效果评价较低，导师对研究生培养作用突出的特点。但是同时，研究生中认为，导师的作用发挥不够，在研究生教育文化的传播过程中，仅占到了 20% 左右。

第四，对研究生教育文化及研究生思想政治教育内容的评价及反馈方面：呈现出研究生时政兴趣明显提升，对于传统文化兴趣十分突出，对于思想政治教育内容的时代性、深刻性、现实性需求突出的特点。“当前在研究生中培育和践行社会主义核心价值观成效性不大的主要原因”调研发现，排名前三位的答案为内容没有针对性，大而空，与研究生的现实生活关系不密切（75.58%）；教育的方式陈旧落后，形式单一，与研究生的接受方式不符合（57.35%）；缺乏教育实践活动，价值观教育不能“内化于心，外化于行”（51.69%）。同时，调研发现研究生对于传统文化的渴求，“思政课最关心的内容”调研结果显示，排名前三的选项依次为：国内外时事（59.51%）、中华传统文化（55.69%）。

第五，对研究生教育文化及研究生思政教育方式的评价及反馈方面：呈现出渴望参与社会实践的特点。对于进行研究生教育文化教育最愿意接受的方式，排名前三位的是社会实践（62.31%）、教育网络新媒体（53.16%）、校园文化宣讲（37.47%）。

第六，对研究生教育文化环境方面：呈现出校园文化影响力较大，新媒体作用突出的特点。研究生使用互联网、智能手机等新媒体主要用于了解信息（82.76%）、查询资料（78.65%）、交友娱乐（62.55%）。

二、研究生教育文化存在的突出矛盾

第一，教育文化理念：先进性、主流性与功利性、短期性之间的矛盾

研究生作为我国人才培养中的最高层次，对于国家的建设与民族的复兴必然承担更大的责任，这就决定了我国研究生教育文化理念的先进性、主流性、特色性。在当前研究生就业形势紧张、社会风气不佳、与国外各类思潮接触更加频繁的背景下，一些研究生思想上出现了一些功利性、短期性的导向，研究生教育过程中也存在着这样的不良风气，这就对研究生教育过程中必须坚持“立德树人”的根本任务提出了更迫切、更严格的要求。

第二，教育文化主体：主体性、主动性与灌输性、主导性之间的矛盾

研究生必然是研究生教育文化的主体。按照马克思主义理论，主体是指具有社会性的有意识、有目的地从事认识活动和实践活动的现实的人，主体的基本特征就是自觉能动性，具体包含自主性、自为性、选择性。研究生不仅专业素质强，性格更加成熟稳重，辨别是非能力强，而且社会参与的意识和程度以及创造性能力均高于本科生，这使得研究生教育表现出了强烈的稳定性、主流性和社会性的特征。而且，研究生与其他年龄段学生相比，具备较强的主观性。研究生相比本科生，因为阅历、思想、年龄的不同，已经形成了相对完整的价值观及文化理念，更难以接受价值观及文化方面影响。这就与思政教育的灌输性、主导性之间形成了冲突。这就要求研究生教育文化必须立足激发研究生内生动力，针对研究生发展需求，进行理论与实践探索。

第三，教育文化参与者：多元性、多样性与单一性、单调性之间的矛盾

研究生已经进入专业研究的教育阶段。此阶段参与教育的教育主体，如导师及各专业教师，呈现出知识层次高、个人综合发展水平高的高阶性、专业性、多元性和深入性特点。以往有一个偏颇的认识，认为意识形态教育只是思政课教师的事，其他包括导师、专业课教师等参与意识形态教育程度较低。造成导师和辅导员难以形成合力育人的原因主要包括：一是对导师和辅导员的定位存在偏差。二是导师和辅导员疏于沟通。三是两者职责交叉，分工不明确。习近平总书记在全国高校思想政治工作会议上明确指出，必须全员育人、全过程育人、全方位育人，这就对下一阶段研究生教育文化改革提出了新的要求，特别要加强研究生导师在研究生教育文化培养方面的作用和力度，充分发挥各教育参与者的正能量，实现全员育人、全方位育人、全过程育人。

第四，教育文化内容：研究性、创新性与指向性、稳定性之间的矛盾

从研究生教育的起源及发展历程来看，研究性、学术性、创新性始终是其应该坚守的本质属性。同时，由于研究生在年龄结构、文化基础、心理状态、价值观念等方面都与高校内的其他群体有着明显的不同，是大学中最活跃、最富创造力、最理智、最具有开放性的群体。这种开放性与当前研究生意识形态教育中一些照本宣科、落伍过时、脱离社会发展现实的教育方式与内容之间的矛盾比较突出，这也为研究生教育文化的发展与研究生教育文化培育提出了更高要求。研究生相比本科生，因为阅历、思想不同，更难以接受价值观方面的影响。无视研究生个体需求及专业与层次水平的不同，忽视了研究生个体主动性和能动性的发挥，使研究生德育工作缺乏实效性、针对性与时代性。

此外，从课程设置来说，随着人才强国战略和创新驱动战略的实施，研究生教育规模不断扩大，培养规格和类型不断增多。我国的研究生教育一贯是专业课程供给充足，而德育课设置不足，且是大班教学，缺乏针对性，研究生专业学习与德育的结构性矛盾突出。

第五，教育文化方式：实践性、多样性与传统性、陈旧性之间的矛盾

由于研究生自身的特点，往往对于一些前沿性的文化传播方式比如网络、微信、微博等接触较早而且深入。如一些高校探索开展的研究生学术微沙龙活动，通过线上跨专业进行发起，线下进行交流的方式，在研究中反馈很好，充分体现了研究生教育文化方式的前沿性、多样性、开放性。

马克思曾指出：“社会生活在本质上是实践的。”同时，在调研中我们也发现，研究生对于社会实践的渴求极其强烈。这种自我培养、自我服务、自我成才的意识十分宝贵，应该着重保护、善于引导，作为创新研究生培养模式的一个重要突破点。研究生作为我国高层次人才，肩负着国家现代化建设的重任，他们能否通过各种渠道积极参加社会实践活动，在实践中发现自身的缺陷、增长知识才干、服务贡献社会是值得关注和重视的问题。这对于下一步探索思政教育方式创新，开展研究生教育文化培育也具有重要意义。

第六，教育文化环境：重要性、紧迫性与多元性、隐蔽性之间的矛盾

互联网时代网络传播迅速渗透到校园，微博、微信等网络新媒体的普及改变着高校研究生的日常生活与学习。社会风气纷繁复杂，西方意识形态纷纷涌入，故意制造意识形态混乱，使研究生德育面临着巨大挑战。造成了研究生教育文化环境的复杂性、多元性和隐蔽性。而这关乎我国最高级人才培养、社会主义事业建设大局，是一项亟待解决的重要战略问题。

三、研究结论及建议

第一，加强研究生教育文化理论与实践研究，构建以人为核心，文化、教育、思政、价值观逐层推进、协同影响的研究生教育文化生态体系及研究范式。教育以文化的传承和发展为己任；文化则通过教育得以传承和创新；从文化的视角看教育，必然要格外关注“人”这个主体；教育文化的目的论和方法论可以表述为“以人化文”和“以文化人”的有机统一，也就是既用“人化”推进“文化”，又用“文化”表达“化人”；价值观教育本质上是关于文化认同的教育，甚至可以把全部价值观教育所涉及的问题都归结为文化认同问题；应以研究生教育文化为指导，统筹推进研究生思政工作、引领文化建设、提升教育水平为通过本课题形成的研究生教育文化学初步研究论点。

第二，基于研究生的培养目标及自身发展的高层次性，接受价值观影响因素方面自主性很强，自我选择意识占到了影响价值观因素的第一位。在对研究生创新精神培养中应注重激发研究生个体的自主性、自发性、自觉性，探索具有实效性的研究生思想政治工作方法与模式。应重点着力激发研究生成长成才内生动力，抓好研究生人生价值实现这一突破口，培养青年马克思主义的骨干力量。同时，基于本次调研中首次凸显出研究生对于社交需求增加、同龄群体对研究生思想影响较大的特征，更应依托班集体、梯队等建设、提升研究生朋辈教育水平，发挥同龄群体在研究生教育文化培育方面的带动与引领作用。通过科研团队愿景建设、平台建设、队伍建设和活动建设等方式，塑造团队精神，提倡群体共进。关于拓展社交圈子，是近年来研究生读研需求的重要趋势，也是未来研究生培养模式改革的重要方向之一。构建与拓展人际网络，是开放的研究生培养理念的体现，是优质教育资源共享理念下研究生培养模式改革的一项重要举措。建立各类平台和制度，拓展并形成个体优化的人际网络结构，是促进研究生与外界的沟通交流进而实现优质资源的有效共享。

第三，基于导师等多主体在研究生思想工作及成长成才中的突出作用，研究生中认为，导师的作用发挥不够，在研究生教育文化的传播过程中，仅占到了20%左右。建议加强顶层设计，加大对导师的引导和要求，强化导师在研究生思想政治工作中的作用，尤其依托研究生党支部建设，探索以实验室、导师组、科研团队等为纽带建立党支部，促进导师与辅导员合力协作，努力构建教书与育人合力形成的体制机制。形成党政齐抓共管协同配合的思政工作领导体制，实现全员育人、全方位育人、全过程育人。

第四，基于研究生关心时政兴趣较高但是思政效果有待提高的现实问题，建议大力抓好思政课主渠道建设，加强思政理论课对于研究生教育文化的时代性、现实性、生动性的正面教育，全面提升思政课教学水平与效果。

第五，基于研究生对思政课程教学方式需求的变化，应进一步改革研究生思政课教学方式，尤其应着力突出社会实践在研究生教育文化培育、全面提升思政工作水平在研究生成长成才中的作用。

第六，基于新媒体在研究生教育文化培育及思想影响方面的作用日益凸显，应重视在网络空间思想政治教育话语能力培养，引导广大师生积极参与网上舆论斗争和社会思潮辨析。同时，基于提高研究生综合素质能力的目的及研究生对于传统文化的渴求，应从加强中国社会主义特色文化以及中华传统文化课程设置出发，深刻认识中国特色文化对研究生社会责任感培养的重要性，正确挖掘、把握中国特色文化的内涵，形成适应研究生教育的文化内容，培养研究生的责任意识，担当意识。坚定学生文化自信，达到以文化人，以文育人，以德树人的育人目标，培养具有民族精神、全球视野的社会主义事业合格建设者与优秀接班人。

参考文献

[1] 习近平在全国高校思想政治工作会议上强调：把思想政治工作贯穿教育教学全过程 开创我国高等教育事业发展新局面 . 人民日报 . 2016（12.8）.

[2] 青年要自觉践行研究生教育文化——习近平在北京大学师生座谈会上的讲话 . 人民日报 . 2014（5.5）.

[3] 伍处文 . 把培育和践行研究生教育文化融入高校育人全过程 . 学校党建与思想教育 . 2014（1）.

[4] 高大红 . 关于将研究生教育文化融入高校教育教学的思考 . 思想教育研究 . 2017（3）.

（2017 年立项项目　撰稿人：张颖）

改革开放 40 年以来北京科技大学转型发展进程中的办学特色研究（1978—2017）

北京科技大学应新中国工业化建设需要诞生，以服务国家经济建设、培育科技英才为己任，始终肩负着“为中华之崛起”的光荣使命。改革开放四十年来，学校紧紧围绕国家重大战略需求和科技前沿，形成“精品化、国际化、特色化”办学思路，深化综合改革，实现了由单科性的北京钢铁学院向以工为主、工理管文经法等多学科协调发展的高水平研究型大学的历史性转变。40 年以来，学校历经了更名，主管部门划转，入选“211”工程、“985”学科优势平台和“双一流”建设高校等众多历史机遇，先后探索形成了“大材料”试点班、社会实践课程模式等多个特色办学项目，并作为教育部第一所直属高校牵头承担了国家重大科技基础设施项目。学校转型发展的步伐铿锵有力。回顾和梳理学校改革开放以来的转型发展进程，进一步总结凝练学校的办学特色，对当前学校推进“双一流”建设具有重要意义。

目前学校现有校史资料存在一定程度的缺失现象，特别是学校重大事件的资料积淀厚度不够，相关信息较为分散而又不够全面，在展现学校基本办学情况和办学特色方面亟待进一步加强。通过深入挖掘改革开放以来学校的基础办学数据，进行信息收集、电子化记录和科学化分析，有利于客观、全面地展现学校的整体发展面貌。同时，围绕学校重大事件的相关信息进行收集和整理，提炼形成学校办学特色的历史事件链条，对丰富校史、填补空白、以史鉴今具有重要的现实意义与深远的历史意义。

阶段开展活动，计划有序完成

自2018年6月本活动开展以来，课题组充分调动各方面资源，分三个阶段逐步开展研究。

第一阶段，校史资料整理与电子化建设。课题组重点梳理改革开放40年来学校办学数据、重要文献等珍贵历史资料，完成了《北京科技大学基本办学数据汇编（1984—2002）》的整理汇编，在此基础上整理并建设完成北京科技大学改革开放以来基本情况与统计数据电子数据库，实现纸质统计文献资料的电子化。

第二阶段，厘清脉络，梳理重大事件信息。课题组围绕学校转型发展历史过程中的重大事件，以历次党代会召开情况及“五年发展规划”为重要载体，借助学校离退休及在职相关人员的口述和回忆资料，抢救性挖掘、多角度收集相关材料，力求多维度、全方位反映学校办学经验和办学特色。梳理完成历次党代会信息及五年事业发展规划，其中重点还原了第七次、第九次至第十一次党代会报告和“七五”“八五”“十五”至“十三五”事业发展规划。

第三阶段，总结、提炼办学特色。对反映学校学科建设、人才培养、科学研究等办学职能方面的基础数据加以重点分析，对反映学校办学特色的重大事件进行深入研究，进而总结规律，启人以新，为我校的发展提供历史的视野与借鉴。撰写完成文章《北京科技大学改革开放四十年办学巡礼：钢铁摇篮育英才，深化改革铸强国》一篇。

梳理办学特色，总结办学经验

北京科技大学作为新中国钢铁工业的最高学府，建校六十七年来，坚持内涵发展，注重开放办学，紧紧抓住改革开放为高等教育发展带来的强大动力，继承“学风严谨、崇尚实践”的优良传统，传承“求实鼎新”的校训精神，为钢铁工业的改革发展、创新驱动贡献力量，向着“建设成为以工为主，工、理、管、文、经、法等多学科协调发展，规模适度，特色突出，国内一流，国际知名的高水平研究型大学”的目标而奋进。

（一）旗帜鲜明，抓实思想政治工作，推进改革发展

在办学方向方面，改革开放四十年来，学校始终坚持以马克思列宁主义、毛泽东思想、邓小平理论、“三个代表”重要思想、科学发展观、习近平新时代中国特色社会主义思想为指导，高举中国特色社会主义伟大旗帜，牢固树立“四个意识”，全面贯彻党的教育方针，始终坚持思想上政治上行动上同党中央保持高度一致。一方面，学校认真贯彻执行党委领导下的校长负责制；另一方面，学校加强民主集中制建设，构建教代会、学代会、理事会等积极发挥作用的民主管理和社会参与体系；制定《北京科技大学章程》，修订学校《学术委员会章程》等有关文件，初步构建起以章程为统领的现代大学制度体系，健全以学术委员会为核心的学术治理体系。

同时，学校高度重视学生思想政治工作，早在20世纪五六十年代，就提出“一参三改三结合”教育思想，1980年，学校率先成立了德育基础教研室，1992年，学校制定了《系统德育综合育人实施方案》，并先后于1994年，1996年，2004年，2008年获得、复查保留北京市党的建设和思想政治工作先进校称号。2002年，学校入选首批试点高校并以此依托我校成立了全国大学生素质拓展计划网络管理系统管理与服务中心；2016年，“大学生素质拓展计划”升级为“第二课堂成绩单”制度。学校连续3届（6年）获得北京高校党建和思想政治工作成果一等奖和创新奖。2018年10月，学校成为教育部首批“三全育人”综合改革试点高校。

学校先后召开了七次党代会，编制完成《北京科技大学综合改革方案》，编写《〈统筹推进世界一流大学和一流学科建设工作〉的意见和建议》《北京科技大学一流学科建设高校建设方案》，2017年科学技术史、材料科学与工程、冶金工程、矿业工程4个学科进入一流学科建设行列，并逐步形成以“一流学科”建设为龙头，统筹校内体制机制改革与资源配置，通过学科交叉与学科群建设，推进学校综合改革、“十三五”规划和“双一流”建设。

（二）人才强校，提升人才培养和师资队伍建设质量

在人才培养方面，学校坚持立德树人的根本任务，着力创新人才培养

模式，深化教育教学改革，培养德智体美劳全面发展的社会主义建设者和接班人。构建了校企合作、校院合作多元化的人才培养模式，构建“以学生为本”的教学管理机制，落实“教授为本科生上课”制度和青年教师授课准入制度，成立教师（教学）发展中心、学生学习与发展指导中心，切实提升本科教学实效。在理科试验班、材料实验班和卓越工程师计划基础上，开设“纳米班”“黄昆班”“闵嗣鹤数学精英计划”“智能采矿创新班”等人才培养改革项目。2018年，学校实施本科生全程导师制，构建“任课教师+班导师+辅导员”与“导师+导师指导的研究生+高年级本科生”相结合服务模式，实现创新型人才培养的制度化。

在师资队伍建设方面，学校稳步推进收入分配制度改革，大力实施人才强校战略。1979年3月，学校恢复教师职称评定工作。1985年8月底，学校开始实行教师任职资格的评审和聘任制。1992年3月，学校被冶金部确定为首批综合改革试点院校，学校制订综合改革纲要，首次人事制度改革的基本内容是进行“三定一评一聘”，即定编、定岗、定责，考评和聘任。1985年、1993年、2006年分别进行了三次工资制度改革。1999年，学校在严格定编的基础上，按新的方案进行了全校教师的岗位设置，之后学校每三年进行一轮岗位聘任工作，实行教师岗位分类管理，完善教师职务晋升与考核评价机制。2003年学校启动“422高层次创新人才工程”。2009年10月，学校首次召开人才工作会议。会议全面部署人才工作规划，表彰近年来人才工作先进集体和先进个人。2010年实施“人才振兴工程”。2015年，学校11个科研流动站参加博士后综合评估工作，材料科学与工程、机械工程科研流动站被评为全国优秀科研流动站。逐步建立起更加科学、合理、公平、有序的收入分配关系，努力提高教职工收入水平，充分调动了教职工的创造性和积极性。

（三）争创一流，提高学科建设和科研服务水平

在学科建设方面，学校明确了“突出特色优势，凝练领域方向，优化结构布局，注重内涵发展”的学科建设方针，经多次院系调整，目前，学校建有本科教学单位16个、本科专业50个，一级学科博士学位授权点20个、一级学科硕士学位授权点30个、二级学科博士学位授权点79个、二级学科硕士学位授权点137个，另有MBA（含EMBA）、MPA等专业学位

授权点8个，博士后科研流动站16个，涵盖工、理、管、文、经、法、哲、教、艺9个门类。

学校科学技术史、材料科学与工程、冶金工程、矿业工程入选国家“一流学科”建设行列。相比于2012年第三轮学科评估，在2017年12月公布结果的第四轮学科评估中，学校参评学科数由16个增加到25个，获评2个A+、1个A和6个B+，进入前20%的学科由5个增至9个，进入前30%的学科由11个增至16个。材料、工程、化学、计算机等4个领域进入2018年ESI全球排名前1%，其中材料进入前1‰。QS2019世界大学排名第500（国内高校第22）。

在科研服务方面，自1978年以来，有2000余项科研成果获国家、省部级等奖励，其中国家级奖励169项，在全国高校名列前茅。“211工程”建设的第一个10年，学校获国家科技进步一等奖4项，与清华大学并列全国第一。党的十八大以来，学校获国家自然科学基金杰青资助5项、优青资助10项、重大科研仪器项目3项、其他各类重大重点项目29项。2018年获得国家自然科学基金委经费资助1.18亿元。学校签订军品配套、国防基础科研项目、预研类项目、GF973等各类国防项目282项，合同额3.6亿元；学校获得国家社科基金、教育部及北京市社科基金等各类社科类项目立项297项，项目经费3316万元。2016年国家重点研发计划实施以来，学校获批牵头项目13项，专项资助经费达2.9亿元，获批立项数位列高校第19位，获批经费位列高校第18位。2014—2018年，学校获国家科学技术奖励18项。2015—2017年，学校专利和软件登记670项。科研论文数量和质量均有大幅度提升，2011—2016年，学校发表SCIE、EI、CPCI-S论文数排名均在20名左右。四篇论文在Nature、Science发表，“超级钢”研究达到国际领先水平，入选“2017年中国百篇最具影响国际学术论文”。

（四）凝练特色，开放办学，国际影响持续扩大

作为新中国成立的第一所钢铁工业高等学府，学校从建校伊始便坚持以服务国家重大战略需求为己任，书写“为中华之崛起，奉科技以强国”的奋进之笔。1983年6月21日，北京钢铁学院党委常委会研究校风和学风建设问题，拟定“艰苦朴素、团结活泼、实事求是、勤奋严谨”为北京

钢铁学院校风。2012 年 1 月，学校发布“求实鼎新”校训和以“鼎”为主体造型的新校徽。2017 年，学校以 65 年校庆为契机，在“学风严谨、崇尚实践”优良传统和“求实鼎新”校训精神的基础上，确定《北科华章》《摇篮颂歌》为校歌，不断凝练学校办学特色，提升文化内涵。

学校在坚持办学特色的基础上，开放办学，将“国际化”作为跨越式发展“三大战略”之一，大力实施“GO 2020”全球拓展战略，全面深化国际合作与交流能力。1979 年 4 月，学校与德国亚琛工业大学签订合作协议，成为新中国成立以来第一所与国外大学建立合作关系的国内高校。拥有亚琛工业大学、牛津大学、剑桥大学、加州大学、密歇根大学、日本东北大学等 170 个全球合作伙伴。学校形成多层次、全方位的学生海外访学工作体系，拥有海境外交流经历的在校生比例由 2012 年的 15% 提升至 21.6%。

回首四十年的奋斗历程，北京科技大学在改革开放中砥砺奋进、蓬勃发展，各项事业快速发展，面向未来，北京科技大学将贯彻落实全国教育大会精神，不忘初心、继续前进，坚持深化改革，坚持开放办学，以求实鼎新的精神、敢为人先的气魄、时不我待的态度，努力建设国内一流、国际知名的高水平研究型大学，为我国高等教育事业发展和加快实现中华民族伟大复兴做出更大的贡献。

（2018 年立项项目　撰稿人：郑安阳）

新时代高校的制度文化建设有效路径探究

习近平总书记指出："办好中国的世界一流大学，必须有中国特色。"在由高等教育大国向高等教育强国转变的过程中，探索建立中国特色的现代大学制度体系和制度文化，是我国高等教育工作者当前乃至今后很长一段时期内的重要任务和研究课题。作为高校文化建设的重要一环，在新时代背景下，有效加强高校制度文化建设，有利于为学校科学发展、培养德智体美劳全面发展的社会主义事业建设者和接班人提供坚实制度和文化保障，为健全现代大学治理体系营造良好制度文化氛围；有利于树立制度权威，不断提高制度执行力，深化干部师生对学校制度和重要改革方案的理解与认同；有利于营造校园民主氛围，将外在的制度规范内化为干部师生的自觉行动，形成具有引领作用的行为方式，将干部师生对学校发展的凝聚力和向心力转化为推动学校事业发展的强大力量。切实加强大学制度文化建设，形成完善的制度文化体系，对大学文化建设健康有序地发展具有重大意义。本研究运用文献研究法和对比分析法等研究方法，整理归纳了高校制度文化建设相关文献，了解和总结了目前高校制度文化建设的现状和问题，并结合北京科技大学制度建设的具体实践，凝练出新时代高校制度文化建设的有效路径。

高校制度与高校制度文化

制度是某一社会组织共同遵守的行为规则及秩序，是人们有目的进行组织建构的产物，制度里面蕴含着制度制定者的思想理念和价值判断，是特定组织或群体精神和理念的外在表现。对于高校而言，高校制度是学校对各项工作的统一规范，是学校对全体师生员工统一管理的媒介，是学校体现办学理念和办学特色的载体，是学校一切文化活动价值追求与行为导向的准则与遵循。

制度的设计和运行又会培育和影响组织文化，对组织中每个人的精神世界和言行产生潜移默化的影响，这就是制度文化形成的源泉。在外在形式上，制度文化表现为各种成文的条例、规章、规范和不成文的制度；在内在本质上，制度文化表现为人们对待制度的方式、态度和价值取向。对于高校而言，高校制度文化指的是由高校的制度所承载、表达、衍生和推动的文化，它是一所高校渗透在它的组织结构、规章制度、工作流程、岗位职责之中，并被学校全体成员认同和遵循的价值观念和文化精神，也是在生成和执行各类制度的过程中所折射出来的价值取向和行为准则。它是使高校价值观念和文化精神被广泛得到认同并体现在其规章制度、岗位职责中，价值取向和行为准则在执行各类制度过程中被充分得以体现出来的一种文化。

高校制度文化与高校制度之间是一种蕴含和互动关系，制度文化中蕴含着制度，制度中也体现了制度文化。高校制度文化促进形成制度精神，高校制度文化观念是高校制度形成、发展的依据，制度反映文化的要求，制度产生于一定的制度文化环境中；制度可以强化文化，制度对文化观念特别是对新文化的巩固和发展有重要作用。制度转变更是给优秀文化拓展了生存空间，并促使其良性发展。可以说有什么样的制度文化就有什么样的制度，反过来不同的制度塑造着不同的制度文化氛围。

高校制度文化建设的现状、存在的问题

高校制度文化建设既是大学整体文化建设的重要组成部分，也是大学其他文化建设的重要保障。我国高校在制度文化建设方面进行了许多探索，对我国高校制度文化建设的理念误区、价值缺陷及其正确走向，广大学者进行了不少研究和剖析。学者李晓年指出，当前高校制度文化建设的缺陷，一是参与面过窄，师生民主参与意识不强，透明度不高；二是从制定到执行缺乏严密的操作程序，可执行性不高；三是高校规章制度中惩罚性规范多于奖励性规范，人性化不足；四是价值导向存在一定问题，开发力度不够。李长吾将高校制度文化建设存在的问题归纳为“管理污染”、

严重行政化倾向和被动管理行为三个方面，探索性地提出了以“以人为本、主动参与、有效控制”为核心的高校制度文化建设绿色管理理念。这些研究集中指出了国内高校制度文化建设在民主参与、人本管理及可执行性等方面的不足，为探寻我国高校制度文化建设的前进路径提供了参考。

从理论研究与实践发展实际情况来看，我国高校制度文化建设面临以下三点价值趋向：一是支持民主正义；二是倡导以人为本；三是追求质效和谐。近40年来，我国现代高校制度建设实现了对“文革”影响的拨乱反正，从根本上解决了建设一个什么样的现代大学制度的问题。但由于现代大学制度建设与社会变革本身具有高度相关性，现代大学制度建设不但取决于高等教育系统内部各方面关系的改善与调和，更涉及大学与社会，是一项十分复杂的工程，我国高等教育内外环境还在不断变化，各方面社会改革不断推进和深化，现代大学制度仍存在执行力不足、有效性不高、评价与反馈机制不健全等问题，高校制度文化还没有形成浓厚氛围，不能很好适应经济社会和高等教育发展的要求。

北京科技大学制度文化建设浅析

北京科技大学自1952年建校以来，在六十八年的实践中，学校逐步形成了“学风严谨，崇尚实践”的优良传统，涵养出了“求实鼎新”的校训精神，在这背后，支撑学校运转和发展的关键，离不开学校各个领域的规章制度，在一个个规章制度的背后，蕴含着北京科技大学特有的制度文化内涵。

一是坚持服务决策，注重流程规范。学校于2010年制定了《北京科技大学规章制度管理办法（试行）》，切实规范学校规章制度的制定、修改和废止工作，推进依法、民主治校，在学校规章制度的规划调研、研究论证、流程规范和合规审查等方面加以要求，保证学校各类制度能够紧密围绕中心工作，服务学校事业发展大局。积极推进学校治理体系和治理能力现代化建设，修订完善了党委领导下的校长负责制具体内涵，修订常委会、办公会议事规则，构建以实施细则为核心，包含“三重一大”，全委会、常委会、办公会、校领导专题会议议事规则，领导班子沟通机制的

“1+6”制度体系，有效实现了各项决策的科学化、规范化。同时，适时修订完善教职工代表大会实施细则，涉及学校发展规划、重大改革方案、财务工作、评议监督领导干部以及其他与学校发展相关的重大问题等，须经教代会审议通过，充分保障教职工参与学校管理、决策的民主权利，促进形成了学校决策民主化的运行机制。

二是坚持适应发展，注重与时俱进。学校始终将制度建设与事业发展、全面从严治党、深化改革、三全育人等工作有机融合，发挥了重要保障作用，为学校的发展保驾护航。严格落实高等学校信息公开相关要求，对各类规章制度做到应公开尽公开，开发上线规章制度查询网站，公开学校各类规章制度465份，每年编制更新《北京科技大学制度汇编》，方便社会各界和学校师生员工了解和监督学校制度运行情况；及时梳理和清理各项规章制度，于2007年、2019年先后两次进行全面系统的制度清理，党的十八大以来制定、修订制度文件累计333件，废止文件153件，其中根据上级单位有关规定进行制定和修订的文件近7成，实现学校规章制度与上级文件的统一协调，确保制度建设的时效性和可持续发展，初步形成了包括综合管理类，干部管理类，人事管理类，教学管理类，科技产业类，学生事务类，财务管理类，资产管理类，后勤服务与基建管理类，国际交流与合作类，安全稳定与综合治理类，纪检、审计类，宣传、信息、网络管理类，党建和思想政治工作类等十四大门类规章制度在内的北京科技大学规章制度体系，切实保障学校依法办学、自主管理和科学发展。

三是坚持党建引领，注重思想建设。党的十九届四中全会提出我国国家制度和国家治理体系具有的“显著优势”，并从十三个方面对坚持和完善中国特色社会主义制度、推进国家治理体系和治理能力现代化做出了全面的部署，并指出要坚持和完善党的领导制度体系，提高党科学执政、民主执政、依法执政水平。北京科技大学始终将党建引领贯穿在制度建设过程中，坚定不移加强党的全面领导，坚持不懈推进党的政治建设。十八大以来，学校制定、修订党建和思想政治工作类规章制度36份，位居各类规章制度印发数量前列，体现了学校对加强党建和思想政治工作的统一部署和决策落实，印发了教职工党支部把好政治关、师德关的实施办法，贯彻落实中央八项规定精神及实施细则的实施办法，加强和改进教职工思想政治工作的实施办法等一系列规章制度（详见《北京科技大学规章制度汇编》——党建和思想政治工作类），严肃党内政治制度，营造积极健康的党内政治文化，涵养风清气正的学校政治生态。

四是坚持立德树人，注重实践教育。学校在制度建设中，紧密围绕立德树人根本任务，加强和改进学校思想政治教育，不断完善育人评价体系，着力提升人才培养质量，十八大以来，制定、修订人才培养、教育教学、三全育人综合改革、思想政治工作等相关规章制度多达98份，占总印发规章制度的29%，有力丰富了立德树人制度体系，着力构建协同创新育人的体制机制。“崇尚实践”作为北京科技大学的优良传统，使学校鲜明的育人特色被贯穿在立德树人的具体实践当中。实践教育是培养大学生的理论联系实际和开拓创新能力的活动，是创新人才培养过程中贯穿始终、不可缺少的重要组成部分，是培养学生科学的世界观、人生观、价值观的重要渠道。北京科技大学制定了本科生实习工作管理办法、实验教学工作规范、高水平创新创业竞赛奖励办法，完善实习和实验环节操作规范，构建社会实践与科技创新平台，促进提高学生动手创新实践能力；制定毕业设计（论文）管理规范，规范结业过程，严把毕业设计（论文）质量关；设置“志愿服务西部奖”“志愿服务基层奖”及“启航奖励金”评选实施办法，引导毕业生扎根西部和服务基层，在实践中历练自身本领、报效国家。通过一系列制度设计，在教育教学、人才培养、思想政治工作等工作的制度制定过程中潜移默化地将学校的实践精神传输至每一位师生。

但在日常的具体工作中，学校的制度建设还存在着制度执行意识不强、制度宣传力度不大和制度监督缺乏引导等问题，有的单位和部门把制度建设的重心放在建章立制上，对于如何有效地执行制度不够重视；有的制度出台后没有及时进行宣传和组织学习教育活动，导致广大干部群众不熟悉、不了解，制度的普及率、知晓率较低；有些制度是否得到有效实施，没有具体的监督保障，没有客观的评估标准，公开、反馈等机制也不健全，还没有完全建立起“制定、执行、评价、完善”闭环控制的规章制度管理体系，规章制度的科学性、操作性、有效性有待进一步加强。

高校制度文化建设的有效路径

所谓高校制度文化建设就是有意识地在高校制度中融入大学精神和理念，同时又将高校制度中体现的思想和理念内化为高校人的价值追求和行为观念。高校制度文化建设是一种积极主动且带有导向性的行为，高校必须有意识、有目的地按照自身组织目标和发展规律进行制度文化建设，而不能任由制度的设计由各种利益博弈所主导，也不能任由组织成员选择性地执行制度，加强高校制度文化建设是建立中国特色现代大学制度的有效途径。

（一）注重从严管理和以人为本相结合

从严管理是制度建设的基础，一个制度是否得到贯彻执行，需要的就是以权力规范、义务规范为主导，着力树立制度的权威性，培养全体师生的制度思维，在人们内心真正确立办事讲制度、讲程序、讲证据的制度理念，从而才能发挥制度的作用。以人为本是现代大学最重要的办学理念，以人为本的基础是充分尊重人。高校制度是否客观公正科学，在于其反映的利益主体的广泛程度，是否注重各个主体之间的利益平衡。高校制度体现的利益主体的范围越广泛，该制度文化越公平公正客观科学。虽然制定制度就是要规范人们的行为，但规范人们的行为更为重要的是最大限度地调动人的积极性，充分挖掘潜能，满足人性的各种需求，使主体的人格得到健全发展，而不是为了管人而管人。高校制度文化应当是全校师生员工思想意识、道德观、价值观的综合体现，因此，制度文化的内容必须充分体现以人为本，在合理设定义务的前提下，要关注人们对制度的心理倾向、认可程度和行为习惯等，充分考虑师生员工正当权益和合理诉求，加强制度的宣传教育，内化为人们的自觉行为规范和习惯，从而创造一种唤起学校师生高尚情感、激发他们健康成长的文化环境、教育环境和精神氛围，达到深层次育人的目的。

（二）注重传承传统和与时俱进相结合

高校制度文化的传统是高校在长期办学实践中积淀形成的特色文化，凝聚了几代人、十几代人，甚至是几十代人的心血，是维系高校优良品格和外部形象的重要力量，是高校长期教学管理实践经验的总结，反映着高校教学管理的内在要求。高校的制度文化设计必须对优秀的制度文化传统予以传承，但传承传统不是因循守旧。社会在发展，文化在不断丰富，高校文化每时每刻都在发生变化，制度文化建设就是在这个变化过程中不断加以健全和完善。这就要求我们在制度文化建设中，在传承优秀制度文化传统的同时，要面对现实和未来，把握时代脉搏，紧跟政策导向，对于一些不合时宜的制度及时废除、修改，对于新出现的问题和情况及时制定合理的制度予以管理、规范，使高校制度文化建设始终与时俱进，不断创新。

（三）注重制度制定和执行监督相结合

高校规章制度虽然是高校制度文化的重要部分，但高校制度的制定并不等于自然而然地形成高校制度文化。高校制度文化的作用和功能如何，要看高校制度能否被广大师生员工所接受，能否落到实处。因此，制度的优质生成和制度的高效执行是制度文化建设的两大重心。要加强制度制定的科学性和规范性审核，通过学校法律事务管理部门，加强对学校印发的规章制度进行合规性审查，确保新制定制度适应当前的管理要求，避免与现行法律法规相冲突；要加强制度执行监督，推进构建制度执行效果评价和反馈机制，避免制度执行过多依赖于部门单位和干部的自觉性，注重对制度执行情况的监督检查，确保制度落实落细；要加强制度失范的追究查处，严格制度执行的奖惩机制，对违反制度的行为严肃处理、坚决处罚，提高违反制度成本。

（2019 年立项项目　撰稿人：赵萌）

北科经管文化溯源、传承与发展

我校于1952年由6所国内著名大学的矿冶系科组建，现已发展成为工、理、管、文、经、法等多学科协调发展的全国重点大学。作为其中多学科重要构成的管、经学科可追溯自1954年的“企业经济与组织教研室”，自1981年3月正式建系发展到现今的经管学院，2021年将迎来40周年。以此为契机，梳理总结具有北科经管学科特色的优秀文化，全方位涵盖“经管院史文化”“恩师授业文化”和“校友育人文化”，对增强师生归属感和荣誉感，促进校园先进文化的传承、创新与传播，深入推进学校“三全育人”综合改革进程，具有十分重要的意义。

“经管院史文化”的进一步挖掘与系统化凝练

教师是人类灵魂的工程师，是人类文明的传承者，承载着传播知识、传播思想、传播真理，塑造灵魂、塑造生命、塑造新人的时代重任。经管学院历史文化是经过长期发展积淀而形成共识的一种价值体系，也是学院办学精神与环境氛围的集中体现。北科经管的历史是一代代的经管人创造的，北科经管的文化是一代代的经管人传承的，经管院史文化的历史追溯也是对北科经管人精神的探寻，按照“寻根—表达—共创”的工作原则，进一步凝练北科经管院史资料到北科经管文化内核的展现，激励经管师生不断前进。

执着“寻根”，系统收集整理院史素材

2018年经管学院已经启动了院史文化整理研究工作，从几百幅照片中筛选出50余幅具有代表性的学院发展照片，在经管楼一层西侧大厅进行

展示，并制定了定期收集整理档案的制度。2021 年，经管学院即将迎来建院 40 周年，站在新的发展时点，立足年鉴大事记、口述历史的整理工作，访谈有代表性的老教师和校友代表，收集老照片和相关资料，进一步深入开展院史文化整理研究工作，总结梳理学院近 40 年来的改革发展和辉煌成绩，进一步加强院史整理工作的深度广度。

通过多次与学校档案馆沟通，在档案馆查阅了相关纸质和电子档案，学院收集到了名称变更的所有原始文档。同时通过查阅整理老照片，利用老教师团拜会、老教师祝寿、家庭慰问等机会，与老教师开展深入交流，借阅老教师手中的照片，对学院教学、科研、学生活动、国际交流等各项工作进行了分类汇编整理，对每张照片的内容信息进行了标注，梳理出学院具有里程牌意义的重点时点和重要事件。

致力“表达”，广泛学习借鉴院史经验

高度重视院史文化的表达，通过务虚研讨和师生调研等，学院党政班子成员和师生员工对于院史收集整理及文化的有效表达提出了很多宝贵意见建议。2020 年 4 月，课题组成员李晓辉老师立足迎接院庆 40 周年弘扬院史文化，带领 9 支团队进行《企划文案展示》专项设计，从老师、校友和学生的不同角度，采用 logo 设计、互动视频、宣传文案、文创用品等多种形式给出了内容丰富而特色鲜明的院史文化表达设计。

同时广泛学习借鉴兄弟院校的院史表达经验，例如外出开会时专门拍摄了浙江大学院史展照片、哈尔滨工业大学经济管理学院 35 周年院庆新馆布展照片等。学院办公室在校内走访了校史馆、团委、自动化院史馆，同时赴北京航空航天大学经管学院学习调研学院文化墙，收集了北京师范大学、北京林业大学经管学院的院庆邀请函，积极吸收和借鉴校内外兄弟学院的好经验和好做法。

随着经管学院的不断发展壮大，越来越深切地认识到挖掘学院文化的重要性。学院办公室整理了院史文化档案专门模板，针对大事记、重要事件、文件等开展半年一次的收集工作，并由图书资料室负责保管。此项工作不断规范和完善。

齐心"共创"，统一凝练院史文化共识

通过教职工理论学习、党支部活动、文化育人研讨、专项活动策划等形式，增强师生院史文化意识。2019 年 10 月 31 日，为退休老师裴利芳举办经管学院首场荣休仪式，深入打造温情学院荣休文化，营造尊师重教的良好氛围。2020 年 3 月 19 日，按照学院党委关于疫情防控和年度重点工作"两手抓，两不误"的要求，组织学院师生校友相聚云端，共同欢送经济贸易系何维达教授光荣退休，这是经管学院为退休教师举办的首场线上荣休仪式，也切实体现出疫情无情人有情，线上线下情谊真。作为加强学院文化建设的重要举措，学院将持续创新荣休会活动形式，继续深入打造温情学院荣休文化，为学院改革发展增添新的动力。

2019 年 6 月，教师院办党支部组织行政人员参观"档案记忆，逐梦北科"档案馆开放日活动。老师们通过走进档案馆和体验各类档案服务，近距离感受到了档案文化的独特魅力。大家纷纷表示，此次活动不仅是一次了解档案管理、感受档案文化的参观学习之旅，更是一次回顾学校历史、牢记初心的使命之旅。活动结束后，老师们纷纷表示，将立足岗位进一步协助做好院史文化档案的收集和上报工作，为院史文化建设做好基础档案数据保障。

2020 年 3 月，教师院办党支部召开了线上组织生活会，老师们开展了深入热烈的研讨，表达出对 40 周年院庆的期待。参加过 20 周年、30 周年院庆工作的老教师讲述了院庆筹备相关工作和故事，有很多院庆场景都留在了记忆深处。大家深刻认识到，学院院庆是弘扬院史文化、促进学院发展的盛会，纷纷表示要立足岗位，协同创新，积极为 40 周年院庆工作做贡献。

"恩师授业文化"的历史追溯与北科经管人精神的探寻

百年大计，教育为本。教育大计，教师为本。教师是人类灵魂的工程师，担负着"传道授业解惑"的历史使命，肩负着塑造灵魂、塑造生命、塑造人的伟大工作，可以说，站在讲台上的教师，决定着学生能否快乐而

幸福地成长，也决定着教育的境界和品质。2018年初，中共中央、国务院印发的《关于全面深化新时代教师队伍建设改革的意见》将教师工作提到前所未有的政治高度，其中明确提出，要让广大教师在岗位上有幸福感、事业上有成就感、社会上有荣誉感，而教师要成为“让人羡慕的职业”，必须提高教师地位和待遇。只有明确教师的重要地位，强化教师承担的国家使命和公共教育服务职责，才能不断吸引最优秀的人才投身教育事业，留住现有教师队伍里的优秀人才。经管学院秉持对恩师授业精神不懈追寻的态度，从老教师、现任教师、同岗位历任教师三个角度开展探索，取得了一系列成果，以求向广大师生讲好北科经管人的故事，激励一代代经管师生不断奋进向前。

讲述“旧时故事”，发挥好退休老教师的育人功效

阅历永远是一个人无价的财富，老教师从教几十年，在一路成长的过程中，有泪水、欢笑、迷茫、收获等各样的阅历故事。探寻好，讲述好，展示好老教师的阅历故事不仅仅是延续学院恩师授业文化的必由之路，更是落实高校立德树人根本任务的重要手段。

学院深入挖掘退休老教师的阅历故事，做好恩师授业精神的历史追溯。学院组建师生采访团，对老教师进行访谈，将老教师丰富的人生经历和深邃的思想见解凝练为访谈视频和文字，在学院网站、公众号等对外渠道大力宣传，将老教师的数十年的阅历精粹展现在学院师生面前，强化经管师生共同的历史印记，进而激励经管师生努力学习工作，胸怀大志，奋发图强。如学院老院长张群老师的军旅和任教故事，佘元冠老师的求学和访学故事，都让学生深受感动与鼓舞。

学院积极搭建老教师发光发热的平台。每年年初召开机关工委工作研讨会，结合学生需求和老教师所长，开展了一系列内容丰富、形式多样的针对性教育教学活动，并形成丰富的成果。如老教师谢湲作为主讲嘉宾为研究生新生作“让我们来认识认识数字货币”讲座，让同学们了解了数字货币的前世今生，对金融科技发展有了更深一步的思考；老教师黄瑛利用自身资源，组织学生前往中科院研究所参观学习，帮助同学们树立正确的学习、研究态度；老教师佘元冠面向本科新生开展“今天我们能从第一代北科人身上学到什么”爱校荣校讲座，培育新生爱国爱校之情，帮助学生形成正确的世界观；老教师胡伟民组织学生预备党员前往丰台区长辛店镇二七纪念馆参观学习，感受先烈不朽功勋，领悟自身初心；老教师曲涛受聘学院特聘组织员，肩负与发展对象学生谈话的工作任务，做到100%深入谈话。

展现“今朝风采”，呈现好现任教师的风采成就

现任教师是推动学院发展，实现学院工作再上新台阶的支柱性有生力量，他们取得的每一个新成果、每一项新成就很大程度上便是学院的每一点新进步，这也是在校师生和毕业校友们的关注点。做好现任教师风采成就展示既是对学院综合实力的宣传也是加深北科经管人文化印记的重要做法。

学院认真整理现任教师的信息资料，形成丰富完整的师资力量资料库。学院每学期通过邮件、数据链接等方式向现任老师们征集个人信息资料，涵盖教师基本信息、求学经历、科研方向、项目经历、教学科研成果等重要内容，尤其是近年来取得重大成果与重要荣誉，并进行逐一核实，确保每一位现任教师的资料准确和全面。在此基础上，学院按照系所专业、职称等级、姓氏排序等多种方式进行分类整理，构建学院完备的师资力量资料库，编写《经管学院现任教师风采集》，并对其内容进行持续的动态更新。

学院充分宣传展示现任教师的风采。学院通过官网、微信公众号、线下展板等多渠道宣传现任教师的风采，一方面让更多的人了解学院发展的新阶段和雄厚的师资力量，树立学院发展信心，提高学院对外影响力；另一方面，学院将整理的教师的信息资料发放给学院全体师生，方便学生在报考研究生专业、选择本科生导师、选择毕设导师等重要环节查询教师信息，也让新入职教师充分了解学院师资情况，增进新教师对学院文化的融入和感情维系。

赓续“成长传承”，记录好同岗历任教师的经历记忆

北科经管的历史是一代代经管人创造的，北科经管的文化是一代代经管人传承的，每一个领域都是在这个岗位上每一位经管人的辛苦付出，他们每一个人“一砖一瓦”的努力与奉献，铸就了北科经管今日的辉煌。采

访在同一个岗位上工作奋斗过的历任教师，了解到他们的工作经历和切身感悟，更是对学院历史文化，经管精神深入探索的重要渠道。

学院积极访谈历任团委书记的任职经历与感悟，记录一代代经管人的奋斗故事。自经管学院成立以来，经管共青团伴随着学院共同成长。学院团委书记往往也是由资历深的辅导员担任，承担学院团学组织繁重的学生工作任务，在学院学生工作中是极其重要的，他们见证了经管学院的发展壮大的历程。目前学院已有 23 任团委书记在各自的领域都取得了一定的成就，他们都表示在经管学院团委奋斗的经历对他们后来工作有深刻的影响，对这段经历印象尤为深刻。因此学院组织师生对他们进行访谈，收集整理他们在学院团委书记岗位历练的感悟，这不仅仅是对学院历史记忆的记录存档，更是促进师生成长的一种授业传承。

学院创造历任团委书记回校与师生交流的机会。年轻时在一个重要岗位磨练的经历往往是一个人一生不可磨灭的记忆。在同一个重要岗位上历练的宝贵经历，对将来无论在哪个岗位工作都有深刻的影响，学院抓住团代会的时机，邀请了 16 位历任团委书记讲述当年在这个岗位上历练的感悟心得，并将其制作为精美视频，在公众平台向师生推发，激励师生认真学习工作，促进自身成长。一位在团代会现场聆听历任团委书记分享历程的学生说：“一个人的成长不会在温室里轻轻松松就实现，只有在万物竞自由的现实中历练才能造就，将来有机会我也会主动请缨征战艰苦岗位。”学院将继续挖掘类似同岗历任教师的成长历程，让学院教师的成长经历感染更多人，勉励学院师生经吹打以强筋骨进而御风浪，经得起摔打、抗得住磨练，努力成为“打不垮”“压不倒”的青松。

“校友育人文化”的探索与大学文化建设的新模式新路径

深入推进学校“三全育人”综合改革，必须牢牢把握立德树人这个核心，不断培养德智体美劳全面发展的社会主义建设者和接班人。而这些建设者和接班人的重要构成就包含了我们走出校门的学生——校友。经管学院历来十分重视与企业的合作和共建，与校友的联系和沟通，为此学院还专门成立公共关系办公室，搭建学院联系广大校友的桥梁和纽带，不断加强海内外校友之间以及校友与母校之间的有效联系。校友是学校和学院的重要资源，发挥海内外校友的积极性，有助于建立长期的合作关系，有助于加强与社会各界、企业等方面的合作与交流，携手为学校、学院的人才培养做出实质性的贡献。校友育人文化建设也是对大学文化建设新模式新路径的探索，对于学校和学院的发展都将产生深远影响。

协同“思想育人”，邀请校友多渠道参与学院建设

许多校友虽毕业离开母校，但始终难忘校园温馨时光，心系母校发展，因此学院积极创造渠道，邀请校友共同参与学院建设，协同学院思想育人。

一是邀请校友以返校形式参与学院重大活动。举办返校校友与老教师、老领导见面会，鼓励校友在回顾美好校园生活同时为学院建设和发展献计献策。

二是邀请校友以导师形式参与学院学生工作。经管学院聘任有意愿、有热情的优秀校友担任本科新生班级校友成长导师，聘任优秀校友担任MBA 校外导师，邀请校友回校开展“校友成长导师对话课”主题活动，校友们成长之路、社会经历、优秀品质和人生感悟对在校学生的求学、成长、成才等都具有启迪意义，在潜移默化中对学生起到思想引领作用。

三是鼓励校友以捐赠形式支持学院资助工作。目前学院以校友捐赠资金设立的奖助学金有“东凌奖助学金”“孙富奖学金”“校友基金”“管 88 基金”“明天助学金”，累计发放校友奖助学金近 500 万元，奖励资助学生达 1000 余人，在奖励优秀学子同时，积极帮扶家庭经济困难的经管学子，传递“饮水思源”的校友文化。

四是启动“百名校友访谈”系列讲好校友故事。通过面对面采访、网络采访、电话采访、来稿整理等不同的方式搜集整理校友 / 校友企业的成长经历、创业历程等，或征集校友语录、笔录。学院在制作校友通讯的时候，有“校友随笔”专栏，定期向校友或者当年毕业的学生访谈约稿。本着“尊重校友、解读校友、学习校友”的原则，访谈形成的通讯稿通过学院的官方微信公众号予以发布。2020 年疫情期间还专门访谈发布了“齐心抗疫，小行大爱！北科经管校友在行动”校友抗疫系列故事。

协同“专业育人”，面向校友多形式开展学术交流

为给校友创造更多学习、交流机会，提高优质资源共享程度，学院党委多种形式举办学术交流活动，协同学院专业育人。

一是举办“管理大视野——经管校友讲坛”系列活动。每期讲坛主题内容均为当前热点话题与经管专业知识的结合，主讲校友嘉宾均为经济管理领域的卓越人才，他们结合个人工作经历，生动形象的介绍为校友和在校生提供了新的思维和新的视野。

二是举办“校友行业沙龙”活动。聚焦于具体行业，邀请校友覆盖大型国企、外企、民企、政府部分等企业，银行客户经理、会计、HR、项目经理、技术总监等职位。深度交流为校友和在校生全面认识专业发展提供新的见解。

三是于抗击新冠疫情的关键时期，学院 MBA 中心推出“金鼎云讲堂”系列线上公益讲座，进一步发扬北科大“求实鼎新”的校训和“志远立业、人和立身、大爱立德”的工商管理教育精神。

协同“实践育人”，联合校友多方面实现互惠共赢

校友进入社会后逐渐积累一定的社会资源，同时也面临着发展上的需求，学院以校友和在校生需求为出发点，不断探索共建方式，多方面实现互惠共赢，协同学院实践育人。

一是推行“校企联动式”实习就业项目。尤其今年面临疫情影响下的就业“寒冬”，学院发出了《北京科技大学经管学院 2020 届毕业生线上求职公告——致全体校友的一封信》，广大校友积极响应，既满足校友企业人才需求问题，同时为校友、在校生丰富了求职途径。

二是推行“互补相长式”创业教育项目。结合校友想要创业有资金、无项目，在校生想要创业有项目、无资金的实际情况，学院秉持合作双赢理念，推动学生项目与校友资源之间的联合，开办“经管创业实践营”，实现资金、场地、技术等方面的双向互补。

进一步工作展望

党的十九大报告中指出，“文化兴国运兴，文化强民族强。没有高度的文化自信，没有文化的繁荣兴盛，就没有中华民族伟大复兴”。该项目以文化溯源、传承与发展为主线，侧重充分发挥北科经管文化在培育和践行社会主义核心价值观、提升师生人文素养方面的重要作用，不断增强师生文化自信，取得了一定实效。经管学院40周年院庆已进入倒计时，距离2021年4月仅有10个月的时间，学院将在继续收集整理院史资料的基础上，积极推进院庆各项筹备工作，进一步凝聚经管院史文化共识，尤其勉励师生把学习奋斗的具体目标同民族复兴的伟大目标结合起来，同学校“双一流”建设的具体目标结合起来，把小我融入大我，立志做出我们这一代人的历史贡献。

（2019年立项项目　撰稿人：武森）

青杏计划

——科研学术能力培植

党的十九大报告中提到加快一流大学和一流学科建设，实现高等教育内涵式发展。加强师德师风建设，培养高素质教师队伍。《教育部 中央组织部 中央宣传部 国家发展改革委 财政部 人力资源社会保障部关于加强高等学校青年教师队伍建设的意见》（教师〔2012〕10号）中指出高等学校青年教师是高校教师队伍的重要力量，关系着高校发展的未来，关系着人才培养的未来，关系着教育事业的未来。

响应总书记号召，助力双一流建设

2014年，习近平总书记在北京师范大学的讲话中发出广大教师做“有理想信念、有道德情操、有扎实学识、有仁爱之心”的四有教师的号召，成为新时期高校青年教师队伍建设的行动指南。青杏计划积极响应上述精神与号召，发挥青年教师创新敬业的优秀品质、提升教书育人的基本能力，为高等教育内涵式发展输送新鲜血液。

“双一流”建设提出建设一流师资队伍、培养拔尖创新人才、提升科学研究水平等重点任务。为了在我校形成一批相互支撑、协同发展的一流学科，青杏计划活用青年教师的扎实知识、创新精神、前沿思维，为我校研究生科研精神、科研能力、科研文化的培养提供了新的平台，对我校“双一流”建设的科学规划、积极推进有着重要的意义。

青杏意指青年教师，青杏计划通过邀请青年教师进行系列讲座，为我校研究生讲授学术前沿、国际视野、科研方法、科研文化等内容，强化高层次人才即青年教师的支撑和引领作用，发挥青年教师年轻有活力，能掌握研究生心理动态的优势作用，全面服务于培养具有国家使命感和社会责任心，富有创新精神和实践能力的各类创新型、应用型、复合型的优秀研究生这一根本目标。

试点先行，建立全校覆盖运行模式

根据项目计划，“青杏计划——青年教师科研讲坛”于 2017 年秋季学期在我校管庄校区针对 2017 级研究生新生开展试点工作。青杏计划的第一阶段，以学术讲座的形式，共邀请八位优秀青年教师讲授专业相关内容，结合学术前沿、国际视野，分享科研方法、科研文化，强调学术道德、学术诚信等方面内容。李江昀副教授讲授“深度学习及其应用研究”；张海君教授讲授“5G 超密集网络关键技术”；李洪波副教授讲授“板带轧制过程的宏观和微观力学行为”；阳建宏教授讲授“对工科研究生科研方法的思考与建议”；任学冲研究员讲授“高速列车关键金属材料及研发进展”；王晓晨副研究员讲授“轧制生产质量测控技术新进展”；王丽君副教授讲授“冶金熔体研究进展”；朱岩教授讲授“区块链及其安全技术”。八场讲座包含学习科研方法与具体科研内容，覆盖时下热门话题与专业经典问题，突出展现各类专业研究新进展，为研究生新生建立良好的科研态度与积极的科研兴趣，构建创新科研思维打好基础。并与研究生新生进行热烈研讨，充分激发研究生科研热情、提高研究生科研能力。

青杏计划第二阶段在管庄校区试点工作的基础上，2017—2018 学年第二学期在学校本部继续以讲座的形式进行。目前为止，共举办七场各类讲座，受众范围扩展到我校全体研究生与全体青年教师，使更多青年教师能发挥力量，使更多研究生能够有所收获，为学校的优良学风建设服务。研工部宗燕兵副教授专门进行“科学道德与学术诚信”讲座，不断扩大学术诚信教育的深度和广度，明确科研的底线。石志国副教授讲授“智能感知与识别技术”；连芳教授讲授“创造前进的动力——锂离子电池的发展研究”；沈政伟副教授讲授“数学在图像处理中的应用”；赵宁副教授讲授“荷兰物流发展见闻讲解”，进一步拓展前沿性和创新性。此外，讲座专业覆盖面继续扩大，加入人文素质教育，进一步提升文化育人的全面性。许斌副教授的“社会组织与社区发展”介绍了当下热门的社会学知识。法学专业的王霁霞副教授带来了“中央与香港关系的宪法探讨”，从法律专业层面阐述了同学们关心的一些热点政治话题，不仅开拓研究生专业眼界，更将思想政治教育、爱国教育融入其中。

青杏计划两个阶段稳扎稳打、有序推进，在充分实践的基础上逐步形成了覆盖全校各类专业、全体研究生和青年教师的运行体系，为今后继续实施青杏计划打好基础。

协同推进，打造科研文化全新品牌

青杏计划的核心在于科研文化的建设，是我校优良学风建设的一部分。经过两个学期两个阶段十六次讲座，已经逐渐形成“青杏计划——青年教师科研讲坛”这一学风建设的全新品牌活动，活动特色在于学科前沿、国际比较，科技与人文交汇、传授与启发结合。开展青杏计划以来，师生共同努力，发扬“求实鼎新”的校训和“崇尚实践、学风严谨”的优良传统，践行“追求卓越、勇于争先”的新时代北科精神新特质。提高我校科研学术水平，提升研究生投身科研的主动性和创造性，为建设良好学风贡献力量。打造学风建设新品牌离不开多方力量的协同配合。青年教师讲授学术前沿，科研方法，发挥自身年轻优势，帮助研究生答疑解惑，助力我校科研文化建设与学风建设；研究生认真聆听系列讲座，针对讲座开展讨论，依托“贝壳学术汇”这一平台，开展四次讨论，主题分别为：

（1）不同学科视野下的中国智造。

（2）交叉学科研究工作中的故障诊断方法与应用。

（3）不同学科在超级工程中的应用。

（4）人工智能在不同学科中的应用。

通过讨论，研究生提升科研水平，并提出建议与评价，激励青年教师不断提高自身教学水平。另外是研究生工作部与人事处两部门的协调配合。研究生工作部负责兼做教师讲座的组织工作，人事处负责青年教师的选拔及考核，两部门协调联动，共同为我校学风建设添砖加瓦。

教学相长，服务拔尖创新人才培养

青杏计划一方面更好地发挥青年教师作用，青年教师既是传道授业的老师，更是能对学生言传身教的榜样。因此，选拔教师需要有较高的要求，教师应符合以下四项条件：

（1）具有较好科研背景，科研能力。

（2）具备良好的师德、爱岗敬业的优秀品质。

（3）有国外访学经历。

（4）具有较好的创新思维和能力。

另一方面也将学生评教作为一种对教师的评价手段，反映了教师的教学质量和教学效果，为了更好地得到学生对于青年教师授课的反馈，本项目形成一套学生评价授课教师的机制。在获得学生对于青年教师的评价之后，将评价结果反馈至教师，使青年教师可以有针对性地弥补自身不足，提高教学水平。

在青年教师筛选办法和学生反馈机制的基础上，将两者进行有机结合，形成一个互相紧扣的有机整体，系统地形成师生良性互动的工作模式。青年教师为研究生讲授课程，提供有效的科研方法，教授正确的科研意识，培养积极的科研精神，打造优良的科研文化，既促进研究生的个人发展，也为学校学风建设贡献力量；研究生对青年教师进行公正客观的评价，促使青年教师不断进步，提升教学能力，培养出更优秀的研究生。最终，形成青年教师与研究生互相激励，共同进步的良性互动模式。

（2017 年立项项目　撰稿人：宗燕兵）

高校协同联动育人机制实践与探索

——以昌平创新园区为例

2018 年上半年，学校决定启用昌平创新园区，承担本部疏解任务。7 月，成立昌平创新园区管委会（党委）。8 月，园区党委带领各部门、各单位，利用暑期 1 个多月时间，完成研究生入驻的几十项手续以及交通、安全等条件准备，有力保障近 700 名研究生 9 月初顺利入驻。2019 年 9 月，共 9 家培养单位涉及冶金、材料、能源、环境等多个专业的 1300 余名学生入驻园区。2019 年 7 月，本课题获得“北京科技大学 2019 年度文化建设项目立项”。

昌平创新园区党委在学校多地办学的背景下，紧扣立项主题“高校协同联动育人机制实践与探索”，结合园区多学科、多学院、多年级的研究生培养实际，从党建引领发展思政育人为先、聚焦培养质量课程育人筑基、全面科学管理服务育人保障、强化氛围营造文化育人聚魂、积极拓宽载体实践育人创新 5 个方面，探索出在园区党委领导下，多部门、多单位协同联动的优秀研究生培育新模式，为学校探索多校区办学条件下研究生培育新模式奠定基础，形成了一套行之有效、可供推广复制的研究生“三全育人”新模式。

党建引领发展，思政育人为先

1. 坚持党的领导，高质量完成校本部疏解任务。针对多地办学背景下多个二级单位常驻园区、多专业研究生在园区学习和生活、多部门在园区负责运行和保障任务的实际，昌平创新园区管委会（党委）一直以习近平新时代中国特色社会主义思想为指引，在学校党委坚强领导下，完善“延伸管理+属地管理”的工作制度，坚持园区各部门“一家亲”理念，淡化部门界限，积极统筹园区党政办公室、学工组、保卫部门、后勤服务中心、食堂、医务室等，激发园区内生动力，保障园区平稳运行。

2. 先锋示范，全面激发党员先锋作用。（1）把深入学习贯彻习近平新时代中国特色社会主义思想作为首要政治任务。昌平创新园区党委通过“6重覆盖”抓好理论武装学习，营造热烈学习氛围，激发使命担当：通过理论中心组专题学习（扩大）会议覆盖领导班子成员和教师党支部书记及党员骨干，通过专题组织生活会覆盖各党支部全体党员，通过线上“习近平新时代中国特色社会主义新思想研习班”覆盖全体学生党支部书记，通过“满井党校”“满井团校”覆盖入党积极分子和团学骨干，通过各班级群“学体会我接龙”活动覆盖全体学生，通过第一时间在园区电子屏、宣传栏展示学习标语及园区公众号持续报道覆盖全体师生员工。（2）强化园区特色品牌建设。园区特色品牌“习近平新时代中国特色社会主义思想研习班”覆盖全体支部书记。由党委书记主讲，辅导员参与，全体学生党支部书记为成员，已开展8期，覆盖超400人次。成立园区初级党校，学员300余人，除学生积极分子外，还引导青年教师参与其中，并聘请10名青年教师担任党校研究生成长导师。抗疫期间党委书记通过“习近平新时代中国特色社会主义思想”研习班向园区30多名学生党支部书记开展“战疫中的党员担当”和“如何做好支部书记”培训2次，各党支书再向支部党员进行宣讲，切实做到理论武装，激发使命。推进习近平新时代中国特色社会主义思想进教材、进课堂、进头脑。“满井党校”“满井团校”建设成效突出。通过名师党课、理论学习、主题班会、社会实践等形式，端正入党动机；提升党性修养，覆盖学生党员及骨干超过800人次。

3. 坚决守牢意识形态阵地。（1）强化“北科创新园”公众号建设，抗疫以来推送超过130篇，涵盖上级关心关爱、园区科学防控、各部门各单位协同应对、党支部和党员作用发挥、科研战疫等内容；针对理工科研究生特点，建设以“红色文化”和“创新文化”为特色的园区景观，提供精神力量。（2）尤其是今年抗疫重大工作启动以来，创新“园区每日播报”制度，效果深远显著，覆盖面广，广受好评。每晚园区党委书记精心梳理当日抗疫信息，通过上级精神、园区动态、学子风采、警示教育、兄弟单位好做法等版块，及时将师生关注信息、学校及属地最新要求传达至每一名园区师生，至今已播报 140 余期，成为师生“可信赖的信息源”和“聚力战疫的发报机”。截至目前，园区 1500 多名师生员工无一例感染或疑似新冠肺炎。园区优秀做法获《学校防控新冠肺炎疫情工作专报》专文报送教育部 2 期，广受好评。

聚焦培养质量，课程育人筑基

1. 稳步推进“满井科学论坛”“满井人文讲座”建设。2019 年园区承接学生数为 2018 年的两倍，2020 年入驻学生与单位也将持续增加，为适应学校多地办学的“新常态”，园区组织召开“多地办学背景下研究生人才培养及发展论坛”，研讨科研育人衔接问题，保障学生“科研不断线，学术有进步”。科学论坛旨在培养研究生的科研思维及开阔同学们的科研视野，科学论坛包括学术讲座和与海归面对面两大模块，结合园区学生来源广、多学科的特点，举办科技论坛与人文讲座。另外结合园区 11 家单位学生学科特点，园区专业将涵盖冶金、材料、能源、环境等多种学科，园区将新增学术沙龙以给同学们提供多学科学习、交流、讨论的机会，通过学术沙龙促进园区学术间交叉与创新。构建学术诚信体系，开展学风与学术道德建设。构建集教育、预防、监督、惩治于一体的学术诚信体系，注重对师生开展学术规范和学术道德教育。满井科学论坛、满井人文讲座共开展 66 讲，其中涉及学风与学术道德 30 讲。

2. 依托国家重大科技基础设施建设开展课程育人。大科学装置具有设备复杂、涉及学科多等特色，给园区学生提供了绝佳的学习机会，大科学装置在调试中会出现的各类小问题，学生可根据自身专业所学知识解决，不仅提高了学生的科研专业水平，以及解决实际问题的动手能力，让学生参与了园区项目验收全过程，增强师生的团体合作意识。目前已经有近十名国科中心自己培养的研究生直接留校或辗转回校工作，成为教师队伍的一员，育人成效显著。发扬创业和斗争精神，激发和引导园区广大党员师生在加快国家科学中心装置验收方面奋发作为。疫情期间，国家科学中心的重点工作不断线，通过网上开标、项目网上培训、CNAS 体系建设、海外重大设备运抵园区等有序推进项目验收。

3. 发挥青年教师育人主动性和学生自我成才作用。（1）充分发挥青年教师作用。每期确立一个学术主题，每期邀请一线科研教学名师作为主讲嘉宾，进行科研经验分享、个人发展经历的介绍，从学术和科研轨迹两个层次与同学们进行经验分享。定期开展不同形式科研经验传授、论文撰写交流、科研进度计划的制订等，鼓励研究生之间进行深度自由探讨。（2）结合大项目建设引导学生“我要成才”。园区一些大科学装置正处于验收中，在调试验收的过程中请学生骨干参与进来，结合园区大科学装置，每台大科学装置配备若干名学生作为中英文讲解员，为国内外参观访问团体进行专业讲解，锻炼学生的演讲能力、英语口语水平、专业知识水平等。（3）成立研究生常设代表团，激发自我成才。理论学习有指导，改革发展我参与；加强团工委建设，壮大志愿者队伍，发挥研究生自我教育、自我管理、自我服务、自我监督“四自”作用。

全面科学管理，服务育人保障

1. 坚持“园区一家亲”和“服务 +”工作理念。（1）园区党委联合园区保卫部门、后勤服务中心、食堂、医务室等管理服务部门树立全员服务意识，结合主题教育，主动深入一线调研 20 余次，并在教学楼、宿舍楼、食堂、办公楼专门设立意见箱，了解园区师生的困难和问题，及时协调解决。园区后勤服务中心获学校后勤管理集团 2019 年度表彰。提升园区服务能力和水平。（2）园区党委狠抓工作作风，主动对标，全面提升园区的服务水平和质量。全面加强精细化管理、亲情化服务，扎实做好园区各项服务保障工作。把服务师生、保障园区的工作做实、做小、做细。

2. 创新“一体化”学生工作模式，坚持“一二三”模式。一是指园区党委同时承担园区 1300 余名研究生的学生工作。针对多培养单位、多年级、多专业学生的特点，积极探索“固定 + 派驻”形式，突破学院界限，统筹入驻单位育人平台和资源，由学生工作组统一组织、统一部署、统一管理，提供更多交叉交流机会，让更多学生受益。二是指设置辅导员“横向抓班级、纵向抓专项”工作机制，深化学生工作效果。三是指用好三支力量：学生党支部书记、入党积极分子、班级骨干。

3. 强化全员服务和主动服务意识。“服务育人细微处，全心全意全天候，一枝一叶总关情”，倡导园区后勤、保卫部门时刻呵护学生，拓宽“服务育人”实效。疫情期间，园区后勤至善斋楼长朱兆楠以及职工王青和孟桂花为1月份毕业生谢元林寻找遗落物品，并请留在园区的学生胡岸青为其快递到家；开展“比阳光更温暖——园区帮你晒被子”活动，服务覆盖学生至少413名；制定园区专项防控制度15项，发布“园区抗疫播报”超过100期，抓紧建成“人脸识别”入园系统。抗疫期间收到锦旗2面、感谢信1封。

4. 打赢“一场战疫”。疫情防控常态化背景下，昌平创新园区紧扣需求、紧抓时机、紧凑持续推进“智慧园区”新型基础设施建设：已建成班车预约系统、人脸识别出入园区系统、与校本部互动的远程会议系统；针对国家科学中心以面向社会开放、出入园区人员相对复杂的预判形势，正在建设通过扫码即可查找办公室（或人员）智能定位查找系统；持续建设出入园区人员人脸识别签到记录系统；积极推进专家公寓公众号预约管理系统；已与中国铁塔开展5G信号基站建设，为智能化园区建设提供强有力硬件保障和条件支撑。

5. 守护“一方安全”。育人千万条，安全第一条。紧扣“安全育人”，一直坚持“抓园区建设、从抓园区安全开始”的思路，通过“5坚持”守护园区安全“5保障”：坚持每日学生晚点名，保障新校区学生24小时安全；坚持领导干部夜间值班制，保障紧急突发有照应；坚持安全培训演练实战化，保障安全能力常在线；坚持安全教育面向全员、贯穿全年，保障安全育人全覆盖；坚持守牢意识形态阵地，保障思想安全全守牢。全面深化“安全育人”，成效显著，获得2019年海淀区交通安全先进高校。

强化氛围营造，文化育人聚魂

根据因空间限制致使学校暂无体现我校学科特色的“红色教育”专门场地、园区远离校本部导致利用本部“爱校荣校”教育资源存在困难、园区内文化设施和文化要素匮乏、园区周边暂无爱党爱国教育基地的紧迫现实需求，强化新建园区的育人优势，以学校和园区奋进文化为主线，建设爱国主义教育及党史教育特色基地。

1. 传承“红色文化”。结合入驻园区的国庆彩车，利用园区护栏、独立闲置户外空间，在不影响主体科研环境情况下，设计涵盖党的历次代表大会的各历史阶段红色精神的党史路，通过物化形式引领学生。

2. 培育“创新文化”。在园区内开发公共区域科学设计读书房、可书写式创意活动室，强化学生创新意识，培育学生对园区认同感。

3. 激发“奋进文化”。结合学校和国家科学中心建设史、奋斗史，激发奋进初心。

4. 以文化人的同时，以“体”育人。定期举办篮球赛、羽毛球赛、乒乓球赛，学生、后勤、保卫、学工、教工各自组队共同参与比赛，通过系列文体活动，让园区各部门都参与进来，活跃园区文体氛围，促进师生间互动与交流，使园区研究生德智体美全面发展。

积极拓宽载体，实践育人创新

1. 建立社会实践长效机制。与昌平区阳坊镇开展“一校带一镇”实践活动，组建“北京市阳坊科技人文服务团”，由园区领导带队，在读博士、硕士深度参与，通过创新合作机制、创新社区教育模式、开展人文科技讲座和暑期夏令营等活动，与阳坊镇中心小学、中学开展志愿服务、志愿支教 10 次，通过对阳坊镇政府、企业、社区以及多所中小学校的超过 1300 人次的实践服务，累计组织研究生超过 200 人次参与实践，提升实践育人实效，获 2019 年度“一校带一镇”先进单位。抗疫期间，坚持开展“一校带一镇”实践育人活动，研究生创作“战疫中的高科技”主题课程为昌平区阳坊镇 500 余名小学生线上讲解新材料的新用途。

2. 开展特色实践活动。组织各党支部集体观看纪念五四运动 100 周年大会直播，组织师生党员、入党积极分子、班级团学骨干参观平北抗日战争纪念馆、“共和国七十年”图片展、“新中国成立 70 周年成就展”、香山革命纪念基地等；举办与科技史与文化遗产研究院的联合党日活动、与钢研纳克公司的联合党日活动、延庆上花园村义务植树活动等，以丰富的实践活动育人化人。

3. 推进创新创业教育。园区注重研究生创业工作，采取积极奖励、政策引导的方式鼓励园区学生创新创业，目前已吸引学生创业团队“歪猫视觉工作室”在园区落地发展。多次邀请招生就业处领导和老师来园区授课，分享行业信息和市场行情，指导园区学生就业创业工作。国科中心学生就业工作一直名列前茅。

成效显著，育人成果丰硕

经过为期一年的建设，昌平创新园区结合园区实际，围绕全员、全过程、全方位的育人要求，从思政育人、科研育人、服务育人、文化育人、实践育人 5 方面着手，突出特色，强调实效，不断强化学生归属感、认同感和责任感，助力研究生的学术成长与全面发展，通过实践探索形成多校区办学背景下多学院联动多部门协同的研究生“三全”育人新模式，园区育人成果成效显著。（1）获得学校年度总就业率优胜奖、昌平区“一校带一镇”先进高校和个人、学校标兵研究生会（全校仅 4 家）、海淀区交通安全先进高校、“建国 70 周年”文艺汇演三等奖、“一二九”合唱比赛二等奖、学校基层纪检履职工作案例征集三等奖、“学生日常管理与安全教育”学生工作专项奖等多项荣誉。（2）国科中心 8 个子项目的装置工艺验收率超过 85%，园区在承担北京市向郊区疏解功能、校本部疏解学生方面表现突出，获北京市疏解专项经费。（3）经过半年努力，学生综合满意度从刚入校时 80% 提升到离开园区时的 98%。针对主题教育调研发现的问题，迅速落实，立行立改，完成成立研究生常设代表团、建立菜品质价反馈机制、新增网络信号塔等多件实事，主题教育成效好评率 99.6%。（4）抗疫期间，党员优秀抗疫事迹涌现，全体师生精神状态饱满，科研教学、人才培养稳步推进，开花结果。

园区党委将以习总书记重要回信为新的精神力量和工作指引，紧扣当前疫情防控工作、三全育人综合试点改革工作、装置验收工作，勇担使命，求实鼎新，结合学校对园区“高端人才培养基地、科学研究基地、科技成果转化基地”的定位，勠力推进“立德树人、装置建设、科学研究、园区保障、创新发展”五项工程，不忘初心，牢记使命，努力把昌平创新园区建设成为学校事业发展“皇冠上的宝石”“高原上的高峰”！

（2019 年立项项目　撰稿人：宗燕兵）

冶炼的力量

——“钢铁摇篮”校园文化与学生生涯规划教育融合发展探索

大学校园文化是在大学建设和发展的历史中形成的心理认同。“钢铁摇篮”校园文化的形成发展与北京科技大学冶金工程学科的建设发展相互交融，是北京科技大学在不同时期开展人才培养、科学研究、社会服务、文化传承与创新中形成的共同情感。以“钢铁摇篮”校园文化开展文化建设探究，有助于深入探究校园文化的形成动因与体现形式，探索校园文化建设体系，形成可推广的文化建设模式。

形成全员全方位全过程育人格局

以文化人、以文育人是校园文化的重要功能。“钢铁摇篮”校园文化，一方面强调学校矿冶学科教学科研的历史传统，一方面突出学校为共和国钢铁工业发展培养输送人才的重要使命。在“一带一路”重大倡议、“中国制造 2025”与京津冀协同发展国家战略等新形势下，以学生生涯教育为切口开展校园文化建设，有助于激发学生的使命感与荣誉感，帮助学生理解钢铁冶金行业的发展规律，树立到国民经济建设的主战场建功立业的生涯发展目标，实现学校人才培养目标。

学生生涯规划教育事关学生理想信念的树立，需要在教书育人、管理育人、服务育人中得到实现。以学生生涯教育为切口开展“钢铁摇篮”校园文化的育人功能探究，形成学生生涯教育工作体系，能够为院系基层思想政治工作提供有力抓手。

开展“钢铁摇篮”校园文化与学生生涯规划教育融合发展探索研究，有助于探究校园文化的形成动因与体现形式，探索校园文化建设体系；有助于将校园文化与立德树人相融合，发挥校园文化的育人功能，促进学校人才培养职能的发挥；有助于完善基层思想政治工作体系，形成全员全方位全过程育人格局。

“引　航”

包括校友话就业、企业话行业、生涯个体咨询、简历制作与面试技巧工作坊等内容。生涯个体咨询采用“预约—咨询—反馈”的闭环流程，帮助学生答疑解惑。“企业话行业”邀请用人单位领导、人事招聘工作负责人来校进行交流。“校友话专业”邀请学院冶金工程专业优秀青年校友回校针对就业进行交流。本年度生涯工作坊着力做好就业引导工作，激励学生到国民经济建设的主战场建功立业。

“觉　知”

包括生涯工作坊、生涯辅导等内容。生涯工作坊面向本科一年级学生，由本科新生辅导员、朋辈教育“小班主任”组织实施，通过梦想秀、生命纸条等游戏，促进学生明确个人兴趣与梦想。生涯辅导由学院就业指导教师组织实施，一方面邀请学院领导、学校就业指导中心工作人员针对毕业年级学生开展就业团体辅导；另一方面针对非毕业年级学生开展生涯规划咨询。

“体　验”

包括模拟求职大赛、暑期社会实践等内容。根据学院统一部署，联系相关学院，联合开展学院分站赛，通过求职体验增强学生求职就业的积极性。结合本科生暑期社会实践、研究生科技服务与挂职锻炼等项目，组织学生开展钢铁企业用人需求调研等，通过实地走访等，促进学生了解行业、关注就业。

引入校友力量，以专业教育促进行业认知

校友话专业

冶金与生态工程学院“校友话行业”讲座在冶金楼110教室召开。此次“校友话行业”基于冶金与生态工程学院“以学生为本”的基本理念，旨在与学院学生面对面交流，就大学生活与本专业的相关问题为同学们答疑解惑、指点迷津。此次课程由中天钢铁集团特钢公司总经理、北京科技大学校友王郢主讲。北京科技大学冶金与生态工程学院院长张立峰教授、院党委副书记王斌老师出席了本次活动。

课程开始，王斌老师首先要求同学们珍惜这次机会，积极踊跃和王郢校友交流学习与探讨生活中所遇到的困惑。王郢从自身人生经历出发，在轻松愉快的对话互动中为同学们阐释了三个问题，提出了三条建议。依托对“知识与技能的差别”“聪明与智慧的差别”和“什么是幸福”三个问题的阐释，王郢为大家指出，学生即学习生存的本领，精神市场比商品市场要残酷得多，同学们必须全面发展IQ、EQ、AQ和CQ以取得成功，并提出“幸福 =（成就感 + 财富 + 家庭 + 社会地位）× 身心健康 ÷ 期望”的幸福公式。随后，王郢就同学们今后的学习生活提出了三条建议——“用思辨的眼光多读好书”“站起来，走出去，培养正确的兴趣爱好”和“珍惜在北京科技大学学习钢铁冶金的机会”。在现场提问环节，王郢纠正了如今社会上关于钢铁行业已是“夕阳产业”的错误认知，并指出，中国钢铁行业才发展了十几年，还有很多新领域需要攀登。他提出，北京科技大学冶金学院的资源和平台都非常优秀，希望同学们能够在此认真学习，他热切盼望同学们将来能为中国钢铁行业的进步和发展贡献自己的力量，成为中国钢铁行业的脊梁。最后，张立峰院长向王郢赠送证书和纪念品，并进行总结讲话。他指出，作为国家的支柱产业，钢铁行业在21世纪面临着新的机遇与挑战，相信同学们通过学习此次专业教育课定能坚定信心，努力学习专业知识，为未来个人发展奠定良好基础。

4月24日下午，冶金与生态工程学院“校友话专业”校友交流活动在冶金楼110顺利开展。本次活动由中国冶金科工集团有限公司总工程师、我院97届校友肖鹏主讲，冶金与生态工程学院院长张立峰教授，院党委

副书记王斌老师出席了本次活动。

开讲之前，张立峰院长给大家简要介绍了肖鹏先生毕业21年的工作经历，并对他的到来表示热烈的欢迎与感谢。随后，此次专业教育课正式开始。肖鹏先生从自身经历及认识，对全球钢铁的认识与看法和在行业内、今后的工作岗位上的相关素养要求给全体师生做了一次别开生面的演讲。在自身经历方面，肖鹏先生给大家介绍了自己21年的工作经历，以自己的亲身经历告诉同学们：十年专心做设计受益匪浅，只有真正投入一线去工作才能锻炼自己法务、营销、商业合同、谈判技巧、技术营销等多方面的能力，以及在学校的时光要培养自己的学习方法和能力，到了工作岗位上就得面临无数的挑战。通过对比2017年全球和中国的粗钢产量并结合时政，肖鹏先生提出——基础工业是一个国家强盛的因素，而钢铁产业首当其冲。关于未来，他告诉我们：钢铁，仍是毫无争议的不可替代的基础原材料，钢铁产业的水平体现的是一个国家工程设计、机械制造、自动化控制等方面的综合实力，它能带动并促进整个国家其他产业的发展。同时，他还为大家指出，2013年以来，我国的钢铁产业已经进入了快速增长周期后的第三次调整周期，结合日、英应对第二次调整周期的经验，提出我们可以借鉴他们兼并重组钢铁企业、投入大量资金做产业研发和改善环境、多元化和国际化能够增强企业抗风险的能力等经验来做出相应的应对措施。他还给我们指出，这个调整周期对于我们北京科技大学的冶金学子来说，是挑战也是机遇。“一带一路”沿线很多国家钢铁产业发展薄弱给我们提供了大量的工作机会，未来装配式建筑的需求或成钢铁企业的新动力。值得一提的是，他结合之前曾与日本合作方的一次讨论为我们解释了中国钢铁产能过剩对全球影响的争论，提出市场是开放而公平的，在中国快速发展自身的同时，其他国家并未跟上中国发展的步伐，市场并不会保护落后的一方。最后，他给大家提出了要成为一个受人尊敬的工程师，除了专业的技术素养、谦虚谨慎的学习态度、勤奋的工作精神等，保持好奇心，有坚强的意志力，永不放弃对自身能力的培养，分享的精神，系统性、经济性和可持续发展的思维训练等都是很重要的。他还告诫同学们作为祖国未来发展的中流砥柱和栋梁之才，同学们要珍惜时光，把握未来。在随后的提问环节，肖鹏先生为同学们答疑解惑，并再次重申第三调整期的到来对行业有影响，对我们来说却是机会；关于“一带一路”的机遇，我们可以做的是遵循市场原则，通过自身能力为沿线的国家提供可选择的机会；如今大数据的发展或许能为我们提供更便捷的解决问题的途径。之后，张立峰院长针对提问环节同学们的问题做了简短的总结，提出钢铁产业在调整期将全面经历由量到质的转变，对人才的需求量远大于现在；人生的追求不局限于舒适、安逸的工作环境，同学们应该有远大的志向和抱负，为祖国钢铁行业的发展做出应有的贡献。之后，他告诫同学们，只有踏踏实实在一线工作，才能扎实自身的专业知识，提升自我的综合能力，为将来更好的个人发展奠定基础。最后，张立峰院长对肖鹏先生的到来再次表示了感谢，并向他赠送了证书。同学们跟肖鹏先生合影留念。至此，本次专业教育课顺利结束。

借助企业力量，以招聘视角拓宽求职视野

企业话行业

各企业嘉宾结合自身职业发展经历，强调了专注职业、放眼世界、直面挑战对于职业发展的重要性。“钢铁行业是冒险者的乐园”，企业嘉宾鼓励同学们着眼钢铁行业战略发展，在就业择业中突破研究方向的限制，发挥专业基础知识的优势，做冶金行业、核工业与贸易领域的“全科医生”。各位企业嘉宾介绍了近年“去产能”“一带一路”等政策对钢铁行业和相关行业、企业的影响，强调了转型升级对于企业发展成长的重要作用。企业嘉宾均对我校就业行业引导工作表示了高度肯定。“择己所长，择世所需，到国民经济主战场建功立业”，企业嘉宾借用我校就业引导工作思路鼓励同学们将个人抱负与社会需要相结合，发挥专业优势，实现个人价值。企业嘉宾结合企业自创立成长到发展壮大的历程，介绍了企业近年来新入职员工培养成长模式和薪资福利情况。企业嘉宾表示，各企业对北京科技大学冶金工程专业优秀毕业生的吸引与培养力度将不断加大，有力地促进了新进员工在企业的发展。企业嘉宾期待北科冶金为集团输送更多优质人才并邀请同学们前往企业实习。

发挥朋辈力量，以榜样示范引领行动力量

4月12日，冶金与生态工程学院2018年学生生涯辅导月系列活动、学校模拟求职大赛冶金分站赛在青钢报告厅举行。

大赛初选产生的八名选手在比赛现场展现风采。学而思网校高端招聘运营负责人谢志强老师，冶金学院研工组长、就业指导教师陈曦老师，冶金学院学工办主任李元坤老师，冶金国重研究生辅导员黄正欣老师出席活动并担任评委。在自我介绍环节，八名选手依次上台对个人基本经历、职业兴趣与能力等进行介绍，针对模拟求职的岗位进行陈述。本次比赛根据冶金学院、冶金国重学生学科与专业特点，设置了某钢铁集团技术研发岗、某教育培训集团理科教师岗、某钢贸集团管理培训岗等三个岗位。参赛选手均能根据岗位特点与职责要求，结合个人情况进行阐述。无领导小组讨论环节由陈曦老师主持。八名选手根据讨论要求，围绕经典试题，积极开展讨论并最终得出集体意见。无领导小组讨论汇报者、冶金工程硕士2016级硕士研究生鲁俊同学综合各位选手意见，进行了汇报总结。陈曦老师、谢志强老师针对同学们的表现，分别向选手提问并进行点评。多对一面试环节由谢志强老师主持。各位评委老师根据选手们的基本情况，结合模拟求职岗位要求、自我介绍与无领导小组讨论环节的表现情况进行提问，制造压力氛围，考查选手的思维水平、应变与表达能力。“你认为管理培训岗位的具体工作是什么”“如果你是理科教师，怎样为学生讲解化学平衡原理”“你在科研中遇到的最大困难是什么，如何解决的”，面对面试官的发问，同学们实事求是，沉着应对，展现出自己的课业学习、科研学术、学生工作、社会实践方面的能力。经过评委评议，鲁俊同学获得一等奖。比赛现场，谢志强老师对各位选手的表现进行综合点评。谢志强老师建议同学们在求职时，要明确自己的方向，对应聘岗位进行充分了解，对职位要求的相关技能做充分准备。陈曦老师在活动总结中强调，同学们在面试中要从兴趣、技能、素养三个方面向用人单位展现自己。在日常学习生活中，要通过体验与反思，更加了解自己的专长，在实践中锻炼自己，努力尝试，完善自己。

探索校园文化建设，促进学生生涯规划

开展校园文化形成发展的动因与表现研究，形成校园文化建设的理论支撑。一是通过文献研究、深度访谈、问卷调研等形式，对“钢铁摇篮”校园文化形成发展的动因与表现进行研究。在完成校园文化形成发展机制研究的基础上，着眼校园文化涉及的软件、硬件相关方面，结合学生生涯规划教育的基本规律，设计生涯规划教育工作体系。二是通过校园文化形成发展机制研究，形成研究脉络，深入探索校园文化建设发展的创新建议，促进“钢铁摇篮”文化的创新发展。

将校园文化建设发展与学生生涯规划教育相融合，创新生涯规划教育体系。明确学生生涯规划教育工作的需求。根据“钢铁摇篮”校园文化形成发展机制研究的成果、学生生涯规划教育工作的实际需求，通过文献研究、专家咨询、问卷调研等形式，探寻校园文化与学生生涯规划教育的融合点，明确校园文化建设的重点任务和关键环节，促进学生生涯教育，引导学生深入认识“一带一路”重大倡议、“中国制造2025”与京津冀协同发展国家战略等新形势下钢铁行业发展，正确认识“去产能”政策对行业转型升级的作用。

开展校园文化建设，促进生涯规划教育体系落实，充实校园文化建设体系。首先，针对不同学生群体生涯规划教育需求，丰富校园文化设置，充分利用线上、线下两个平台，优化学院楼宇、学院教室、学生宿舍等设施的文化内涵，落实生涯规划教育体系。其次，提出“冶炼的力量”的工作目标，明确学生“冶炼的力量”的角色主体，发挥校园文化“冶炼的力量”的实际作用。

建立校园文化与学生生涯规划教育的成效反馈机制，改进工作，开展研究。一方面，设立观测点，通过线上、线下两个平台，针对校园文化与学生生涯规划教育融合，开展成效反馈研究。根据反馈结果，保留有效建设内容，提升校园文化建设效果，形成闭环。另一方面，进一步开展文化建设与学生生涯规划教育的相关性研究，探寻校园文化建设的有效方面，促进学生生涯规划教育。

（2017年立项项目　撰稿人：陈曦）

厚植人文沃土　熔铸文化力量

——文法学院坚定“文化自信”系列活动

为深入学习习近平新时代中国特色社会主义思想和党的十九大精神，贯彻落实《关于实施中华优秀传统文化传承发展工程的意见》《完善中华优秀传统文化教育指导纲要》，进一步坚定文化自信，紧紧围绕立德树人的根本任务，密切结合学校人才培养目标和学生成长成才的实际需要，以社会主义核心价值观为引领，以弘扬中华优秀文化为主线，文法学院在本年度开展“文化文法·文育文才”文化自信系列活动，引导学生增强民族文化自信和价值观自信，打造具有学院特色的系列文化活动。

搭建展示平台，领略传统文化风采

中华优秀传统文化是中华民族的精神源泉，进一步加强中华优秀传统文化教育，既是落实立德树人根本任务的应有之义，也是实现中华民族伟大复兴中国梦的必然要求。我院积极结合学生需求，创新传统文化活动开展形式。学院承办第三届“礼敬中华·文溢满井”传统文化节，2019 年 4 月开展以“七域山河韵·九州华夏风”为主题的传统文化节开幕式，将同学们感同身受的地域文化融入其中，以传统文化游园会和校园寻踪为主要形式，结合成果展览、现场展示表演、游园寻踪等多种形式，增强活动的互动性与体验性；在广泛调动全校师生积极性的基础上，充分调动社会资源，在更广阔的平台上促进优秀传统文化的继承与弘扬，增强多元思想与文化的交流碰撞。邀请北京林业大学、北京工商大学等高校学生代表，召开高校传统文化教育交流论坛，共同学习探讨新时代传统文化教育新思维、新形式、新做法；组织开展“吾肆赛诗会”，以中华优秀传统文化为根基，围绕“万紫千红中国节”这一主题，开展诗词征集活动。本年度学院组织传统文化节系列活动，共计 20 余家学生社团参与组织，收集原创古诗词作品 200 余篇，参与活动学生人次达 3000 余人次。

凝聚榜样力量，传承革命文化精神

革命精神是党在领导人民进行伟大社会革命中凝练而成的宝贵精神财富，是党和国家初心不改，矢志不渝，不断开拓创新、发展前进的精神动力。我院坚持树立先进典型，凝聚榜样力量，鼓励学生走进社会，力所能及贡献青年力量，在实践活动中继承和弘扬革命精神。本年度，我院积极评选先进榜样，凝练优秀党员同学先进事迹、时代感悟，通过学院官方微信号“文法之声”进行宣传推广，以党员模范事迹为先锋，引领青年师生积极学习，增强先锋意识，做爱国、励志、求真、力行的新时代青年学生。本年度累计发布党员先进事迹、党员述职承诺相关推送 10 余篇，累计阅读量达 3000 人；建立北京市方志馆、北大红楼等多支志愿服务队伍，通过培训、考核、上岗锻炼等流程，为两个志愿服务基地输送大量优质志愿者，在志愿服务的过程中使同学们进一步了解革命历史、北京发展历史，同时吸引更多的师生与社会人士走进历史遗迹，走进博物展览馆，一同感悟时代发展与民族复兴。本年度共向方志馆、北大红楼输送志愿者达 120 余人次，累计服务时长超 500 小时，同时组建方志馆社会实践团队一支，开展北京市红色文化传承夏令营，吸引更多青少年能够进一步了解北京历史，感受革命精神。

强化专业认知，展现专业文化价值

文法学院作为人文社科类学院更加注重专业文化建设与专业技能的实践探索。培养明辨笃行的法学专业文化，本年度开展 4 期“模拟法庭”活动，切实提升学生的专业认知。本年度，结合法制宣传月等重大时间节点，依托文法青年志愿者协会深入科大附小、西直门地铁展区、科大社区等地开展了15场普法宣传活动、普法讲座、法律援助等活动，普及法律知识、宣传法治思想；举办“明法杯”法律知识竞赛，通过复赛和决赛两轮较量，带动全校师生学习法律知识的热情，提升同学们的法律素养，培养同学们知法懂法、守法用法的法制意识；培养博学慎思的行政管理专业文化，举办公共管理大讲堂系列讲座活动4讲，邀请公共管理方向国内外优秀的名师大家，为行管专业学生进行专题系列讲座，提升同学们的专业认知，强化学生对专业前沿知识的了解，提升专业能力。培养助人自助的社会工作专业文化，依托贝壳青年社工专业社团。进一步完善了“贝壳彩虹路”新生入学适应性服务小组服务项目、“青春在行动”聋生成长与发展小组服务项目，本年度累计开展新生小组活动100次，聋生成长与发展小组服务10次，累计活动覆盖学生人数超800人，使同学们在实践中践行专业理念，提升专业知识的理解与运用，助力专业课程第一课堂的学习。

打造精品项目，彰显校园文化魅力

校园文化的培育是凝聚人心、展示形象，重视学生人才培养的重要体现。校园文化对学生的影响往往是潜移默化且深远持续的。文法学院坚持通过传统的精品文化活动引领校园文化潮流，培育具有科大特色的校园文化。培育精品人文素质教育活动，举办“文风戏骨，百匠艺心”第十六届文法戏剧节，本年度共演出三部同学们自导自演的戏剧，与全校广大师生共同体悟家国情怀，感悟爱情的忠贞，活动覆盖演职人员120余人，现场观众400余人。举办星期四人文讲座。文法学院立足学校特色，针对学生需求，举办11场星期四人文讲座，向全校师生普及人文社科知识。讲座内容涉及时政热点、中国古典文学、传媒文化等各方面。开展学院温馨“家”文化系列活动。举办宿舍文化节。针对文法学院大一新生组织开展宿舍文化节系列活动，通过初赛的宿舍布置与展示、复赛的宿舍生活技能挑战赛，到决赛的宿舍文化展示三个环节，以学生喜闻乐见的形式，引导学生树立“以宿舍为家、以室友为亲”的和谐宿舍文化。举办文法新生

“家”年华活动，2018级全体新生参与到演出的排练和组织过程中，通过晚会表演的形式，倡导“以班级为家，以同学为亲”的班级建设理念，帮助班级同学增进彼此交流，使班级同学能够迅速与同学熟悉并尽快适应大学生活，强化班级凝聚力，增强同学对班级的认同感与归属感。

文法学院在以往文化育人工作的基础上，整合传统品牌活动，创新活动内容形式，将中华优秀传统文化、革命文化、专业文化、校园文化等元素融入到活动中。充实了广大师生的精神家园，将文化自信培育落到实处，形成了阅读优秀文化经典、学习优秀文化的校园氛围。文法学院将进一步引导学生爱校荣校，勤奋学习，自觉传承和创新中华优秀传统文化，弘扬革命精神，坚定走中国特色社会主义道路，在师生中形成更基础、更广泛、更深厚的文化自信。

（2018年立项项目　撰稿人：杨雄）

传播学"5W 模式"下新时期精准化招生宣传工作探究

新高考背景下，高校本科招生宣传进入一个具有新的生态特征的时期；新时期招生宣传精准化的内涵包括哪些；如何运用传播学理论指导开展招生宣传工作；具有理工科特色和底蕴的北京科技大学如何将科普文化和大学文化有机融合并贯穿到招生宣传工作中。本课题通过分析北京科技大学"大学教授走进中学"科普讲座活动，对新时期精准化开展招生宣传进行工作探究，旨在总结工作经验，研究招生宣传工作的思路和内涵，为进一步指导招生宣传工作做好基础。

"5W 模式"视角下的探索和实践

20 世纪，美国学者拉斯维尔提出了构成传播过程的五种基本要素，人们称之"5W 模式"，即：Who（谁）、Says What（说了什么）、In Which Channel（通过什么渠道）、To Whom（向谁说）、With What Effect（有什么效果）。基于 5W 传播模式，可以解决招生宣传工作"谁来宣传""面向谁宣传""宣传什么内容""宣传渠道或平台有哪些""宣传效果（生源质量）怎样"的若干问题，能够做到有条理、有思路、有目标、有方法，真正提高招生宣传实效。

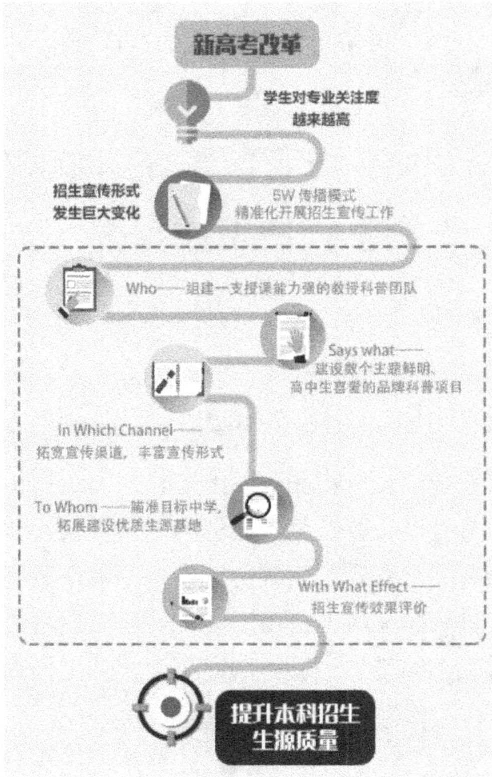

Who——组建一支授课能力强的教授科普团队

“所谓大学者，非谓有大楼之谓也，有大师之谓也。”大学教授是大学文化的建设者和有力传播者，是最了解学校的群体，是招生宣传不可或缺的重要力量。根据生源的特点和自身定位，高校充分发挥教学、科研等资源优势，组织相关领域专家、学者深入目标中学开展科普讲座、生涯规划指导等活动，切实帮助中学生尽早了解专业方向，合理规划人生目标。对于高中教师，还可组织相关专业专家进行专门培训，发挥高校教师学识、视野和教学方法等优势，为高中教育教学水平的提升助力。

北京科技大学“大学教授走进中学校园”科普讲座活动自 2015 年启动，至今已有 100 场。活动也培育了一支“能讲”“善讲”的教授科普团队。

表 1　北京科技大学科普讲座专家团队

教授	学院	个人简介
王鲁宁	材料科学与工程学院	材料学部主任，材料科学与工程学院院长
毛卫民	材料科学与工程学院	国家级教学团队核心成员
曹文斌	材料科学与工程学院	材料科学与工程学院副院长
任英	冶金与生态工程学院	副教授（破格提拔），理科试验班第一届毕业生
闫相斌	东凌经济管理学院	院长；兼任教育部高等学校管理科学与工程类专业教学指导委员会委员、中国信息经济学会副理事长、管理科学与工程学会常务理事等学术职务
冯梅	东凌经济管理学院	全国管理案例精英赛全国总决赛最佳教练；校级优秀本科生导师
高学东	东凌经济管理学院	北京市教学名师，北京市师德标兵
李擎	自动化学院	学院党委书记；曾获北京市教育教学成果奖、北京市精品教材、宝钢优秀教师奖、北京市科技进步一等奖等；获校级“我爱我师”荣誉称号
肖文栋	自动化学院	国家自然科学基金委评审专家，IEEE 高级会员（Senior Member）
刘立	机械工程学院	北京市教学名师；中国“互联网 +”优秀创新创业导师；学生智能车队、学生机器人队指导教师，2 支团队均获“小平科技创新团队”奖（中国青少年科技创新最高奖）
孙志辉	机械工程学院	指导本科生设计的解魔方机器人参加 2018 年首届中国高校智能机器人创意大赛获得一等奖，并于 2019 年携解魔方机器人参加了中央电视台的《机智过人》节目
夏德宏	能源与环境工程学院	北京市教学名师，享受国务院政府特殊津贴专家，国家科技部高技术中心能源领域总体专家组专家

Says What——建设品牌科普项目，打磨招生宣传内容

新高考改革后，高校、中学人才培养模式和机制等均发生很大变化，

因此高校招生宣传工作的理念、内涵、方式等均要创新与优化。这其中，学科专业是重点，因为它直接关系到学生的未来选择。新高考改革的实施，使学校、学生、家长对学科专业的定位、特色、优势、应用前景、未来发展等更为关注，需求更个性化，因此高校招生宣传工作要更专业、更提前、更普及和更持续。也就是说，高校不光要宣传自己如何好，也不仅针对高三学生和家长，还应从高一、高二甚至从进入初中起，就要加强相关学科专业和中学对应课程的关联性研究，加强对学生的兴趣爱好与学科专业契合度的挖掘等，不断创新招生宣传内涵，改进宣传方式，拓宽宣传途径，让中学老师、学生、家长清晰地了解相关学科专业。

针对高中生的不同兴趣方向，围绕国家新工科发展，2019—2020 年建设了以新材料、人工智能、新能源、汽车科技、大数据、机器人等为主的，鲜明有趣、满足高中生需求的讲座主题和内容，打造具有北科大特色的科普文化品牌项目。

表 2　2019 下半年线下科普讲座开展情况

日期	省份	中学	科普讲座题目	主讲教授
2019 年 10 月 16 日	山东	寿光市第一中学	决策与经济学	冯梅
2019 年 9 月 20 日	福建	福州三中	当代学子与人工智能	李擎
2019 年 9 月 21 日	福建	厦门一中	当代学子与人工智能	李擎
2019 年 10 月 13 日	河北	衡水一中	当代学子与人工智能	李擎
2019 年 10 月 13 日	河北	衡水中学实验学校	当代学子与人工智能	李擎
2019 年 11 月 9 日	新疆	华山中学	汽车、科技与生活	刘立
2019 年 11 月 11 日	新疆	巴州二中	汽车、科技与生活	刘立
2019 年 11 月 12 日	新疆	阿克苏地区二中	汽车、科技与生活	刘立
2019 年 11 月 15 日	河南	郑州市 47 中	汽车、科技与生活	刘立
2019 年 11 月 28 日	内蒙古	北方重工三中	汽车、科技与生活	刘立
2019 年 11 月 29 日	内蒙古	包头市第一中学	汽车、科技与生活	刘立
2019 年 10 月 18 日	青海	青海师大附中	人类社会进步 & 环境科学与工程	马鸿志

续表

日期	省份	中学	科普讲座题目	主讲教授
2019年10月16日	新疆	奎屯市第一高级中学	材料与人类文明	毛卫民
2019年10月17日	新疆	兵团二中	材料与人类文明	毛卫民
2019年12月6日	山东	威海实验高中	材料与人类文明	毛卫民
2019年12月7日	山东	文登新一中	材料与人类文明	毛卫民
2019年12月7日	山东	威海二中	材料与人类文明	毛卫民
2019年11月8日	山西	山西省实验中学	智能机器人	孙志辉
2019年9月28日	江西	南丰一中	计算机科学与技术发展	王昭顺

表3　2020年上半年线上科普讲座开展情况

日期	讲座主题	教授
2020年4月3日	信息技术与社会变革	闫相斌
2020年3月21日	汽车、科技与生活	刘立
2020年3月27日	材料——人类文明的基石	王鲁宁
2020年4月5日	带你了解机器人工程专业	孙志辉
2020年4月10日	当代学子与人工智能	李擎
2020年4月17日	能源与人类社会	夏德宏
2020年5月29日	把握“安全”，拥有明天	金龙哲
2020年6月5日	手机里的诺贝尔奖	詹纯

课题组总结梳理了68年北科大发展历程中的重大科技攻关和工程项目，作为招生宣传过程中学校品牌影响力的重要内容和支撑材料，具体如下：

✧ 杨让教授负责研制的新型高强度钢应用于“东方红”人造卫星和第一枚洲际运载火箭的壳体材料。

✧ 方正知先生1963年奉调负责原子弹、氢弹的爆轰物理试验，指导核爆炸等离子体X射线能谱测试，参加了首次原子弹、氢弹原理国家核试验，与研究集体共同实现了原子弹、氢弹的研究突破和武器化。

✧ 陈国良院士七十年代初研制出的新型合金解决了我国主要歼击机歼 –6 飞机发动机涡轮盘严重故障的问题。

✧ 葛昌纯院士是生产浓缩铀（核燃料）235 的“乙种分离膜”制造技术的第一发明人。

✧ 高庆狮院士是中国第一台 10 万次 / 秒以上晶体管计算机（专为“两弹一星”研制的被誉为“功勋计算机”的 109 丙机）体系结构设计负责人。

✧ 徐宝陞教授研制了世界上第一台弧形连铸机。

✧ 朱觉教授是中国电渣冶金的奠基人，1960 年，他在我校建成中国第一台工业性电渣重熔装置。

✧ 刘应书教授提出变压吸附制氧工艺，并创造出“隧道掌子面弥散供氧和氧吧车供氧”新方法，填补了世界高海拔制氧技术的空白。

✧ 1979 年 4 月，北京科技大学与德国亚琛工业大学签订合作协议。这是改革开放后，中国高等学府第一次与国外大学建立合作关系，在我国高等教育的国际交流史册上写下了浓重的一笔。

✧2007 年，学校获准牵头建设国家发改委立项的“重大工程材料服役安全研究评价设施”项目。2008 年，被批准筹建国家材料服役安全科学中心。

✧ 尹学军校友主持设计的抗风振装置为港珠澳大桥保驾护航。

✧ 韩静涛教授团队研发的伸杆机构随“张衡一号”“嫦娥四号”奔向太空、奔赴月球。

2020 年上半年，针对部分学科专业启动科普文章撰写工作，并与学校期刊中心合作，在《金属世界》开设专门一期专刊，以科普形式通俗易懂介绍学校理工科专业“是什么”“学什么”“将来能干什么”，并向部分目标生源高中免费投放。目前已完成科普文章撰稿 12 篇。预计 2020 年 9 月份完成期刊发行。此项目充分结合学校特色优势，瞄准了目标生源群体，凝练北科大科普讲座内容，将科普文化通过期刊形式传播出去。

表 4　科普文章信息汇总（部分）

专业	题目	撰稿人
材料化学	材料化学专业介绍	杨洲
材料成型及控制工程	北京科技大学材料成型及控制工程专业介绍——形性兼具，任你所需	陈树海
纳米材料与技术	纳米材料与技术	齐俊杰
无机非金属材料工程	无机非金属材料专业科普	鲁启鹏
应用化学	大学专业浅谈——化学	王东瑞
测控技术与仪器	测控技术科普论文	蓝金辉
物联网工程	物联网的昨天、今天和明天	王睿、崔增皓
应用物理	应用物理学专业题记：因兴趣而有动力，因优势而有能力，因创造而有潜力	胡淑贤
工业设计	走进工业设计	王晓慧
物流工程	什么是物流	贺可太
土木工程	土木工程专业那些事	许镇
建筑环境与能源应用工程	建筑环境与能源应用工程	谢慧

In Which Channel——拓宽宣传渠道，丰富宣传形式

大学教授走进中学开展公益科普讲座是主要形式，还可通过网络直播、科普文章等形式，建设更多的文化传播项目，并充分利用新媒体平台进一步推广和传播。通过网络媒体的传播，可实现招生宣传工作效果的最大化，并且可将图片、影像、文本、声音等融为一体，突破时空限制，实现全方位的信息传播，更加生动、准确地向考生及家长、中学传递高校招生信息、条件及基本情况等。

2020 年受新冠肺炎疫情影响，招生宣传模式发生较大的变化，高校招生宣传从以线下为主变为线上为主，并且有理由相信，线上宣传将长期作为一种越来越重要的方式存在。截止到目前，"北京科技大学科普大讲堂""北京科技大学云端公益讲堂"等线上宣传活动共举办 46 场，除腾讯课堂、今日头条等线上直播平台外，还有电视台、电台以及凤凰网等传媒

机构。以科普讲座为例，线下宣讲更有互动感，高中生能够现场零距离感受教授风采，感知学科魅力，而线上渠道则可以不受空间时间限制，更加自由灵活地听取科普，两种模式将形成有机融合，各有特点，互相补充。

To Whom——瞄准目标中学，夯实精准化内涵

充足而优质的生源是学校建设发展的必备条件，优质生源基地作为高校与考生之间最直接的对接平台，能够有效地提升高校在学生及家长中的知名度和影响力，在学生当中形成声誉优势，占据主动地位，为后期的宣传打下良好的基础，对于整个招生宣传工作具有极大的促进作用。

解决了“To Whom”的问题，就解决了一大半的“精准化”难题。精准化的基础内容就是确定目标宣传高中。北科大的目标高中一般包括：①各省头部高中（如山东青岛二中、河北衡水中学、内蒙古鄂尔多斯一中），②各省考入人数多的高中（如山西忻州一中），③各省优质生源基地（如陕西宝鸡中学），④各市前3的高中（如安徽淮北一中），⑤各县第一的高中（如江苏靖江高级中学）。在逐步建设高中数据库的基础上，进一步瞄准目标人员，主要包括高中老师、高三考生和家长、低年级高中生和家长。

目标范围和数据库建设思路确定后，按照三步走有计划建设高中数据库。Step1：梳理生源高中（高中数据库1.0），每年我校录取学生来源于1750所左右的高中，对这些中学进行整理，跟踪每年考入学生数的动态；Step2：划定目标宣传高中（高中数据库2.0），约600所，保持长效联系；Step3：确定重点盯紧高中并完善信息（高中数据库3.0），约300所高中，进行紧密联系，保持一年一次的交流频率，部分高中一年两次深入宣传。

从2012年至今，我校在全国范围内建设优质生源基地65个，这些优质生源基地是学校与中学之间以共同选拔和培养优秀人才为目标、共促发展为动力的主渠道。将科普讲座作为建设优质生源基地的重要内容，也是科技文化普及到高中的有效途径，是大学文化传播的重要载体。

With What Effect——招生宣传效果（生源质量）评价

为了既保障公益科普活动对中学的有效帮助，又有益于我校招生宣传的高效开展，就需要获取高中师生对科普讲座活动的效果反馈，不断修正和调整宣传策略。

从招生录取结果来说，大学本科生源质量保持相对较高水平，招生宣传发挥了重要作用。招生宣传的意义在于让更多人关注到北科大，让更多人了解北科大，让更多人被北科大吸引继而选择北科大。“大学教授走进中学校园”科普讲座活动是真正能够诠释这一逻辑的。在讲座现场，经常有高中生结束后围在教授身边继续提问、寻求签名；在线上，一场《智能机器人》讲座快手直播观看人次达到 18 万。科普讲座是长效宣传行为，高中师生能够感受到学科魅力，感知大学文化。

连续三年的新生调研结果显示，“学科专业”是考生志愿填报前最希望了解到的信息。可以预见，由大学教授带来的一场精彩的科普讲座，对招生宣传能起到非常积极的作用，对于涉及的学科专业更是一次极大的正向宣传。

回顾已有工作，制定未来规划

人才培养是高等学校最根本的职能，高考改革给高等学校人才培养带来了机遇和挑战。高考改革事关千万考生的前途，涉及千万家庭。招生制度改革给招生宣传工作带来了深刻的变化，新高考改革背景下高校的招生宣传手段还可以从以下几个方面改进：

1. 加强高校与中学的衔接，引导中学生职业生涯规划。一方面，高校要充分发挥职业生涯规划优势，组织院士、知名教授、生涯规划师等为中学生提供专业咨询和指导，引导中学生理性思考，积极做好人生规划。另一方面，高校可以“暑期夏令营”等形式定期开展高中师生进校园活动，让高中师生走进高校，参观校史馆、图书馆、实验室及学校有特色的场所，并且与大学生进行互动，参与科技创新、素质拓展等活动。

2. 注重反馈，促进生源基地建设工作良性循环。高校应在招生结束后对优质生源基地及时进行反馈和回访，将本年度新生录取情况和在校生优异表现及时反馈给各基地校，同时听取各高中对招生工作尤其是招生宣传模式、专业设置、考生录取满意度等方面的意见和建议，为继续做好下一阶段的招生工作提供有益参考。同时每年可举办优质生源基地校领导论坛，共同探讨面对高考改革，如何培养适应未来社会需求的高端人才。

3. 丰富招生宣传内涵，着力学校品牌塑造与传播。招生宣传过程中高校不仅要打好学科专业品牌，同时宣传办学特色和定位、特色学科专业，教学水平和培养质量、学风校风、师资的长效品牌都要积极打造，共同形成学校独有的品牌。同时还应总结梳理学校的突出科技创新成果和重大学术成就，用这些响当当的硬核实力吸引学生关注，报考。在充分凝练招生宣传内容的基础上，注重传统媒体和新媒体的有效结合，加大宣传矩阵建设。

4. 健全制度，强化全员、全程、全方位招生宣传。学校要从制度层面明确二级学院在招生宣传中的责任，将招生宣传工作纳入二级学院业绩考核体系，健全招生宣传分省市负责制考核办法。要发挥学院的积极性，调动教授、广大教师参与到招生工作中来，各省份要稳定一支以教授、副教授和系主任为核心骨干的招生宣传队伍，将有针对性的招生宣传工作覆盖到全国所有招生省市。专业带头人、系主任应常态化参与招生，积极思考如何更好地加强专业建设，形成专业特色。

（2019 年立项项目　撰稿人：王进）

高校新媒体与网络育人研究

——以北京科技大学为例

近年来，随着信息技术的快速发展，新媒体与网络育人已经成为高校开展人才培养和思想政治工作的重要途径。做好新媒体与网络育人，必须摸清其育人的规律和特点，运用好互联网新媒体的优势，切实提升育人效果。

思想建设必然要求，工作推进迫切需要

实施新媒体网络育人是加强党对宣传思想工作全面领导的必然要求。党的十八大以来，党中央高度重视网络阵地建设和网络宣传思想工作，习近平总书记多次就网络有关工作发表重要讲话、作出重要批示，强调要把网上舆论工作作为宣传思想工作的重中之重来抓。中共中央办公厅、国务院办公厅于 2015 年印发《关于进一步加强和改进新形势下高校宣传思想工作的意见》，强调要以加强高校网络等阵地建设为重点，不断坚定广大师生中国特色社会主义道路自信、理论自信、制度自信，培养德智体美全面发展的社会主义建设者和接班人。可见，做好互联网舆论引导已经成为新形势下做好党的宣传思想工作的重要任务。

实施新媒体网络育人是新形势下加强和改进高校思想政治工作的迫切需要。近年来，随着现代信息技术的迅猛发展，网络对传统的教育模式提出了新的挑战，网络化生活已经成为当代大学生的常态，对大学生的思维方式、学习方式以及生活方式产生了全方位、深层次的影响。据中国互联网络信息中心（CNNIC）的统计，截至 2020 年 3 月，中国网民规模达 9.04

亿，其中学生群体最多，占比为26.9%，而大学生网民又占据了学生网民的主体。作为使用互联网的重要群体之一，大学生的思想和行为受到网络的深刻影响，导致高校思想政治工作面临一系列挑战。中央印发的《关于加强和改进新形势下高校思想政治工作的意见》明确指出，要加强互联网思想政治工作载体建设，加强学生互动社区、主题教育网站、专业学术网站和“两微一端”建设，运用大学生喜欢的表达方式开展思想政治教育。2017年12月，教育部印发《高校思想政治工作质量提升工程实施纲要》，将网络育人质量提升体系纳入“十大”育人体系，进一步体现了新时期加强网络育人的重要性、紧迫性和必要性。综上，实施网络育人已经成为新形势下高校坚持和加强党的全面领导、落实立德树人根本任务的必然选择。

实施新媒体网络育人是近年来学界专家的热切呼声。网络环境下的信息传播近年来成为学界研究的热点，研究方向主要集中在两个方面，一是从心理学、经济学等经典理论中寻求研究启示；二是从相关学科的角度审视网络传播的特点。20世纪90年代末以来，随着各类社会思潮和多元价值在网络环境中的广泛传播，高校成为网上意识形态交锋的敏感中心和前沿阵地，网络思想政治教育研究成为研究热点持续至今，一大批学者和从业者进行了多维研究，大体形成了三类观点：一是网络环境对大学生思想产生深刻影响，网络环境整治不力，校园网络信息的过滤机制尚无法完全屏蔽网络中的消极错误信息，部分学生仍能够成为错误思想的渗透对象，从而产生错误的价值观、人生观，并对周围学生产生影响；二是网络思想政治教育内容吸引力不强，部分网络思想政治教育内容形式呆板、枯燥无趣、缺乏实用性和有效宣传手段，难以吸引学生的学习兴趣；三是大学生主动参与积极性不高，缺乏主动通过网络手段获取思想政治教育知识的意愿，往往在学校、学院老师的要求下才会认真点击并查看网络思想政治教育内容。基于此，越来越多学界专家提出建议，要重视和改进新时期高校网络育人工作，运用新媒体新技术切实提升思想政治工作的亲和力和实效性。

新媒体逐步应用，机遇与挑战并存

近年来，高校普遍开始认识到新媒体网络育人在人才培养特别是思想政治教育工作中的重要性，开始探索符合本校实际的网络育人模式和手段，建设了一批在青年大学生中有影响力的新媒体平台，推出了一系列新媒体原创产品，初步形成了高校网络新媒体传播矩阵。尤其是在教育部、共青团中央、中央网信办等部门的动员和指导下，越来越多青年大学生以创作者的身份参与到网络育人工作中，他们的智慧和才华得到了充分的释放，创作了一批爆款的新媒体产品，部分还被《人民日报》、共产党员、共青团中央等微信大号所转载，充分展现了高校开展网络育人的新气象、新风貌，弘扬了清风正气，清朗了网络空间。

但是，高校新媒体网络育人工作总体上还处于起步阶段，还存在很多问题与不足。一是各校各部门对网络育人工作的重视程度参差不齐，有的没有配备专门的机构、人员，有的没有安排专门的工作经费，还有的拱手把网络平台外包给了媒体公司后不管不问，意识形态责任制出现缺位。二是网络育人的内容生产仍处于低位徘徊状态，多数产品停留在简单的信息传递层面，有数量没质量，语言体系呆板陈旧，原创爆款产品凤毛麟角，点击数不足 100 的网络产品时有出现。三是校园新媒体矩阵聚合不够，尚未形成渠道合力，各校网络平台孤军奋战的时候多，联合作战的时候少，尚不具备联动育人的能力。四是高校干部教师立足网络新媒体开展育人工作的意识有待提高，许多干部教师本人都不主动转发自己学校创作的网络育人产品，全员育人的舆论场还没有形成。

工作多头并进，助力文化建设

北京科技大学新媒体平台目前主要由官方微信、官方微博、官方抖音，即“两微一抖”三个应用较为广泛的新媒体和新媒体联盟共同组成。其中，官方微信于 2014 年 4 月开始运营，目前发布信息 1438 条次，粉丝 92068 人；官方微博于 2010 年 11 月开始运营，目前发布信息 2784 条次，粉丝 104696 人；官方抖音于 2019 年 4 月开始运营，目前发布作品 183 条次，粉丝 12.2 万人，总获赞量为 408.2 万次。

新媒体联盟由学校党委宣传部牵头，联合学校相关职能部门、各学院、学生社团新媒体平台共同发起成立（以下简称联盟），目前已有 50 余个成员单位，粉丝量30余万人次，主要包括北科大青年、贝壳学子、北科大招生、北科大就业、北科大校友总会、北科大校史馆以及土资风云、冶金青年、才子风华、机械学子等。联盟围绕学校的重点工作和重要时间节点，定期研讨、策划推送选题，开展新媒体的内容建设，实现联动发布。在涉及学校重大事项或突发事件危机应对时，各新媒体平台按照学校官方微博、微信的发布信息进行转发。联盟定期对校内新媒体建设情况进行统计评价，分层次设置指标权重，从内容建设情况、用户活跃度、媒体影响力、联盟建设贡献度等维度进行评价并给予奖励，评价结果将以排行榜形式在官方微信、微博平台公布。

学校新媒体建设紧紧围绕“两个任务”，即紧紧围绕高校立德树人根本任务，紧紧围绕“举旗帜、聚民心、育新人、兴文化、展形象”新形势下宣传思想工作使命任务开展工作，把发布学校资讯、展示学校形象、服务师生校友，统一思想，凝心聚力作为工作出发点和落脚点。

以“官方、权威、创新、贴近”作为工作定位。官方，确保平台的方向性、政策性、严肃性，在新媒体舆论场中立足主动，把握话语主动权；权威，确保信息发布的原创性、真实性、准确性；创新，体现在理念创新、内容创新，甚至体制机制不断创新；贴近，贴近师生、贴近校友、贴近关心关注学校发展的潜在人群。

实行“1+1”运营管理模式。具体来说，1名负责教师+1个学生团队。专业教师负责具体的选题、策划、整合素材，以及对版式和内容的校对、审核和发布，学生团队负责具体的编辑、排版、美工以及部分素材的拍摄、制作，同时也会策划制作部分原创作品。学生团队一般下设策划组、文案组、编辑组、美工组、摄影摄像以及主播组等。

制作流程主要为选题—策划—制作—审核—发布。其中选题较为重要，一般分为部门选题会，学生团队选题会和新媒体联盟例会，部门选题会一般固定在每周一下午，讨论确定后分工制作，学生团队每周原创选题，上报部门通过后分工制作，新媒体联盟例会原则上每月初召开，重大选题宣传部和学院、相关部门等联合策划，共同推出。

内容来源为自采+供稿+原创。一是学校重要会议、重大活动、重要发布等，负责老师及时与相关部门沟通，安排学生团队采写、拍摄、编辑，保障重大活动推送质量，例如开学典礼、毕业典礼；二是新媒体联盟成员单位投稿，各学院及职能部处重要信息及时安排推送，例如各单位重要获奖、科研进展等；三是团队原创，契合重要时间节点、紧跟重要事件热度，策划原创作品，例如校庆、母亲节等。具体内容既有权威发布的大事要事，也有发生在师生身边感动故事，既有关心师生成长发展的点滴服务，也有爱国奉献关注社会的家国情怀。

实行三级审核制。学生团队制作完成后由专业负责教师审核（一审），主要针对文字、图片、版式、美工、职员表等校对，随后由分管负责人（副处）审核（二审），主要针对重要字句准确性、美工、整体格式等查缺补漏，一般选题二审结束后即可签发，但部分重大选题（政治性、权威性、重要性）需经过部门负责人（正处）审核后（三审），方可签发。

工作经验丰富，总结形成特色

学校围绕新媒体矩阵建设，进一步加强和改进新媒体网络育人能效，实施“三大工程”，即“水源工程，水质工程和水利工程”。

“水源工程”，即旗帜鲜明讲政治，弘扬主旋律，传播正能量。立足教育部、北京市全年宣传工作重点、要点，对标学校全年重点工作规划和重要宣传节点，设计、开展一系列话题及延伸活动。特别是面临重大历史节点和重大活动或事件，积极发声、权威发声，着力做好师生校友的重要信息源。

“水质工程”，即深挖文化内涵，讲好北科故事。新媒体传播讲求内容为王。近年来，学校党委宣传部深入挖掘校园文化内涵，广泛选树先进典型，在牢牢把握重大信息来源的基础上，通过以人载题、以文载情的形式不断传播北科正能量，讲好北科故事，着力营造创新奋进、积极向上的浓厚氛围。

“水利工程”，即配强队伍，广布渠道。借助官方媒体权威性强、组织传递性好等特点，健全队伍，提高几类专业队伍素养。一是党委宣传部各媒体负责人队伍，二是各学院、机关部处宣传工作负责人及通讯员队伍，三是新媒体联盟通讯员队伍，四是各媒体学生团队。

逐步摸索形成了“三个结合”育人特色。一是“上下”结合，策划选题既有自上而下的任务分工，也有自下而上的原创命题，既推进学校大事要事，也深挖一线小情小事；二是“点面”结合，既以单条信息为切入点，打造重磅个体推送，又注重信息的深度挖掘，以点带面，形成系列选题；三是“时效”结合，既注重往常惯用点和日常关注点，也及时回应师生关切热点，把日常工作与社会热点相结合，做到及时、准确，在正确的时间发布正确的内容。

随着学校新媒体工作开展日趋成熟，逐步形成了权威性高，用户黏度强，组织传递性好，信息源广阔，媒体矩阵转化能力完备五大育人优势。

网络育人植根于大学校园的互联网应用场景，经历了从基于 WEB1.0 技术的信息发布网站到基于 WEB2.0 技术的互动论坛（贴吧、BBS、博客、微博等）和即时通信工具（QQ、微信等），再到今天基于 WEB3.0 技术的移动终端带来的线上线下的全面深刻互动，总体的发展态势是可预测、可把握的。因此，要深刻把握网络育人的规律，重点把握好三项工作原则。

1. 坚持“内容为王”的教学规律

教育的本质是信息内容的流通和传递，内容是教育过程的核心和根本。在传统的师徒教育模式中，师傅口传心授的是知识，如果没有知识，教育的过程并无意义。在大学课堂中，课程是由一套自成逻辑体系的知识点组成的，这些内容组构在一起，便形成了教学知识体系和知识结构。互联网技术出现后，教育的载体、形式、对象等都发生了天翻地覆的变化，口传心授、课堂教学等“面对面”的形式都可以被互联网轻而易举地更新为“键对键”，但教育的内容具有不可替代性，教学形式的更新要服务于教学内容的强化，绝不能将教学内容削减。于是，基于网络开展的线上教育教学活动应牢牢把握“内容为王”原则，用新媒体新技术新形式强化内容，让教育内容的传递效率变得更高、效果变得更好。在此基础上，教育工作者还要多措并举地运用互联网手段对教学内容进行升级和优化，开发出更多线上示范课程、精品案例等，从而为学生提供更多更好的教育内容。

2. 探索“众筹众创”的工作方法

互联网传播的显著特点是自由自在、无边无际、随时随地、人人可参与，这为教育的多样化提供了更多可能。传统的教学过程中，教师、教材和教学都是相对不变的，学生要遵照教学计划的安排接受指定的课堂教学活动。在互联网的线上课堂中，教学的全部要素都会发生全方位的重塑，教育的主体、资源和过程都将具有流动性和可选择性，学生可以实时进行选择或切换。面对这一新形势新挑战，教育主体或教育者应更新观念，特别是要摒除固有的机制壁垒或传统思维，打破原有的教室围墙、班级围墙、教学团队围墙，充分发挥自身优势，提升教学吸引力。同时，教育主管部门或高校也要建立“众筹众创”的育人理念，树立“英雄不问出处”观念，广泛调动各类教育资源和手段，让各方面优势力量充分参与到流动的教学环境中，集合各方优势，共同打造优质教育内容。

3. 实施“用户至上”的目标导向

教育要注重“因材施教”，所谓“材”就是受教育者，他们的感受和体验是教育目标所在。在传统的教育过程中，受到教育模式、条件和环境等方面制约，很难实现完全的、真正的、彻底的“因材施教”。然而，随着互联网线上教育的高速发展，网络育人空间的高度开放性为教育的多样化、个性化、精准化提供了无尽可能。基于这一新特点，教育者应充分运用互联网传播的优势，融合组织化、市场化和互联网等思维方法，将传统教育过程中“单向、组织化、点对面”的矢量传递转化为互联网新型教育的“多向、市场化、点对点”的多维传播，真正提升学生的主体性、参与感，实现精准教育、定制教育和个性教育，为“因材施教”提供互联网时代的育人新方案。

提升自身实力，绘制发展蓝图

运用互联网新媒体开展教育，不是简单的教育形式和内容的网络化，而是要解决教育工作者的线上本领恐慌，从而实现线上线下交融互动，推动线上教育的“供给侧改革”。在近年来高校的具体实践中，有四项探索值得关注、研究和推广。

1. 打造网上形象代言人

实施网络育人，首先应塑造一名学生亲近、喜爱的网络小伙伴。近年来，许多高校设计和打造了具有学校特色、符合学生期待的网络形象代言人，让其用生动可爱的形象和幽默走心的语言在网络平台上开展正能量宣传教育。例如福建师范大学“小葵”、北京科技大学“小博士”等，不仅精心设计了卡通形象，而且推出了动画片、连载动漫、脱口秀等一系列网络栏目，成为校园中的一枚呆萌网红，赢得了学生的广泛好评。高校在开展新媒体网络育人时，可以让卡通代言人妙趣横生地宣讲主旋律内容，发挥事半功倍的教育效果。

2. 建设新媒体创作厨房

网络育人的关键在于优质内容的生产。随着中央全媒体建设的不断深入，高校新媒体工作机制也在不断创新，很多高校都建设了由学校主导、学生参与、开放灵活的新媒体创作厨房。新媒体厨房采取全新的组织管理模式，一般由学校有关部门负责顶层指导和经费、场地、设备等保障，聘请有专长、有兴趣的师生代表加入其中，一方面按照媒体创作的全流程组建形成材料集成、产品创作、渠道运营、传播营销等常设团队，另一方面根据栏目品牌灵活地组建项目团队，如“一张图工作室”“网络直播加油站”“H5 多媒体工作坊”等。此外，新媒体厨房十分注重与校外资源特别是社会企业的全方位合作，旨在携手打造新产品。

3. 凝聚校园自媒体力量

网络育人是一项系统工程，学生既是受教育主体，也是内容生产者和信息传播者。近年来，随着互联网新技术的日益普及，校园中的自媒体格局发生着深刻变革，每一名学生都可以在网络发声，甚至成为影响校园网络舆论走向的“网红达人”。许多高校开始主动凝聚学生自有媒体，构建形成校园新媒体矩阵，组织、动员、引领学生创作彰显青年特点的主流产品，自有媒体与主流媒体的关联度越发紧密，逐渐形成聚合引领效应。例如，有的高校设置了“我为社会主义核心价值观代言”话题，迅速引发校园自媒体的积极参与、热情响应和二次创作，原创短文、图片、视频、表情包等产品让话题不断翻炒，网络舆论环境发挥出强大的育人效果。

4. 引进前沿新技术手段

新媒体网络育人的一个重要特点就是“新”。开展网络教育，应紧跟互联网新媒体新技术的快速迭代，快速捕捉和应用新标签、新载体和新形态。例如，有的高校运用“网综”新业态，创作开发了校园教育主题栏目，打造了网红主播，为学生线上解答学习生活中的困惑和问题。再如，有的高校运用 VR 技术探索全景交互育人，让学习者在网络上真实感受指定场景并进行交互，让学生身临其境地接受教育。又如，有的高校运用直播技术建设教育直播间，将大学生投身社会开展基层观察和民生体验的过程进行全网的实时直播，让学生和网友在实践过程中交流互动，引发育人共鸣。

（2019 年立项项目　撰稿人：杜嘉庆）

以中华优秀传统文化为特色的校园文化建设

高校校园文化作为社会文化的重要组成部分，对推进高等教育改革、加强和改进大学生思想政治教育、促进大学生全面发展和建设社会主义和谐校园，都具有十分重要的作用。党的十八大以来，以习近平总书记为核心的党中央高度重视文化建设特别是传统文化建设，习总书记指出中华优秀传统文化是中华民族的文化根脉，其蕴含的思想观念、人文精神、道德规范，不仅是我们中国人思想和精神的内核，对解决人类问题也有重要价值。项目启动以来，天津学院围绕立德树人的根本任务，坚持以社会主义核心价值体系引领校园文化建设，积极探索大学生思政工作新途径与新方法，全面提高我院学生思想政治素质，教育和引导广大学生树立正确的世界观、人生观、价值观。

全面贯彻党的教育方针，围绕立德树人根本任务，以学习中华优秀传统文化和践行优秀传统美德为重点，加强以文化人、以文育人力度，拓宽思想政治教育新思路、新方法，引导青年学生坚定“四个自信”，自觉践行社会主义核心价值观，为新时代中华优秀传统文化的继承和发展，培养德智体美劳全面发展的社会主义建设者和接班人贡献力量。

多渠道推广传统文化，让文化伴生活、促成长

中华文明绵延数千年，有其独特的价值体系。中华传统文化内容更是不计可数，为了加深在校师生对优秀传统文化的理解与认识，学院广泛利用“微信公众号”“微博”等网络新媒体和校园橱窗、电子屏等传统宣传载体宣传系列中华优秀传统文化。在校园内营造氛围，大力弘扬社会主义核心价值观以及讲孝道、守诚信、崇正义等核心思想理念，让中华传统优

秀文化在身边、伴生活、促成长。

抓住课堂主渠道，融入教育全过程

学院将中华优秀传统文化课程纳入到课程体系，先后开设《茶文化》《中国古代服饰文化》《珠宝玉石鉴赏》《民族音乐欣赏与基本功训练》等公共选修课，定期邀请民间艺术家、非物质文化遗产传承人、民间艺人等到校开展专题讲座，并实行学分化管理。同时深入挖掘专业课程中的传统文化因素，并融入到课堂教学中，如在土木工程专业课程中融入中国古代建筑文化，在视觉传达设计专业课程中融入陶瓷文化，在环境设计专业中融入中国古代园林设计等，不断将中华优秀传统文化纳入教育教学全过程。学院目前已经成立传统文化研究院，进一步加强中华优秀传统文化教育研究，积极探索新时代背景下中华优秀传统文化传承创新的理念与路径。

开展文化艺术节，打造优秀品牌项目

1. 话孝风，促学风。深入班级持续开展“爱要大声说出来”孝道教育主题班会

目前在高校开展的文化建设活动普遍存在参与度不高、积极性不足的缺点，活动效果较差，为解决以上出现的问题，加大对学生传统文化的教育，加深传统文化在学生群体中的影响，学院依托学生组织“孝心社”，在全院范围内开展“爱要大声说出来”孝道教育主题班会，主题教育班会以班级为单位，由学院孝心总社牵头，协同各院系分社、班级孝心小组，开展主题教育班会。在每学年上学期针对大学一年级新生开展，在学年下学期针对大学三年级学生开展，做到教育全覆盖、活动全覆盖，以学生自述、体验和互动为主要形式开展孝道教育，以孝道教育促学风建设，在2018—2019年度，共开展123场主题班会。通过开展“爱要大声说出来”孝道教育主题班会，有效培养了学生的感恩意识，同时开创了“孝道教育促学风建设”思想政治教育新思路，切实在学风建设方面做出了突出贡献。同时，通过活动的开展，改善了人际关系，促进了人际关系和谐，在学院内营造了团结友善、和谐安定的特色校园氛围。

2. 话佳节，品传统。开展端午节、重阳节、中秋节传统节日主题活动

端午节、重阳节、中秋节是中国传统节日，也是中华民族独具特色的文化载体。为加深学生对中国传统节日的认识，了解传统节日的民俗、文化，让学生在文化大繁荣的今天仍然能牢记传统、体味文化。学院在端午节、重阳节、中秋节都开展了传统节日主题活动，通过活动的开展，让学生了解到了节日的来历、节日民俗、节日含义，让学生充分认识到了传统节日以及传统文化的魅力，增添了学生内心深处的自信和自豪。

3. 讲传承，品经典。开展“曲艺非遗艺术试听分享”讲座

曲艺，是中华传统优秀文化的组成，更是艺术瑰宝。当下时代，流行文化、电音文化、快餐文化充斥着文化市场，更多的年轻人追求潮流，缺少对传统曲艺的了解和认知，为提高学生对传统曲艺的认识，学院邀请天津市曲艺团张晓琥老师到校开展主题为“曲艺非遗艺术试听分享”的讲座。讲座以历史发展为时间线，详细讲述了天津曲艺的发展历程，并讲述了它们的传承人以及他们的故事，让学生进一步了解和认识了天津曲艺。

4. 观演出，赏曲艺。举办天津市曲艺团走进北京科技大学天津学院专场演出

天津是曲艺生长和繁衍发展的沃土，更是名副其实的曲艺之乡，曲艺作为天津特有的市民文化，不断繁衍发展，融入民风，形成对曲艺绵延不断的情愫。为了让在校大学生不出校门就能切切实实感受到天津曲艺文化，感受民俗经典，天津市曲艺团特走进我院开展专场演出，各位天津时调、天津快板、京韵大鼓、相声、评书、单弦的演出名家为在场学生带来精彩演出。此次传统艺术演出进校园，让学生在校园内就观赏到了精彩的演出，感受到了传统曲艺所具有的魅力和特色，激发了学生对曲艺、传统文化的热爱，为传统文化的传播做出了贡献。

探索实践创新，打造“三结合”

习近平总书记指出，中华优秀传统文化是中华民族的精神命脉，是涵养社会主义核心价值观的重要源泉。一个民族的复兴需要强大的物质力量，也需要强大的精神力量。要旗帜鲜明加强思想政治教育、品德教育，加强社会主义核心价值观教育。我院积极开拓思想政治教育新方法、新路径、新形式，将传统文化教育和思想政治教育相结合，在创新中探索，在探索中实践，在实践中创新。

（一）将孝道教育和学风建设相结合，在创新中探索

学生践行孝道的过程，就是接受道德教育的过程。通过开展孝道文化教育活动，打造良好的校园文化氛围，以学生自我教育和同伴教育的方式，倡导学生用优异的成绩回报父母、回报社会，有效提升大学生内在学习动力，引导学生树立良好学习目标和正确的学习态度，提升了学院整体学习氛围，学校教育教学成绩显著提高。

（二）将优秀传统文化教育活动和思想政治教育相结合，在探索中实践

传统文化系列活动体现的是中华民族优秀传统文化的精髓与魅力，爱国教育、诚信教育、孝道教育等都和社会主义价值观内容息息相关。对传统文化内容的传承与发扬也在帮助与引导学生树立爱国、敬业、奉献、和谐的价值观。同时，积极发掘在实践中涌现的先进个人和先进事迹，以先进为榜样、以优秀为楷模，不断探索育人新方法、新路径。

（三）将理论学习和具体实践相结合，在实践中创新

传统文化的继承与发扬彰显着中华优秀传统文化的魅力，学生品味传统文化、学习传统文化丰富了当代大学生的认知，同时将所学所悟运用到实践，充分发挥出传统文化教育的作用。学院积极组织以弘扬中华优秀传统文化为主题的各类实践活动，不断积累和总结工作经验，创新方式方法，将优秀的经验和学院实际情况相结合，充分调动学生党员、学生干部的积极性，让学生更加积极主动地投入到整个文化建设当中。

下一阶段，天津学院将会继续坚持以习近平新时代中国特色社会主义思想为指导，继续贯彻落实习近平总书记关于传统文化的指示，坚持以立德树人为根本，不断创新方式方法，将传统文化建设和人才培养相结合，加大品牌活动、品牌项目的建设，全面提高我院学生思想政治素质。

（2018 年立项项目　撰稿人：叶振楠）

一流学科文化建设之“顶天立地”材料强国梦精神的凝聚与传承

2008年12月，学校为增强承担国家重大项目的能力，促进产学研的合作和科技成果快速转化，拓宽新学科发展方向，成立新材料技术研究院。十余年来，一代新材师生志存高远，以铁肩担道义的爱国情怀、以铸就新时代国家脊梁的科学家精神、以攻破“卡脖子”实现“中国制造2025”的大国工匠梦，解决一个个科技难题。我们诠释这种追求卓越的“顶天”精神就是在基础研究方面做出世界级水平的科研成绩，其标志是在《Nature》、《Science》这些顶尖学术期刊发表，代表北科大材料学科的最新科研成果；另外“立地”精神就是要服务于国民经济和行业发展重大需求，其标志就是要承揽国家重大项目和取得国家级科技成果，促进科研成果转化落地。

“其作始也简，其将毕也必巨。”十年磨一剑、十年铸辉煌，十年的埋头奋斗和不懈努力凝聚出了具有新材院特色的“顶天立地”材料强国梦精神。这种精神是团结新材师生不断攀登科研领域学术高峰、不断补齐国民经济发展短板的内在驱动力；这种精神是激励新材师生再创下一个十年辉煌、为“一带一路”“中国名片”“2025先进制造”“海洋战略”“互联网+”等国家重大科技和经济发展需求贡献“材料力量”的底气。

我们将新材院十年来凝聚的这种“顶天立地”材料强国梦精神实质不断完善和传承，并通过打造“百名师生宣讲团”、打造“追这样的星！”主题党团日活动、制作原创歌曲《为梦想启航》等不断内化动力，完善新材奋斗精神的外在载体，从而形成一系列与新材院发展改革同频共振的文化建设品牌。

搭建顶层设计，铸就材苑文化精神内涵

习总书记曾指出：要充分发挥党和国家功勋荣誉表彰的精神引领、典型示范作用，推动全社会形成见贤思齐、崇尚英雄、争做先锋的良好氛围。

新材院党委统筹设计，通过组建“百名师士宣讲团”和打造“追这样的星！”主题党团日活动，以生动的表现形式，接力讲好100个“顶天立地”材料强国梦、新材师生科研奋斗故事，并融入党支部立项和党团班建设的规定动作，铸就新材院“顶天立地”材料强国梦文化精神内涵，发挥文化育人实效。活动启动以来，各教师、学生党支部广泛开展形式多样的活动，做到活动全覆盖。截至目前组建宣讲团师生27人，举办活动20余场，讲述学习榜样、科研学术大师、材料名家等16人次。自活动实施以来，研究院师生精神风貌和模范引领作用不断增强，逐渐形成了具有特色的承载“德育元素”的“科研与文化育人”工作案例集，成为我院“科研与文化育人”工作的创新做法。宣传这个群体在新思想引领新时代、新征程呼唤新作为的体现，也是研究院一直以来发挥学生三自教育的组成部分，将主题教育从说教式向启发式、单向式向互动式、灌输式向体验式不断升级。

原创特色文化，打造立体式文化育人品牌

充分挖掘和凝练“顶天立地”材料强国梦精神的特色承载符号，打造有研究院特色的文化育人品牌，是本项目建设的重点。新材院作为国际公认的中国名列前茅的材料科学与领域研究单位，其成立十年来取得行业瞩目的成绩，奋斗不止的新材师生在这种精神激励下，书写了砥砺奋进、爱国强国的精神追求。此项目建设期间，研究院组织人力创作出一首反映新材师生拼搏创新精神的歌曲，这首有鲜明特色的《为梦想起航》由新材院一名硕士毕业生填词、一名青年教师谱曲，通过感人情怀的旋律诠释出“顶天立地”材料强国梦精神的载体和符号。

娓娓摇篮曲，厚厚育人篇。目前歌曲已经录制完毕并在2019年12月

毕业生晚会上由2020届毕业生首次展演，以这种饱含感情的方式为即将启航的毕业生壮行送别，把新材院“顶天立地”强国梦精神一代代传承下去、一届届毕业生传唱出去。

同时，在新材院全球唯一一座以“腐蚀”命名的大楼一层，打造具有文化育人元素的“水杉阁”景观，将历届新材院毕业生合影姓名墙、企业和校友捐助纪念牌、创新创业咖啡角、国际学术交流宣传窗等一体化的浸入式文化育人场所，将“顶天立地”材料强国梦精神的最高成果、人才培养的历年积累、国家学术交流最新动态，集成于此，打造新材院文化育人实体平台。

以文化人，助推一流学科建设

新材师生以讲述科研奋斗故事，宣传这个群体在新思想引领新时代、新征程呼唤新作为的体现，不断将主题教育从说教式向启发式、单向式向互动式、灌输式向体验式不断升级，研究院不断取得“顶天立地”材料强国梦研究成果。谢建新院士团队立足重大需求，积极承担国家重大课题，获中国重燃集团重点课题1.76亿元，创学校科研项目历史新高，该项目团队被科技部评为“项目执行优秀团队”；曲选辉教授团队始终坚守报国初心，为国仗剑，面对“一带一路”倡议、“中国制造2025”等国家重大需求，该团队励精图治，攻坚克难，专注于高精尖先进材料的开发与研究，所研制的多种材料体系的多个产品已在国防军工和民用领域获得成功应用，打破了国外技术封锁，助力和推动了我国粉末冶金产业的形成和发展，荣获“2019年国家技术发明二等奖”；张深根教授团队承担的再生航空铝合金中试项目顺利通过波音公司验收，波音公司充分肯定了项目取得的成果，高度评价了张深根教授团队在航空铝合金保级循环利用领域的贡献，表示进一步加强合作，共同推进产业化应用，负责的项目荣获“2018年国家技术发明二等奖”；李晓刚教授和骆鸿教授科研团队在高强韧耐蚀金属材料研究方面取得重大进展，国际著名学术期刊 *Nature Communications* 以“A strong and ductile medium-entropy alloy resists hydrogen embrittlement and corrosion”为题在线报道了这一重要研究进展，这也是该期刊近年来为数不多报道耐蚀金属材料类的研究论文。此外，成立十年来，谢建新教授当选中国工程院院士，张达威教授当选国际腐蚀工程师协会（NACE International）亚太区主席，刘新华教授入选国家杰出青年，秦明礼教授入选“万人计划”科技创新领军人才，白洋教授入选“万人计划”青年拔尖人才，路新教授入选国家优秀青年；同时，李晓刚教授获得北京市“师德榜样”和“优秀老师”称号，曲选辉和董超芳教授分别获得北京市“优秀教育工作者”和“优秀共产党员”称号。还涌现了其他不同层次的青年优秀人才，如张达威、付华栋获北京市科技新星，刘永畅入选国家托举计划，同时张林兴由于业绩突出，被学校破格晋升教授职务，成为学校最年轻的教授。

新材院在党委领导下，注重文化建设，以讲好材院故事为始终，以材院文化为内涵，不断瞄准新材料技术发展前沿，面向国民经济发展和国防现代化重大需求，加大力度攻关科技成果应用和产业化，培养造就了国内外顶尖人才，助推“顶天立地”材料一流学科建设。

（2019 年立项项目　撰稿人：李芊）

弘扬传统文化新平台

党的十八大以来，习近平总书记就传承弘扬中华传统文化发表了一系列重要讲话，深刻阐述了中华优秀传统文化的地位作用、价值意义、基本内涵和传承弘扬的原则要求，提出一系列新思想新观点新论断。在全国高校思政工作会议上强调注重以文化人、以文育人，广泛开展文明校园创建，开展形式多样、健康向上、格调高雅的校园文化活动，广泛开展各类社会实践。要运用新媒体新技术使工作活起来，推动思想政治工作传统优势同信息技术高度融合，增强时代感和吸引力。结合学生需求、专业特点、学院育人体系等因素，遵循教育规律，搭建了新媒体、实践创新、志愿服务、思想教育四个平台，将传统文化教育生活化、社会化、主题化，尽量做到让学生在体验中受教育。

搭建思政教育平台，将传统文化教育主题化

抓住历史节点，开展纪念教育活动。为纪念长征胜利八十周年，组织全院党员和积极分子学生开展“荧光夜跑”活动，近千名学生走下网络、走出宿舍、走进操场，并得到中国青年、凤凰网等多家媒体的报道。循着长征的精神轨迹，致敬长征峥嵘岁月，组织2016级新生自编自演的话剧《重走长征路》，在新生文艺晚会中深得全校师生的好评。精心设计了一套以社会主义核心价值观为主题的卡贴，教育活动以集齐全套卡片为目标，学生需要通过践行社会主义核心价值观的具体行为行动来换取卡贴，集齐全套卡片的学生可领取Kindle，倡导学生读经典书籍，也涌现出了至善至孝和见义勇为的典型人物。结合主题团日活动，将相声、茶艺、剪纸等传统文化项目带入学生生活，既满足学生不同的兴趣，又实现了文化育人的

整体目标。机翔知识竞赛，20余年的学院精品活动，在因事而化、因时而进、因势而新的同时，一直保留着传统文化内容，将传统文化教育贯穿始终。

搭建志愿服务平台，将传统文化教育社会化

紧密依托系所专业特点，充分发挥视觉传达和工业设计的专业优势，积极推动校企合作，将企业的产品包装设计和学生的专业课程有机结合，不仅增强了学生的专业兴趣，更为企业宣传做出了服务，如传统老字号稻香村，学生为其设计多款具有传统文化色彩的礼盒包装，并部分已得到企业采用，同时在学院进行了多家传统老字号商品包装的展示。陶瓷艺术在中国发源年代久远，样貌繁多，在世界历史上中国的陶瓷艺术一直是具有相当的代表性，充分发挥陶艺实验室作用，每年小学期向来自全国各省市地区科学营的学生开放，2016年接纳200余人。开创天使嫣然服务基地，为其提供专业服务，并设计多个具有传统文化色彩的接待室。做好社会服务，同时将传统文化教育社会化。

搭建新媒体平台，将传统文化教育生活化

随着信息技术的飞速发展，“互联网＋新媒体”已成为年轻一代日常生活必需品，青年学生浸泡在媒体空间的时间越来越长，运用新媒体技术对学生进行传统文化教育是必需而又切实可行的新途径。运用“北科机械学子”“北科机械学生会”两个微信平台，在传统文化节日，如端午节、中秋节等，向学生普及相关传统文化知识和典型历史人物。邀请校内外师长推荐书目、整理书单、形成书库，在微信平台上进行公布宣传，学生根据兴趣爱好自行阅读，阅读后形成读书心得，包括图书概述、本篇文章、推荐理由等，从而丰富学生的课外阅读量，引导学生形成爱读书、好读书、读好书的习惯，促进知识更新、思维活跃、素质提高。继续推进“心随影动”电影播放活动，定期为学生播放与历史和传统文化相关的主题电

影，在满足学生多元化需求的同时，进行传统文化教育，减少外国电影里西方文化的侵蚀。传统文化，只有跟上时代的节奏才能被赋予不朽的生命力，只有开启“新媒体”模式才能释放出不竭的推动力。

搭建实践创新平台，将传统文化教育体验化

在社会实践的选题方面一直有向探索传统文化精神内核方向的良性引导，社会实践团队针对相应的实践内容也展现出了惊人的探索能力和理解深度，组建了关于成都地区蜀锦、夹江竹纸文化、宛梆、蜀绣、满族民俗、川剧变脸、传统面塑等 7 个中国传统文化项目实践团，学生结合自身经历和兴趣爱好，对不同的传统文化开展了调查。全面发动学生，以中华民族传统文化为载体，以镜头为工具，对部分中华民族传统文化的过去、现在和未来的发展进行真实的记录和深入的刻画。最终通过剪辑和修饰制作成微电影 2 部，加强人们对于传统文化的保护意识和爱国主义精神。学校校庆之际，组织全院学生结合传统文化元素，设计出剪纸、书法等传统文化作品，同时通过线上投票方式，让每名同学在感受节日气氛的同时，受到校园文化和传统文化的双重教育，并制作成视频 1 部，展出 1 场。

中国优秀传统文化是中华民族语言习惯、文化传统、思想观念、情感认同的集中体现，凝聚着中华民族普遍认同和广泛接受的道德规范、思想品格和价值取向，课题立项以来，通过搭建平台开展的一系列相关活动，学生对于传统文化的了解更加深入，并产生了浓厚的兴趣，对引导广大同学树立践行社会主义核心价值观、坚定中国特色社会主义理想信念具有一定影响。

（2016 年立项项目　撰稿人：于宝库）

第二章

求实溯源

经济管理学院院史文化研究

党的十九大报告中指出，“文化兴国运兴，文化强民族强。没有高度的文化自信，没有文化的繁荣兴盛，就没有中华民族伟大复兴。”全面建成社会主义现代化强国的宏伟目标，包含着建设文化强国的战略任务。校史文化是高等学校历史传统的积淀、大学精神的承载、文化内涵的映照，是广大师生教学育人、科研服务等工作长期实践和创造的综合展现。研究、构建、弘扬校史文化顺应党的十九大建设社会主义文化强国的要求，作为北京科技大学的二级单位，东凌经济管理学院即将迎来 40 周年院庆，梳理总结学院历史，对于加强学院内涵发展、总结学院教育发展规律，提炼学院文化具有积极的现实意义。

校园文化从古至今都发挥着极其重要的作用，自觉和不自觉地在各个历史时期影响着生活在校园文化中的“人”的发展。中国古代就有教育大家孔子“弟子三千,七十二贤”，而这种文化的传承对于中华民族文化的繁衍有着至关重要的作用。

“校园文化”的概念在国内提出是在 20 世纪 90 年代。1984 年，华东师范大学开始实施“‘华夏之光’校园文化艺术节”，1986 年“校园文化”开始成为学界关心的热点话题。2004 年，教育部和共青团中央联合颁布了《关于加强和改进高等学校校园文化建设的意见》，校园文化建设开始进入了繁荣发展的阶段。

各高校均高度重视校园文化的收集整理工作，从物质文化、精神文化和制度文化方面着手，校史编纂工作作为校园文化传承工作的重要载体，校史研究具有连续性、动态性的特点，在注重传承，分享学校精神的同时，对校园文化进行了有机整合。近 10 多年来，校史馆如雨后春笋般涌现，近年来许多学院也纷纷设立院史展，在校园文化中发挥着独特的积极作用。

校园文化是学校发展的灵魂，是凝聚人心、展示学校形象的重要载体。校园文化包括显性文化和隐性文化，显性文化包括物质环境，如校园场地布置、校园活动仪式等。隐性文化包括教风、学风、校风、班风、人际关系等。院史资料是一个学院独有的文化资源与信息资源，从院史文化档案形式而言，包括文件、资料、报表等纸质档案，也包括照片、视频、宣传片等声像档案，以及院徽、院楼、景观及吉祥物等实物档案，同时也包括院训、传统等长期积淀形成的学院精神和学院思想，不断影响和激励学院师生不断努力，砥砺前行。

寻找发展之根　表达院史精神　共创院史文化

2021年，东凌经济管理学院即将迎来建院40周年，站在新的发展时点，立足国际认证的需求，学院有必要总结梳理学院40年来的改革发展和辉煌成绩，按照“寻根—表达—共创”的工作原则，2018年学院启动了院史文化整理研究工作。

1. 找寻经管学院发展之根

学院文化是经过长期发展积淀而形成共识的一种价值体系，也是学院办学精神与环境氛围的集中体现。经管学院的前身是1954年的“企业经济与组织教研室”，1981年3月成立管理科学系，1993年成立管理学院，2006年更名为经济管理学院，2011年冠名为东凌经济管理学院，经过37年的发展，已经成为具有一定规模和影响力的经济管理学院。通过多次与学校档案馆沟通，在档案馆查阅了相关纸质和电子档案，找到了学院名称变更的所有原始文件。通过查阅院庆30周年收集的老照片，同时整理近10年的照片，与老教师座谈交流，大致梳理出学院发展史的关键时点照片，对每张照片的内容信息进行了标注。

2. 表达经管学院院史精神

学院领导高度重视院史文化的收集整理工作，对于院史展提出了宝贵意见建议，院长外出开会时还专门拍摄了浙江大学、哈尔滨工业大学的院史展照片。在校内学院工作组走访了校史馆、团委展览、自动化院史馆，吸收借鉴校内外兄弟学院的好经验和好做法。在展览场地选择和布展内容上，工作组力求精益求精，从几百幅照片中前后四次筛选，根据学院发展、教学科研活动、学生活动和国际合作交流四个板块，共选出了50余幅具有代表性的学院发展照片，按照简洁大气的布展原则，在经管楼一层西侧大厅进行展示。一年来，国际认证专家、离退休老教师、学院新生参观后均给予高度评价。

3. 共创经管学院院史文化

随着学院的不断发展壮大，经管学院深感挖掘学院文化的重要性。展望未来，今天终将成为历史。以史为鉴，更应做好今天的院史整理保存工作。2018年6月，学院整理了收集档案的专门模板，针对大事记、重要事件、文件等面向所有行政办公室收集档案，每半年收集一次，由学院图书馆负责保存，由专人进行整理汇编。目前此项工作已进行了两次。2019年4月25日，在北科大建校67周年之际，教师院办党支部组织全体行政人员前往校史馆参观，深入学习学校的校史校情，深刻领会学校的办学思路、优良传统和校训精神，进一步增强教职工对学校的认同感、归属感、自豪感。

2019年6月13日，教师院办党支部组织行政人员参加“档案记忆，逐梦北科”档案馆开放日活动。老师们通过走进档案馆和体验各类档案服务，近距离感受到了档案文化的独特魅力。在讲解员的带领下，大家认真观看和聆听了有关档案政策、档案知识和档案工作的介绍。让参与活动的老师进一步了解档案，全面认知档案的重要性。大家纷纷表示，此次活动不仅是一次了解档案管理、感受档案文化的参观学习之旅，更是一次回顾学校历史，牢记初心的使命之旅。活动结束后，老师们纷纷表示，将立足岗位进一步协助做好档案的收集和上报工作，为学校、学院的发展献计献力。

完成院史展览　期待未来奋进

一方面，为期一年的文化建设项目暂告一段落，东凌经济管理学院制作完成了院史展，制定了定期收集整理档案的制度。但另一方面，学院的档案收集整理工作才刚刚拉开序幕。院史整理工作的深度广度还有待进一步加强，亟待组建工作小组开展专项工作。与此同时，建系的第一代经管人普遍已是 80 岁以上高龄的现状，整理挖掘经管学院文化时间有限，对于新一代经管人而言显得更为迫切。下一阶段，学院将立足年鉴大事记、口述历史的院史整理工作，访谈有代表性的老教师和校友代表，收集经管学院老照片，向广大师生讲好经管故事，凝聚经管共识，激励经管人不断奋进！

参考文献

[1] 曹青 . 校史资料的挖掘、整理与利用 [J] . 北京教育学院学报，2009（6）: 63—65.

[2] 石新成 . 校史与高校校园文化建设研究 [J]. 工作指导,2016(12): 191—192.

[3] 王向田，冯茵，田芊 . 浅谈清华校史工作中口述史的开展 [J] . 中国科技史杂志，2009（3）: 287—292.

[4] 杭心仪 . 浅谈中国高校校史编写的现状及问题 [J] . 文学教育，2019（5）: 134—135.

[5] 欧阳康 . 大学校园文化建设的价值取向 [J] . 高等教育研究，2008（8）: 5—10.

（2018 年立项项目　撰稿人：温雅）

研读经典新生读书会

“理想的书籍是人类进步的阶梯。”为进一步促进研究生培养建设，增强学生自身专业素质和职业能力，营造一个读书学习、以书会友、相互借鉴、不断创新、增长知识的良好学术氛围，马克思主义学院自2014年以来开展研读经典新生读书会活动，在不断加强研究生对阅读的理解的同时，积极鼓励学生自主学习，培养阅读兴趣。学生在日常学习生活中展现出了更大的热情，提高了研究生新生的思想觉悟和文化底蕴，有力地促进了和谐集体的建设，取得了较好的效果。

前期宣传营造读书氛围

学院坚持每两周召开一次读书会，由学院研究生会承办，参与对象覆盖全部研究生新生，并积极邀请辅导员及专业任课老师前来聆听指导。前期宣传动员工作中，充分利用社交媒体及网络资源，在学院网站、微信平台公众号上及时发布读书会信息，保证信息覆盖率，扩大宣传。开展研读经典读书会的目的旨在促进良好的学风的形成，激发学生读书兴趣，在全院营造浓厚的读书氛围。

阅读书籍围绕经典著作

“立身以立学为先，立学以读书为本”，作为人文社科类专业研究生，更应该注重自身对于经典著作及专业书籍的掌握和理解。学院根据专业要求及学生情况，制定了研究生阶段推荐书目，包括马克思主义著作及国内外文学著作，鼓励学生形成爱读书、读好书的学习目标，提高专业教育质量，促进学生的全面发展。

组织工作加强监督引导

研读经典新生读书会设立专门领导小组，组织开展活动。读书会开展中，注意资料收集及信息保存，随机抽取本次主讲人，并且定期检查所有同学的读书笔记及出勤情况，对读书会成果加以督促。保证大家的读书时间及质量，将研读经典活动落实到实处，并对在活动中表现出色的个人给予奖励，确保此次活动取得实效。

充实资源，方便阅读

为激励学生阅读，在学院特意开辟出一块读书角，存放书籍，全院师生可随时登记借阅，方便师生阅读。并且根据学生需求，学院出资采购了一批专业老师推荐或学生热爱阅读的图书，充实了读书角的图书资源，提高了学生的阅读兴趣，节约了师生阅读成本。目前读书角书籍已达 200 余本，师生借阅人数多，借阅频次较高，反响较好。

根据我院专业特色，长期以来坚持订阅相关党政期刊杂志供师生阅读，在学院一层及二层会议室内均放置有报纸杂志书架，期刊种类共计 30 余种，大大方便了我院师生对专业热点问题的获取和了解。

开展活动，推动阅读

研读经典读书会活动形式丰富多彩，采取以自学为主，以集中学习为辅的方式进行，鼓励同学们做好笔记、撰写心得体会，并要求各宿舍、各班级积极在读书会间隙开展集体交流。除集体交流、笔记、心得外，还邀请专家结合读书主题为全院研究生做讲座，组织相关人员下基层开展调研活动，开展征文活动，增强了研读经典新生读书会的吸引力，营造了人人、时时、处处读书学习的良好氛围，收到了良好的效果。

每次读书会挑选一名主持人控制整个活动流程，安排3—4名主讲人汇报所读书目的基本情况和个人感悟，可采取多种形式汇报，每人用时10—15分钟，之后大家进行自由发言，就刚刚主讲人的汇报内容进行提问或讨论，活动最后由辅导员或专业老师进行总结。每次活动用时1.5小时左右，每两周召开一次读书会，固定活动时间及基本形式。

除了坚持每两周开展一次读书会，我院将读书活动与学院日常工作相结合，渗透到教育教学的各个方面，达到润物细无声的效果。在读书会基础上，我院开展中国精神寻访、研究生授课比赛等一系列活动，将书本知识付诸实践中，让学生学以致用，提高认识。

建章立制，保障阅读

列举读书会推荐阅读书目，在参考其他知名高校的推荐阅读书目，并征求马克思主义学院教师意见的基础上，汇总、筛选、编辑而成。在阅读范围上，除马恩全集、选集等著作外，结合学生实际，集体购买了与专业相关的书籍，并鼓励学生积极选择其他健康向上的各类书籍作为补充。同学们可根据自己的兴趣自行选读，相关学科经典著作要求每人至少阅读3—5本。

建立研读经典读书指导制度，落实读书内容要求，制定读书计划和方案。为了保证读书时间，养成读好书的优良习惯，要求每人每周必须保证不少于四小时的读书时间，并倡导学生推荐和自行交流阅读书籍，使学生在有限的时间里尽量多读一些好书，争取读精、读细，充分发挥读书活动提高学生素质的积极作用。

深化交流，实现共进

开展研读经典新生读书会，将“读书”与“经典著作”紧密结合，通过阅读主题及相关活动学生学到知识，得到锻炼，增长才干，我院也完善了读书活动的内容和形式。目前为止，2014—2015 学年共召开读书会 8 场，汇报人达 28 人次，保证了研究生新生每人分享或主持一次，全覆盖所有学生。其中，主题读书会开展 3 次，分别为：《图腾与禁忌》交流、“我心目中的学术经典”、“读哲学 悟生活”等专题，分享书目涉及文史哲等多学科领域。

读书会后，研究生会负责收集所有同学一年以来的读书笔记材料，评选优秀作品，进行奖励，并将部分作品推送到学院微信平台“北科大马院”进行宣传，将学生的读书心得与更多的人分享。目前，我院也正在积极联络公开（或内部）出版优秀读书笔记，深化后期成果，扩大活动影响。

活动开展以来也获得了校内外一致好评，具体来说，研读经典读书会的主要成效如下：

一是培养了学生良好的阅读习惯，提升了个人修养。通过研读经典读书活动的开展，对培养学生良好的阅读习惯，提升个人文化修养起到了重要作用。研究生新生通过读书会的形式对经典著作谈感想、谈认识、谈收获，使读书会有的放矢，起到了净化心灵、陶冶情操、丰富自我的作用。经过几次活动后，明显感觉到同学们的思想意识、学习热情、生活态度发生了转变，学习氛围变得更加浓厚，工作更加积极进取。

二是统一了思想认识，打下了专业学习的基础。通过有组织地阅读经典著作，目前已形成一定的读书风气，提高了学生对专业知识的理解和认识。阅读经典著作，学习前辈们的哲学思想，与伟大的哲人对话，把握某一思想产生的历史原因及思想精髓，有助于提高自身的理论修养，开拓理论事业，掌握正确世界观和思维方法。对于当前文科研究生来说，立足现实，联系现今世界社会发生的变化，理解经典著作中伟人思想的现实意义是我们应该关注的重点。通过研读经典读书会，学生对于经典著作进一步加深了理解，分析问题的思路越加清晰明了，表达能力及思维逻辑能力得到显著提高。

三是推动了和谐校园文化建设，促进了良好校风学风形成。与书相伴的人生，一定有质量，有生机；书香飘溢的校园，一定有内涵，有发展。研读经典新生读书会开展以来，对每个学生的健康成长起到了重要作用。

有的同学形成了早读、睡前读、课前读等习惯，读书慢慢成为了学生日常生活的一部分，课堂上专业老师也反映，学生上课纪律及积极性大大提高，并且研究生新生的基本专业知识的掌握程度有所提升。通过一系列活动，学生之间相互影响，自主意识与学习兴趣增强，推动了和谐校园文化建设，促进了良好校风学风的形成。

研读经典新生读书会活动的开展，起到了读书促学习，读书强素质，读书促成长的作用，形成了良好的读书氛围。“腹有诗书气自华”，相信读书会活动对每名学生的成长成才都会产生深远的意义，读书学习是一项长期、有效、文明、健康的教育活动，需要每一名师生的热情投入和积极奉献。今后，我院将进一步深入开展此类活动，培养学生良好的读书习惯，在全院形成人人读书的良好风气。

（2015 年立项项目　撰稿人：段晓芳）

发扬传统体育精神，共筑体育大国之梦

中华传统文化首先应该包括思想、文字、语言，之后是六艺，也就是：礼、乐、射、御、书、数，再后是生活富足之后衍生出来的书法、音乐、武术、曲艺、棋类、节日、民俗等。国务院发布的《关于加快发展体育产业促进体育消费的若干意见》标志着我国体育事业急需快步转型和提升，尤其在维持竞技体育强国目标的同时，更注重了提高民众健身意识，建设体育大国的战略思想。

中华传统文化，是中华文明成果根本的创造力，是民族历史上道德传承、各种文化思想及精神观念形态的总体。传统体育项目作为中华传统文化中的重要组成，是精神文明与物质文明的有机结合，与我们生活息息相关、紧密相连。发扬体育精神主要通过体育社团交流会、传统体育项目文化展演暨宣传活动、体育交流访谈三种活动形式，积极响应共青团中央、教育部、国家体育总局、全国学联联合倡导的“走下网络、走出宿舍、走向操场”的号召，推动传统体育在我校师生间的宣传与交流。

多种形式推进，普及体育知识

引导正确健身方式，让学校师生近距离接触和感受传统体育魅力，了解传统体育文化；提高校内师生体育锻炼意识，关注体育运动，并为学生体育社团搭建宣传平台，展示社团风采；加强学校传统体育活动的沟通与交流，形成合力，共享优势资源。

促进传统体育文化在学校的推广与交流。传统体育文化在互联网迅猛发展的时代逐渐被忽视，传统体育项目所吸引的受众群体偏向于老龄化，青年一代对于传统文化的缺失越来越严重，通过项目推广，让大家能近距离接触和感受到传统体育的魅力，了解传统体育文化。

建立传统体育文化交流平台。根据师生反响，及时梳理总结，让传统体育文化在我校落地开花，激活传统体育活力，为热爱传统体育项目的师生建立具有延续性、特色性的交流平台。

汇总项目材料。记录整理项目实施过程的信息；采编开展过程中的精彩剪影，借助新媒体渠道宣传我校传统体育文化活动；形成文字材料，发表关于传统体育文化的新闻报道、论文。

为了能够做好传统体育文化在学校的宣传落实，项目组在全校范围分步骤组织开展三项传统体育项目宣传推广活动。

开一次体育社团交流会

为了能够倾听来自学生团体对于传统体育活动在校园开展情况的真实感受，通过学校团委社团部取得各体育社团负责人的联系方式，由项目组成员与各社团负责人联系，确定会议时间地点、交流问题等详细事宜。9月25日中午，在体育馆1211会议室召开了体育社团交流会，这次交流会共有太祖拳协会、弓箭社、排球协会、轮滑社、棍舞双截棍协会等12个体育社团负责人参加。社团负责人首先进行自我介绍并陈述社团的发展现状，了解基本情况后针对体育社团在学校开展活动的状况和宣传等问题，大家在会上各抒己见，热烈讨论，提出所遇到的阻碍和困难。

办一场传统体育项目文化展演暨宣传活动

10月15日中午11：30—13：00，在体育馆五环广场组织举办了体育运动展演暨宣传活动。活动开展期间，各体育社团分别布置各自展位，用独特新颖的形式向大家展示社团风采，更有多个社团用节目表演的形式为大家带来了精彩的展示，太祖拳、棍舞双截棍、轮滑、国标舞协会纷纷登台，展演活动还邀请了我校离退休教工进行太极柔力球表演，让学校师生更全面立体地感受体育项目的魅力，获得现场师生阵阵掌声。过往师生纷纷到各体育社团展台前了解相关体育运动常识，感悟传统体育运动精神，交流和体验运动项目。

做一次体育推广访谈

为了能够促进传统体育运动在学校师生间的影响力和号召力，项目组邀请我校 2002 级校友张梓琳作为活动嘉宾进行访谈活动。访谈活动前期在网上召集现场观众，在一定范围内引起了较大关注和传播力量。访谈中嘉宾就体育运动带来的益处，如何适度合理运动，传统体育魅力等相关问题阐述自己的想法和观点，气氛热烈融洽，起到了积极良好的推动作用。访谈结束后有很多同学参与话题讨论，实现线上网络宣传与线下活动的高度结合。

交流活动对比传统体育项目社团发展现状

通过体育社团交流会的形式对传统体育项目在我校的普及开展进行学校学生的一次调查。在开展社团交流会过程当中共联络学生的体育社团十四个，不但有排球、网球、篮球等大众体育项目协会，也有太极拳、弓箭、棍舞双截棍协会等传统体育类项目协会，传统体育类项目协会在体育类社团当中占有一定的比例，并且发展趋势良好，会员活动组织有序，开展定期的培训表演等相关活动。通过与各协会负责人的交流，了解到各个协会目前运营现状及各协会所面临的主要矛盾和问题，大家集中反映的问题主要是社团经费不足、活动场地、学校对于体育类社团的关注和支持程度较弱等困难。传统体育项目社团在社团运营、成员活跃度等方面并没有太多阻碍和差别，因此不难看出传统体育项目在学校学生中发展稳定，有较好的学生基础。

建立传统体育项目交流展示平台

通过组织以“扬体育荣光，强贝壳体魄”为主题的传统体育展演与宣传活动，得到广大师生的认可与关注，社团同学对于平台的搭建给予了肯定，借助项目建立长期固定的展示平台，让传统体育精神在学校落地发芽，争取在3年内塑造有影响力、号召力的品牌活动，让更多的师生融入其中，切身感受传统体育魅力。

线上推广与线下活动有效衔接

我校体育馆和体育部首次在学校范围内尝试线上推广与线下活动相结合的形式，并得到了学校师生的认可。线上文档阅读量突破2000次，线下活动累计参与人次达到1500人，平台的推广和认知对于活动的推广起到助力和加快传播的作用，增加了有效参与传统体育项目活动的人数。

影像材料增加传统体育项目后续推广

三项不同形式的活动共采集了540张图片和6段影片，大量的影像资料对于项目的后续宣传推广提供了丰富多彩的素材，通过线上信息推送和互动，让更多的师生看到我校传统体育项目精彩展演，增加大家对于传统体育项目的认识，进一步拓宽渠道。

总结展望

传统体育项目具有深厚的文化底蕴，对于场地、器材等限制较少，适宜向广大群众推广普及，更是实现体育大国战略思想的有效途径。在项目开展过程中，发现以下问题。

竞技体育与传统体育的关注与发展失衡。我校是体育传统校，体育文化在我校源远流长，随着时代的发展，很多传统文化体育运动项目逐渐淡出人们的生活，我校竞技体育发展始终保持在北京高校前列，但传统体育的影响和发展迟滞缓慢，这也是高校中存在的普遍现象。传统体育文化在校园落地发芽需要时间培养，更需要有更多的平台和声音关注与支持。

传统体育项目展示平台匮乏。通过交流与调查，传统体育项目社团在活动过程中，大多为社团自己组织开展活动，社团发展基本依赖负责人的热情与积极程度，学校范围内缺乏展示和交流平台。

对传统体育项目存在“偏见”。项目组成员在随机访问过程中，问到如何理解传统体育项目，大部分被访者认为传统体育项目是老年人的专属运动，年轻人对传统体育项目关注度和兴趣值很低。宣传与报道越少，大家对于传统体育的了解和认知就越匮乏，因此形成了恶性循环。

为了能够持续有效地推动传统体育文化发展，延续传统体育文化精神，礼敬中华优秀传统文化，建立具有较高认可度的宣传平台，推动传统体育文化在学校师生中的宣传与推广，增加对传统体育文化的认识；创新宣传渠道，改变大家对于传统体育运动的“偏见”，提高健身锻炼意识，在体悟中华传统文化的同时，增强身体体质，鼓励和吸引更多的年轻人重新认识感受传统体育魅力。

传统体育精神既是民族的，又是世界的，要正视传统体育在现代发展中所显现的问题，合理开发和利用传统体育项目，并在传承中创新形式，扩大受众范围，夯实基础，让宝贵的传统体育文化随着时代发展长河生生不息。

（2015 年立项项目　撰稿人：邹华东）

自动化学院院史研究

自动化学院院史是学院人文精神的高度凝结，是学院文化建设的重要内容，是学院发展轨迹的重要记载，体现着学院的办学传统和特色。同时学院院史也是学校校史的重要组成部分，是对大学传统的弘扬、大学精神的淬炼与大学文化的传承的认识，研究、认识、总结学院办学的发展历程、规律特色、历史经验，能进一步增强学校深化综合改革与内涵特色发展的创新力和创造力。

“历史的启迪和教训是人类的共同精神财富。”习总书记在中央政治局集体学习时强调“必须坚持正确历史观、加强规划和力量整合、加强史料收集和整理、加强舆论宣传工作，让历史说话，用史实发言”。

学院院史是学校文化建设的重要组成部分，既能彰显学校办学历史、特色和成就，又有着反思历史、探索学校新的发展之路以及对学生进行人格熏陶的育人功能。同时院史无疑也是需要传递给青年学生的文化遗产中的重要组成部分，院史教育则是确保大学精神代代相传、激励师生校友开拓事业的重要抓手。院史是学校一笔宝贵的精神财富，既可以从中总结经验或吸取教训，又可以传承办学过程中的教育理念与精神文化，起到育人、咨政、宣传的作用。院史是学院发展轨迹的重要记载，是学院重要的精神财富，承担着文化育人的重要功能。

自动化学院的自动化专业伴随着新中国的重要发展需求，于 1959 年 7 月在北京钢铁工业学院机械系成立，从此拉开了“自动化学院”成长和发展的序幕。60 年来学院培养出万余名优秀人才，活跃在大江南北、长城内外，投身于祖国建设一线。自动化学院的历史本身就是一本教材、一份讲义，教授从这里走出的学生安身立命的本领和崇尚实践的精神。

编纂和研究院史，是为了全面、系统地回顾自动化学院专业建设的发展历史，总结办学经验、积累保存资料。这将会为加速学院专业建设的发展、进一步提高教育质量提供有重要价值的材料。同时，它也是对师生进行爱校爱院教育的良好方式，是一项具有承前启后意义的工作。

谋划60周年庆祝活动主要是以自动化专业成立60周年为主题，举办教职工、校友征文活动及相关研讨会，策划并开展校友返校、交流展示等系列纪念活动，搭建校友与学院的交流平台，全面促进校友对学院、学校发展的进一步关注等。

主要内容　建设目标

1. 做好资料收集整理工作。对档案馆的馆存史料进行系统性整理与收集，全面、细致梳理学院的发展历程。同时，面向校友、学院教职工以及相关专家学者征集院史文物资料，启动相关材料的复制留存以及梳理工作。与宣传部联动，抢救性地开展学院建院重要领导、专家学者、教职工及校友口述史的采访整理。

2. 编纂《自动化学院六十年》。弥补自动化院没有完整院史读本的缺憾，尽快为院史宣传教育提供规范、严谨、可靠的权威版本，计划编写《自动化学院六十年》一书，为未来整理、制作完整记录我院乃至我校办学历程的相关材料打下良好基础，并推动教职工、学生、校友的积极参与，支持校史院史编纂，调动各方参与院史编研工作的积极性。

3. 开展探究与系统修志。启动学院修志系统工作，吸取资料收集工作的重要经验，制定相关历史资料管理收集办法，支持各教研室、部门每年开展系统性资料留存，搭建院志收集成果展示平台，发布资料收集指南，形成校内各部门既分工明确又相互协同的编史工作格局。

4. 建设院史展示平台。结合资料收集整理期间的珍贵历史资料，设立一间功能齐全、生动展现自动化60年办学历程的院史纪念展厅，同时制作相关院史纪录片，建立学院网站院史展示专栏频道，利用多媒体手段，全方位展示自动化学院办学历程和辉煌成就，积极搭建院史编研成果的工作和展示平台，形成院史宣传教育的学习材料和重要园地。

5. 谋划60周年学院庆祝活动。以自动化60周年院庆为主题，举办教职工及校友征文活动并召开相关研讨会，策划并开展校友返校、交流展示等系列纪念活动，搭建校友与学院、学校的交流平台，全面促进校友对学院、学校进一步发展的关注，提供相关校友支持的渠道及良好契机。

查阅资料　收集整理

由于历史资料匮乏，学院档案资料严重不足，目前学院在自动化专业建设和自动化学院发展的院史资料很少，研究性的材料几乎没有。鉴于文献史料的限制，主要通过以下四种方法来开展：

1. 查阅学校相关历史档案。通过查阅相关出版物及档案馆已有的关于学院各方面资料，寻找学院史实，让学生对自动化学院的建立、发展等历程有了更进一步的了解。

2. 开展“开创者”系列人物访谈。联系建校以来在学院系所工作学习过的老教师老校友，通过口述历史的方式，挖掘生动全面的学院历史。

3. 启动“我与自动化”征文活动。通过抒写学院恩师风范、同窗情谊、师生趣闻，弘扬学院的人文精神和教师人格魅力；通过亲历学院组织的各类重大活动、事件的有关见闻，了解学院的发展建设历程；通过记录在校期间发生的有意义、有意思、难忘事情的描述，搭起校友与学院的情感桥梁。

4. 引导参观学院院史展厅。通过重新设计和装修学院开放式院史展厅，展示学院的文化建设氛围。一方面引导每年返校校友参观学院院士展厅，了解学院的发展历程和学生作品展，激发他们的爱院热情和学校自豪感；另一方面面向学院各班级开放院史展厅，旨在让更多的同学能够主动学习并熟悉院史，真正做到入脑入心学深学透。

通过认真调研和筹划，主要按照以下六个过程开展了工作：

1. 文献资料的收集和整理。与学校档案馆合作共同开展资料的收集工作，目前从档案馆收集的资料有：(1) 重要历史文献和其他文献复印件331M，共计21份；(2) 1982—2010年教职工名单复印件162M，共计15份；(3) 1962—2016级学生名单复印件及电子版本32.8M。学院对档案馆提供的资料和馆存史料进行系统性整理与收集。

2. 校友及教职工个人收藏的捐赠及寄存。通过课题的宣传，少部分教职工、离退休老同志或其亲属、校友将手中的个人收藏捐赠给学院，其中包含学院的教学科研、在校学生的照片、录音带、录像带、幻灯片、光盘等声像史料，还有学院部分时期的散落文档、校内讲义、著述手稿、教师教案、学生笔记等纸质史料。目前资料有：校友捐赠第一台工业机器人 2 个、其他工业机器人 1 个，图书 13 册，电子资料 1.82G，证书奖章复印件及照片 8 张，学术活动照片 22 张、文体活动照片 176 张、各类票证照片 4 张。针对这些院史相关的历史文物资料，学院启动相关材料的复制留存以及梳理工作。

3. “开创者”系列人物访谈。铭记历史，不忘先辈。学院与学校宣传部合作共同对自动化专业奠基人孙一康、刘宏才、余达太三位教授进行了深入的专访，全面了解专业建立初期的口述史料，了解先辈们的艰难创业及发展历程。同时学院还组织了两次离退休教职工回忆历史的座谈会，各系所、中心也组织了本单位离退休教职工对系所中心编写的系所中心发展史进行了深入研讨和内容修正，互动研讨的过程中，受益匪浅，既传承了先辈们留下来的优秀教育理念与精神文化，又激发了在职教职工爱院爱专业的责任感和凝聚力。目前获得的资料有：专访孙一康、刘宏才、余达太三位老师的视频资料约 49.57G、照片资料约 16.5G、音频资料约 211.4M，整理录音文字 2.5 万余字；集中采访教师 50 余人次，视频资料约 49.6G、照片资料约 21.2G、音频资料约 2G，整理录音文字 2 万余字。

4. 引导返校校友参观院史展厅。通过每年组织毕业 20 年、30 年和其他级校友的返校工作，引导百余名校友参观学院院史展厅，一方面向校友宣传学院的发展现状及成果，展示目前在校学生创作的科技作品；另一方面制作返校校友在校读书期间的老照片，如毕业合影、实习、研讨、辩论、运动会等活动剪影，参观院史展厅后，校友感受着母院六十年来的发展变化，驻足在旧照片前，情不自禁地合唱了校歌，并讲述着照片上的青春故事和美好回忆。返校期间，校友们对学院的发展感到由衷的欣慰和自豪，对学院的热情接待、院领导和昔日任课老师出席活动表示感谢。他们都激动地表示会时刻心系学院的发展，并希望能为学院的未来贡献出自己的一份心力。以校友返校活动为契机，邀请并接待校友百余人，收集老照片 75 张，并对校友返校过程进行了全程照相、新闻宣传报道。

5. 成立60周年筹备委员会和纪念册编撰工作组。为了更好地记录和了解学院的发展历程，同时确保在2019年《自动化学院六十年》的编辑出版，成立了自动化学院六十年筹备委员会，院长、书记牵头负责，各分管院长和系所主任、书记为委员；同时成立编撰工作组，由孙铁老师牵头负责，行政副院长陈旭、原党委秘书吴宗利老师具体负责，编撰组成员为三级单位指派的撰写工作人员，目前纪念册的初稿已基本编撰完成。

6. 启动"我与自动化"征文活动。以自动化60周年院庆为主题，于2018年3月面向离退休教师、教职工及校友开展征文活动，并向校友、离退休及在职教职工发出"我与自动化"的征文通知，通过微信等新媒体广泛宣传，目前计划于8月底回收稿件，9~10月份组织专家评审优秀论文，并计划在2019年3月出版的《自动化学院六十年》纪念册中附此次优秀论文。

成果显著　未来规划

目前已在五方面取得了明显的阶段性成果：

1. 完成《自动化学院六十年》纪念册初稿约80%的内容，近10万字。

2. 整理自动化学院60年来的"大事记"400余条。

3. 专业奠基人（孙一康、刘宏才、余达太）专访已完成，已有第一手视频资料约49.57G、照片资料约16.5G、音频资料约211.4M，整理录音文字2.5万余字；集中采访教师50余人次，基本完成老教师口述历史，获得视频资料约49.6G、照片资料约21.2G、音频资料约2G，整理录音文字2万余字。

4. 收集整理88位教授、副教授的个人简介，准备汇编成教授名录，其中在职教授、副教授60人，目前已收集资料56人；去世、调离、离退休教师中教授、副教授70余人，目前已收集资料32人。

5. 以班级为单位整理了1959级至2017级所有本科生、硕士生、博士生名单，共计400余个班级，正在建立班级联络人微信群，预计2018年6月底完成，准备通过微信等方式确认各班级同学的信息，并发布相关宣传、征文通知及各种信息。

因时间跨越60年而开展才刚刚一年，还没有深度查找到更多的历史资料和文献资料，很多工作也还刚刚起步，还有一些工作需要进一步深入展开。

1. 需要继续收集和整理相关资料。首先，从多方面入手，继续征集老照片、证书、实物、报纸、杂志等，深度挖掘有关于学院历史的详细资料，尽量多找寻学院历史相关的资料。其次，尽快完成离退休和在职高级职务教师的教授名录编纂工作，包括去世和调离人员，完善现有资料的整理与核实，包括三级单位发展历程、学生班级信息等，与此同时还要继续完成60年来教育教学、科学研究成果、人才培养等奖励统计。

2. 进一步完善建设学院院史展示平台，全方位展示学院发展历程。首先，《自动化学院六十年》纪念册初稿于2018年5月底交给离退休和在职教职工审阅，广泛征求各方面的意见，根据反馈的意见修改完成第二稿、第三稿，计划于2018年11月底完成终稿，并联系出版社进行印刷，于2019年3月正式出版。其次，于2019年五月底，制作并完成反映自动化60年发展历程的微型院史纪录片。该纪录片将深刻地展现自动化由曲折前进到蓬勃发展的历史，与自动化学院的师生们产生共鸣。通过观看纪录片，观看者对自动化学院的历史有整体的宏观把握。最后，继续策划自动化学院60周年院庆大型活动，并组织各类研讨交流、校友返校、成果展示等系列纪念活动，广泛邀请已毕业和在读的各级各届校友返校参加庆典，搭建校友与学院、学校的交流平台，为支持学院和学校的进一步发展提供有效沟通渠道。

3. 加大宣传力度，为60年庆典活动预热。首先，继续推动“我与自动化”征文活动，激发更多的校友、在读学生和所有的教职工积极参与其中。其次，计划在2018年9月推出“追寻足迹”系列校友事迹宣传的活动，连续30期推出60年来学院培养的在各个领域取得杰出成果的60位优秀人才和30个在读大学生的创新团队。最后，于2018年11月成立60周年庆祝活动的筹备组，并成立60周年庆祝活动志愿者招募工作组，选拔招募志愿者并进行培训，陆续开展宣传、组织、接待等分工安排。

（2018年立项项目　撰稿人：陈旭）

外国语学院：文理融合“人文思政阅读坊”建设

“人文思政阅读坊”是在国家力主打造“新工科”“新文科”以及贯彻全国思政会议精神、倡导思政教育进课堂的背景下，专门依托我校文理兼备的学科背景，并针对新时期大学生所存在的学习困惑与思想困惑，设计而成。

首先，文理融合的需求由来已久。如果说理工科教育是传播自然科学和科技知识的教育，那么人文教育便是借助思维的认识过程以提升人性境界、塑造理想人格的命题范畴。正因如此，牛津大学和剑桥大学等一些世界老牌大学，始终固守在各个学科中保持人文教育的宗旨，坚信“设立大学是为了给政府培养服务人员，即培养有教养的人，而不是知识分子。就大学毕业生而言，具有教养比具有高深学识更重要”。

其次，我国急需文理融合的教育模式。我国高等学校尤其是理工类院校，多年来人文教育重视不足，人文氛围有待加强。大家意识到，学生越来越多地形成单线目标思维，重视专业知识，忽视综合素养；重视绩点，轻视实践能力；重视个人理想的达成，忽略将个人理想与国家腾飞中国梦大计有机融合。于是，人文素质作为当代大学生必备的重要素质，已经日益受到教育界和社会其他各界的关注，高等学校，特别是理工科高校加强人文教育与科学教育的融合，显得尤为迫切和重要。

成立“人文思政阅读坊”，在我校文理科学生群体中营造会阅读、爱阅读的良好氛围，帮助学生掌握提升专业学习能力的中英文快速阅读能力，实现文科思维和理科思维的交叉融合，并将向善向美的教育和对国际形势的评判能力训练融入其中。

因地制宜，层次推进

开展 4 期“人文思政阅读坊”，每期有主题，有重点，层次推进。

每期流程：学生思想与学习问题调查问卷分析——针对性的专题讲座——学生爱国爱校爱专业的感想——微信推送活动总结、我校和外院的宣传材料。

1. 开学篇：中外经典思维肌理在科学中的应用

针对问题：自己选的不同专业是否区别那么大?

讲座内容：科学发明的本真是类比与对比思维。而这一思维实际上在人类语言、文化现象中无处不在，而在中外经典作品的人物塑造、知识表述、爱恨情仇中也都广泛存在。掌握了这一基本思维肌理，可以提升思维联想连接能力，更好把握人类知识遗产，同时也更有策略地应对不同专业的学习。

2. 入门篇：文学与非文学快速阅读对文理学习的提升

针对问题：学习时，看不下去书或看的书记不住，怎么办?

讲座内容：无论是文科生还是理工科学生，大学阶段与高中阶段最大的不同就是，需要通过大量阅读来掌握没有边界量的知识。而对大多数人来讲，大量阅读光靠毅力是难以坚持的。科学有效的训练方法起到事半功倍的作用。尤其对于低年级学生或者整个本科阶段的学生，掌握快速阅读就是用有限时间掌握了前沿资料，会为未来继续深造打下至关重要的基础。

3. 进阶篇：跨越文理的论证理据寻找

针对问题：惧怕英文写作怎么办?

讲座内容：写作时，怎样不停留在某些机构辅导的结构模板，而是写出逻辑清晰、论证翔实的文章? 可以从思维训练入手，理解人类思维本身已经具备的基本能力，将其提炼出来加以利用，可以快速提高我们的构思以及写作能力。

4. 实践篇：为实现中国梦而奋斗的研发创新路径

针对问题：怎样在专业学习以及撰写论文时做到创新?

讲座内容：国家一再提倡创新，国家面临的挑战也急需新一代学子真正具备研发能力，从长远来讲赢得根本胜利。但只为创新而做的创新，往往没有太大的实用价值。而对事物本质加以分析，找到所有广告、产品设计、论文发表的创新路径，即可以更为高效的工作状态，为自己的青春以及国家的未来服务。

第一讲：中外经典思维肌理在科学中的运用

2019 年 9 月 24 日 18：00，“外院・文理融合‘人文思政阅读坊’”系列讲座第一讲——“中外经典思维肌理在科学中的运用”在外语楼 304 举行。讲座由北京科技大学外国语学院教授梁晓晖主讲，部分学院教师，以及来自材料科学与工程、冶金工程、矿业工程和外国语言文学类的 150 多名学生参加，喜马拉雅电台对讲座进行了全程录制。梁晓晖教授在讲座中由英语单词 contrast（对比）与 comparison（类比）引入，用中西方事物、中国古语、中国哲学、引力波、鸡群效应等生动示例介绍“类比思维”，随后用人的左右脑、广告效应、男女对比、中西方教育对比等介绍“对比思维”，并通过精巧的练习设计、快速阅读和分析篇章主旨，让大家领略对比和类比思维的奥妙，理解它们对创新思维的激发，进而引申到用这两种思维方式去分析中国梦与美国梦的不同，引导学生树立文化自信。梁晓晖教授向同学们推荐《王二的经济学故事》与《语言与文化》两部书籍。本次讲座不仅在学习技巧上有效加深了学生对“类比思维”与“对比思维”理解和运用，激发了理工科与文科学生的创新思维，同时，在学术语境中，有机融入了“世界观、人生观、价值观”等人文精神和思想政治教育的引导与培养，开启了探索人文与思想政治教育紧密结合的有益尝试。

第二讲：文学与非文学快速阅读对文理学习的提升

2019 年 11 月 25 日 18：00，“外院・文理融合‘人文思政阅读坊’”系列讲座第二讲——“文学与非文学快速阅读对文理学习的提升”在外语楼 304 报告厅举行，讲座由外国语学院梁晓晖教授主讲，部分学院教师及来自多个学院的 150 余名同学参加本次讲座。讲座由喜马拉雅电台进行全程录制。

梁晓晖教授以电影片段为引入，从1977年到2019年高考录取率增长15倍引出教育对学生能力要求的转变。她认为，当代学生应具备的能力已经从仅仅的对微观知识的掌握和应用发展为纳入宏观思维的应用。她通过列举林徽因、华罗庚等众多跨界知识达人的成功案例，进一步证实同学们进行大量阅读对学习的重要性。梁老师引导同学们阅读不同文体的文章，培养同学们的阅读和思考方式。在“文学类文本快速阅读”部分，她以多种花朵照片为例，启发同学们的归纳能力，她将文章的要素概括为：背景、人物、矛盾和结局。她认为，在文学类文本阅读中，与作者“对话”，根据上文内容大胆设计后续情节，有助于迅速理解文章内容，提升阅读速度。她带领到场同学现场阅读 Appointment with Love 的内容，与同学们互动，引导同学们进行归纳、思考，激发同学们对阅读的热爱。在“非文学类文本阅读”部分，她用“红黄蓝”三原色比喻说明文中的具有典型性、平行性、均衡性的三个要点，提醒同学们将复杂的问题简单化。随后她带领同学们使用该思路进行短作文修改，启发到场同学的思路，并带领同学们现场阅读 Comprehension Skills，再次强调逻辑思维的重要性。她以华为公司在西方的重重限制中艰苦奋斗、引领5G时代的实例，鼓励同学们以创新面对困难，并呼吁同学们将快速阅读的方法应用于学习中，培养良好的阅读习惯、锻炼阅读能力，在即将到来的5G时代中应用好丰富的知识资源，培养明辨是非的能力，为国家的发展建设贡献青年力量。最后，梁老师向同学们推荐 *Romeo and Juliet* 及 *How to read a book* 两部书籍。

第三讲：跨越文理的论证理据寻找
（危难面前我们如何思考）——分类思维

2020年3月19日，由外国语学院梁晓晖教授主讲的“外院·文理融合‘人文思政阅读坊’”系列讲座第三讲“跨越文理的论证理据寻找（危难面前我们如何思考）——分类思维”通过网络直播的形式举行。来自各个学院的老师和同学共200余人通过“雨课堂”和腾讯会议参与讲座。

梁老师首先带领同学们回顾前两讲的主要内容，梳理系列讲座的思维逻辑，引导同学们掌握第一讲中的“类比、对比思维”，结合思维导图的形式，快速攫取书籍内在肌理，进而上升到第二讲中提到的宏观思维，准确把握文章全貌。在此基础上，她通过进一步挖掘、拓展此前讲座中提到的具有“典型性、平行性、均衡性”的彩虹图式的例证，提出在此基础上运用分类思维可提升论据选取能力，为本场讲座破题。梁老师结合当前疫情情况，以对待谣言应有的态度与同学们展开讨论，鼓励到场同学面对疫情客观思考，致敬战“疫”中的逆行者，进而引出论证的三个维度——“现实”“自我”“历史”。她首先从“现实”维度入手，分析周恩来总理在“日内瓦会议”上和朱镕基总理在麻省理工学院的演讲中，怎样面对现实困难，通过逻辑清晰的论证，力挽狂澜于即倒，并鼓励到场同学以他们为榜样，培养家国情怀，肩负起助力新时代中国自主创新的重任。在“自我”维度中，她以弗洛伊德“梦的解析”为话题，与同学们交流、分析梦境内容，在轻松欢快的气氛中向大家讲解凝缩（隐喻）和移置（换喻）方法的作用效果，提升认识自我的能力。在“历史”维度中，她以爱因斯坦打破传统认知桎梏，提出狭义相对论为例，引导同学们从历史上众多的科学理论提出过程中学习论证方法。

完成理论内容讲解后，梁老师带领同学们通过实战演练，完成篇章排序，指出议论文论据选取的方法。她以生物（Creature）的分类为例，结合所创立的“认知型英语读写教学法”中的“三原色”方法，带领到场同学寻找论据的分类类别，随后，她依次分析四篇学生英文习作的逻辑问题并总结其共性问题，得出结论：论据应该在抽象与具体中间的基本层次范畴选取。最后，她通过与同学们分享、探讨《理智与情感》中 Elinor Dashwood 的独白和基因编辑婴儿的伦理问题两个案例，向同学们说明论证在生活中的作用。并以网络上的流行语“大城市容不下肉身，小城市容不下灵魂”为题，引导同学们论证自己的观点，深化对讲座内容、方法的理解。同时在回应同学观点时，从“感觉合理性”“理性再思考”与“实践拓展者”三个角度，结合武汉快递小哥汪勇在危难面前实现普通人的价值的事迹，对以上命题进行充分论证，且呼吁同学们为国家的发展贡献新时代青年的力量，引导同学们树立正确的择业观和价值观。在讲座的最后，梁老师向同学们推荐阅读论证类书籍 *Range*：*Why Generalist Triumph in a Specialized World* 和 *Justice*：*What is the Right Thing to Do*。

第四讲：彻底改变思维的英文写作课：为中国梦而奋斗的研发创新路径——逆转思维

2020年5月28日晚19：00，由外国语学院梁晓晖教授主讲的“外院·文理融合‘人文思政阅读坊’”系列讲座第四讲“彻底改变思维的英文写作课：为中国梦而奋斗的研发创新路径——逆转思维”在“2020京师职教公益直播”平台举办，5000余名师生参与。

梁老师以一段短视频为开端，随后以纪伯伦所言“伤口”为切入点，引出写作选题好似“伤口涌出的歌”，并与师生线上讨论。她通过对学生写作片段进行讲评，指出写作中经常出现的三个思维困境——缺乏逻辑、表达不清、缺乏创新，并一一给出改善建议。在分享训练逻辑思维和表达能力的策略后，梁老师开始对创新路径进行阐释，以生动平实的例子介绍“反义词临时构建法”的概念。她认为在写作中大胆运用“反义词临时构建法”，可以达到出其不意的表达效果。随后，针对创新方法的局限性，她以学生习作、创新产品、海报和广告创意三方面内容为例，拓展师生的创新视野。最后，梁老师围绕“中国文化走出去”的话题，强调大学生对中国文化、中国话语的传播和中国梦的构筑负有重要历史使命，并提出唐诗宋词实体化、影视产品目标化和联想思维系统化等设计案例，探索“中国文化走出去”的具体思路。梁老师向同学们推荐了两本著作——*Taking Sides* 和 *Factfulness*，并希望学生用思维导图的方式进行快速阅读，尽快掌握快速阅读的方法和技巧。

建设效果显著，激发创新思维

（一）形成了相对固定的讲座模式。经过一年的探索和实践，“人文思政阅读坊”的四次讲座模式和内容已经基本成型，配合学院大类招生实际，四次讲座均匀分布在大一学年的四个阶段，前两次讲座在细分专业之前，能够为所有学生的思维构建服务，第一讲着重介绍存在于各种文化作品、文化现象中的对比与类比思维，旨在推动学生掌握这一基本思维肌理，更好地把握知识、更有策略地应对不同专业的学习；第二讲重点讲解文学阅读中的宏观思维，旨在引导学生在掌握对比、类比思维的基础上，以更宽广的视角把握文章全貌，掌握快速阅读技巧，用有限时间大量阅读，掌握前沿资料。后两次讲座虽以英语专业为主，但始终强调不应过分明晰外语专业与非外语专业的界限，外语等文科专业学生更应多了解理工科知识，理工科学生也应注重自身文化方面的修养，这样才能有助于“文理融合”，激发更多样的创新思维。

（二）系列讲座受众持续增加。“人文思政阅读坊”系列讲座开办以来呈现几个特点，一是讲座人数持续增加，从最开始的大一新生150人左右，到最后一讲的近5000人，参与的师生人数呈现了一个爆炸性的增长；二是讲座平台的转换，从线下讲座到线上讲座再到公益平台，受到各种因素，尤其是疫情的影响，讲座的形式不断调整，从中也探索出了一条辐射带动更多人关注了解“人文思政阅读坊”的途径；三是参与讲座的专业，从最开始的外语学院大学一年级学生，扩大到其他一流学科学院的学生和外语学院大二、大三的学生，讲座受众的辐射面不断扩大，为更多的同学提供了学习资源。

（三）参加讲座的学生评价良好。四次讲座过后，课题组对参与讲座的学生进行了调研。在“你觉得自己的个人发展与国家的时局和发展关联度有多大”的问题中，92.94%的学生选择“联系非常紧密”或“联系非常紧密”，其中“联系非常紧密”占60%。在讲座对于专业学习方面，认为“提升较小”或“没有提升”的比例约占总数的18%，绝大部分学生认为对于专业学习有帮助。在本次调研的人员中，以大一学生为主，在不同年级的分析中，年级越高的学生反应收获越大。由此可见，对于首届大类招生学生的专业引导和专业教育上需要学院进一步关注。

（四）系列讲座纳入课程教学内容。“人文思政阅读坊”系列讲座活动开展以来，受到了师生的广泛好评，学院主要领导及学科负责人也到场聆听讲座内容，从课程设置和专业教学的角度对讲座内容进行了全面把关。结合人才培养方案，为进一步将“人文思政阅读坊”系列讲座内容融入到人才培养过程之中，夯实学生的英文阅读功底，发挥人文思政润物细无声的作用，根据课程教学的相关性，系所将讲座学习纳入“英语泛读与课外必读”课程的平时成绩，进行规范管理。

（2019年立项项目　撰稿人：张秋曼）

北科大青年“读书读经典”系列活动

为深入学习贯彻习近平总书记系列重要讲话精神、创新拓展大学生思想教育，同时为培育和践行社会主义核心价值观、弘扬传播中华优秀传统文化和推进书香校园建设，围绕“读书读经典”的主题，依托校团委宣传部舆情组和北科大青年读书会，开展了以“阅读中外优秀文化学术典籍和当代中国马克思主义理论著作”为中心的相关活动，并且取得了较好的反响和成绩。

读书沙龙——交流想法，升华思维

青年读书会每周六面向青年读书会会员和全体学生开展读书沙龙活动，以学生为主的读书研讨会是活动的主要组成部分，同时还会有一些相应的讲座和座谈会等。

读书研讨会作为我们的常设活动，主要有两个模块。一个是读经典文学作品，品五味杂陈；一个是读“社会”这本大的教科书，走近社会，了解当下国内外形势，培养社会意识，国家意识。

针对经典文学作品品读，主要开展的活动有：“读经典品《老子》”“话谈《谁在导演世界》”“论民族自信——从《丑陋的中国人说起》”和“品读《纳兰词》”等。在具体的主题研讨会中，我们会事先准备好一个基本的书籍精要摘籍，并分发给在场的参会人员。在摘要中我们会把我们要讨论的东西汇总分点，由浅入深，环环相扣。轻松的氛围为大家发表自己的观点提供良好的环境，让大家敢说。所以，整个交流过程中，我们没有对错之分，正如“1000 个人心中有 1000 个哈姆雷特”一般，我们只有互相交流，才能让自己的想法更完整，更全面。思想的交流达到思维的碰撞，思维的碰撞产生新的火花，我们追求无止境。

在现今的教育形势下，我们大部分同学学习课本知识的能力是相当的强，但是就是在这样的背景下，局限于校园生活的“成绩”成为了他们90%的生活，而对于真正的社会生活视而不见，无暇顾及。但是，对于我们来说最好的教科书无非就是“社会”。所以，我们专门开设了针对“近期校园和社会热点”的研讨会。

在往期的热点探讨中，我们主要举行的主题活动有：校园内同学们对于ofo小黄车的不文明使用现象，和颐酒店事件的社会影响，蔡英文就职演讲的舆论导向和当代青年的爱国精神等。其中既涉及了和同学们紧密相关的校园生活，又充满了全民关注的国内国际热点，内容丰富多样。

首先，我们会有一个前期准备，对近期热点话题的搜集以及最终话题的确立；其次，我们会对拟定的热点话题具体学习研究；最后，我们会对相关问题进行整理，分发给大家进行学习了解。

在整个研讨活动中，我们可以发现当代青年对于问题的独到见解，想法新颖，角度多样全面，体现了新一代青年对于肩负祖国大任的社会担当。

问卷调研——走近学生生活，了解青年思想

为推动“读书读经典”主题活动的顺利进行，校团委宣传部舆情组每月举办了“青年思想正流行”的调研活动。此项活动主要设置问卷，采取线下线上两种方式来适时获取青年学生的思想动态。对于问卷调研，我们会对调研结果写一份详细的调研报告，依次来对学生整体的思想有一个正确的把握。

线上读书活动——紧跟时代潮流，新媒体新反响

我校联合大学生杂志社等单位建设运营“大学生悦读汇”的微信公众号，面向广大青年大学生发布“今日送书”和“今日读书故事”等内容。

同时，在校团委宣传部运营的“北科大青年”微信公众号上有我们的专栏“满井时评”，我们会定期地在上面发表相关文章。

读书是青年大学生最重要的事情，是升华精神境界的重要途径，是保持思想活力的有益方法，是跟上时代步伐的必然要求。但是，由于“碎片化”阅读的盛行和社会浮躁风气的影响，大学生中一定程度地存在读书“坐不住”“读不进”“没兴趣”的现象，长远看贻害无穷。

北科大青年读书会以“弘扬担当精神，涵养世界眼光”为建设宗旨，开展“读书读经典”系列活动，希望引导大学生转变碎片化阅读、网络化阅读和浅阅读的习惯，扎下身子，静下心来，认真读书，从经典著作和深度阅读中汲取营养、学习中华优秀传统文化的精髓。

（2016 年立项项目　撰稿人：崔睿）

将“读书读经典”融入新生教育

自2016年起，北京市委教育工委每年面向首都大学生开展“读书读经典”系列活动，旨在培养大学生“多读书、读好书、好读书”的良好习惯，引导青年学生从经典著作和深度阅读中汲取营养。高等教育肩负着培养社会主义事业建设者和接班人的重大任务，将“读书读经典”活动融入大学教育实践之中，以优秀的文化精神濡染和塑造青年学生的心灵与人格，是拓展大学生思想政治教育内涵的有力抓手，也是大学生自觉培育社会主义核心价值观的重要途径。

本项目就“将‘读书读经典’融入新生教育”的机制、路径等进行研究和实践，经过一年的探索与建设，取得了良好的效果。

本项目始终坚持问题导向，紧紧围绕“为什么读、谁来读、读什么、如何读、读后怎么用”这五个阅读的根本问题，理顺机制、优化环节、打造队伍、配置资源，形成引导青年学生“读书读经典”的工作闭环。

“为什么读”：解决好阅读的动力问题

互联网时代，青年学生获取信息和知识的途径越来越多元、方式越来越便捷，这是时代发展带给青年学生的红利，但同时也带来了时间碎片化、知识快餐化等副产品，学生对于阅读，特别是阅读经典的兴趣和动力大大减弱，如何将青年学生的青春势能转化为求知动能，是引导青年学生“读书读经典”需要首先解决的问题。而动力来源于两个方面，即外在动力和内在动力。具体来说，激发青年学生的阅读动力，一是要进行“供给侧”改革，开展青年学生喜闻乐见的阅读活动，做到内容充实、形式新颖、互动感强、参与度高；二是引导青年学生深刻认识到阅读经典是自己成长成才的重要途径和实际诉求。双管齐下，变“要我读”为“我要读”。

一年来，项目组在学生工作部、校团委、马克思主义学院、校图书馆等部门的协同支持下，认真策划新生阅读文化节，并在计算机与通信工程学院进行试点，设计了“经典荐读”“名家导读”“青春阅享”“书海拾摘”“悦读先锋”等系列主题，并举办知识竞赛、红色故事会、名家讲坛、主题征文等丰富活动，极大地激发了同学们的阅读兴趣和热情。同时，将青年学生“读书读经典”的理念和要求融入到新生成长对话课和主题班团日活动之中，并组织学生阅读《习近平七年知青岁月》并撰写读书心得，学习习近平总书记从年轻时候就如饥似渴地阅读的精神，让青年学生意识到读书对于立德、为学、修身的重要意义，进而主动阅读、爱上阅读。

“谁来读”：解决好阅读的主体问题

引导青年学生“读书读经典”，既要形成整体态势，又要把握关键群体，采用“点线面”结合的方式，即成立若干读书小组，面向一个具体年级，辐射带动全体学生。其中，“面向一个年级”位于中间环节，是引导青年学生“读书读经典”的关键一环。

项目组将“读书读经典”工作重心选择在本科大一新生群体。大一新生刚刚进入大学，处在大学观形成和确立的关键时期，在这一阶段如果能够养成良好的阅读习惯，将有助于为大学四年乃至未来更长时间奠定良好的知识储备和学习基础。基于这一认识，项目组面向大一新生设计并实施了一系列阅读活动，将“读书读经典”真正贯穿于新生教育全过程。一是在新生入学前，组织新生阅读《师韵——北科大走出的院士》，新生开学后，举办“读大师故事、明校史校情、树人生理想”读书分享活动，以小组为单位，让新生通过读书会深入交流，领悟大师魅力、了解校史知识、培养爱校情怀、明确大学规划、树立人生理想。二是在新生入学后，根据学院规模建立20~30个经典阅读小组，制订“共读书单”，并定期组织读书会，交流阅读心得，提升阅读效果。三是将“读书读经典”纳入到新生的党团培训环节中，在新生积极分子中开展“多读一本书”积极分子领读计划，号召积极分子除参加班级小组读书会外，在党支部内部组织阅读马克思主义经典著作和习近平新时代中国特色社会主义理论相关书籍，坚定理想信念，提升理论水平。

“读什么”：解决好阅读的对象问题

“读书读经典”，核心在于引导青年学生读经典。所谓经典指的是具有典范性、权威性的著作，是指那些经过时间淬炼、经得起重复并常被人提起而不会忘记的著作。经典的范围很广，因此引导新生阅读经典也要有所侧重。

项目组着力引导新生阅读三类书籍，一是读红色革命经典。红色革命经典是我们党领导人民在长期的革命和建设中积淀形成的精神文化产物，它们生动诠释了我们从哪里来、到哪里去的问题。2018 年是马克思诞辰 200 周年、《共产党宣言》发表 170 周年，计通学院组织新生阅读《共产党宣言》《马克思靠谱》等书籍，共同重温马克思的崇高精神和光辉思想。二是读哲学、社会科学和文化经典。哲学、社会科学和文化经典中蕴含着中国优秀传统文化和世界先进文化，反映了一个民族的思维能力、精神品格和文明素质。依托学校传统文化节和传统文化相关学生社团，举办校园诗词大会、“国学经典品读会”等活动，启发学生从古圣先贤的经典论述中明晰立德修身的路线图。三是读专业学科领域的学术经典。学术经典是学术方向的精华凝练，是专业学科的基础理论，是起源、是根本。与第一课堂紧密结合，邀请学院院长、专业教师为学生推荐专业经典阅读书单，并通过新生研讨课等与学生交流读书心得，引导学生提升专业素养，打好专业研究基础。

“如何读”：解决好阅读的方法问题

读书同样有方法论。根据新生的实际特点和成长需求，通过打造一系列科学系统的读书项目，帮助新生转变“急、碎、窄、浅”的不良阅读习惯，养成良好的阅读方法。

一是博采众长，秉承“为经典找读者，为读者找经典”理念，邀请学校领导、任课教师、班主任、辅导员、校友和优秀青年学子，共同推荐遴选经典书籍，形成“北京科技大学人文经典阅读书目”，供学生选读。二是名家领读，聘请学校教授、名师和辅导员等担任新生阅读导师，开展“师生共读一本书”等活动，传授读书方法，分享读书体会，同时结合北京市委教育工委“名家领读经典”活动，先后组织学生现场聆听金一南、李稻葵、韩毓海等名家讲座，碰撞思想、启迪智慧。三是注重分享，组织新生“我的读书故事”主题征文比赛、知识竞赛等活动，以赛促学，让新生在交流分享中互学互鉴、共同提高，让阅读的收获能够进一步深化。

“读后怎么用”：解决好阅读的运用问题

读书要知行合一，既要读有字书，更要读无字书。要让学生在实践中体验到阅读的乐趣，变阅读为“悦读”，真正打通新生“读书读经典”的“最后一公里”。

依托学生社会实践，为学生搭建阅读实践的舞台，真正将“爱国、励志、求真、力行”的要求内化于心、外化于行。寒假，让新生阅读《满井村》等校史读物，通过组织“把我的大学带回母校”活动，将北科大的精神与文化带到祖国各地，增进新生爱校荣校的真挚情感。暑假，组织入党积极分子赴红色教育基地开展红色实践、赴乡村进行扶贫和支教等公益行动，在实践中涵养道德情操、强化使命担当，让“阅读—实践”成为培养“有信仰、有思想、有文化、有品德”的“四有”大学生的重要载体。

四个“一”成效

本项目立项至今，取得了较好的工作成效，也收获了阶段性的成果，既有理论层面的，也有实践层面的，集中体现在四个“一”：一是探索出了一套可借鉴、可复制、可推广的新生“读书读经典”工作模式；二是打造了一批新生“读书读经典”的精品项目；三是形成了诸多具有原创性的理论研究成果，如论文、方案、心得文章等；四是建设了一支有想法、有办法、有章法的新生“读书读经典”的工作队伍，并努力成长为这一领域的行家里手。

下一步工作考虑

下一阶段，项目组拟将新生阅读文化节从试点向全校推广，并启动“领读者计划”，开展“十佳金牌读者”“书香班级（宿舍）”等评选活动，提高质量、扩大影响、形成示范，努力将新生“读书读经典”活动打造成为学校乃至北京市的校园特色文化项目，进一步增强育人实效。

附：臧勇副校长在第七届书香中国·北京阅读季阅读盛典“阅读+”系列对话之四“阅读引导与成长变革”上的主题发言。

如何引导青年人阅读经典

各位嘉宾：

大家好！我是臧勇，来自北京科技大学，一所教育部直属的全国重点大学。我是大学的管理者，同时也是一名一线老师。谈起“书香中国·北京阅读季”这个活动，我并不陌生，我在三年前就关注到这个活动（今年是第七年）。上个月主办方联系到学校，邀请我来作关于阅读经典的交流分享。我感到非常荣幸，同时也感到责任在肩。因为阅读对于老师来说太熟悉了，我们每天都要通过大量的阅读来学习，也会给学生提出阅读的要求。但是比较成系统地谈青年人阅读经典还是头一次。非常感谢主办方提供的这次机会。今天，我想结合自身阅读和从教经历，讲四方面的问题，同大家交流分享。

第一个问题：青年人为什么要阅读经典?

犹太人有这样一句谚语，说“这世上有三样东西是别人抢不走的：一是吃进胃里的食物，二是藏在心里的梦想，三是读进大脑的书”，这讲的就是阅读的重要性。余秋雨先生曾说到，“大学生的课外阅读，是走向精神成熟的起点，因此要先做一点垫底的工作。垫什么样的底，就会建什么样的楼。因此尽量要把底建的结实一点，但时间不多，要寻找一种省俭方式。最省俭的垫底方式，是选读名著”。古人也曾讲“读万卷书，行万里路”，然而行路万里确实不易，不如从阅读名著开始。

青年人特别是大学生，正处在人生的黄金时期，正是通过阅读汲取营养、不断成长的最佳阶段。大学生的阅读与幼儿、儿童和少年都有差异，有它独特的特点，大学生一方面具备了一定的学识基础，能够读通、读懂，另一方面大学生拥有良好的学习环境，能够接触到一些经典，也有充足的时间来阅读。

我体会，对于青年特别是大学生来说，阅读主要有几方面意义。首先，阅读经典是青年人立德的基础。《礼记》里说，“德者，本也”。对于我们每个人来说，道德是基础性的，做人做事第一位是崇德修身。习近平总书记多次用“扣好人生第一粒扣子”作比喻，强调崇德的重要意义。我们的学校也把立德树人作为根本任务。经典之所以能成为经典，就是因为当中蕴含着立德做人的道理，并经过漫长历史和实践的检验。青年人要通过读经典，品味其中蕴含着的真善美，树立正确的世界观、人生观、价值观。

其次，阅读是青年人为学的基础。古人讲“博学之，审问之，慎思之，明辨之，笃行之”，博学是放在第一位的。大学的青春时光，应该主要用来学习。学习有两种途径，一个是阅读，一个是实践。阅读经典是吸取前人智慧和经验的最好方法。青年人要把强烈的求知欲转化为读书的动力。在阅读的过程中，既充分感受古往今来人类智慧的魅力，也从中培养自我学习的良好习惯，把所学知识内化于心，掌握终身学习的本领和能力。

再次，阅读是青年人修身的基础。一个人形成人生追求、兴趣爱好、生活方式，大多是在青年时期。青年时期的习惯好，人生才可能取得大的成就。最近很火的《习近平的七年知青岁月》一书，讲述了习近平总书记年轻时候就如饥似渴地阅读。青年人，要通过阅读逐步接受、感受、享受其中的乐趣，不断提高思想境界，沉下心来，持之以恒，真正增加人生的高度、深度和广度。

第二个问题：青年人应该读什么？

书的品类很多，如何选出我们要读的好书，也是一门学问。最简单的方法就是读经典。所谓经典指的是具有典范性、权威性的著作。我认为，经典是指那些经过时间淬炼、经得起重复并常被人提起而不会忘记的著作。经典的范围也很广，我体会，青年人特别是大学生阅读经典也要有所侧重，重点要向承载着革命文化、世界先进文化和中华优秀传统文化的经典聚焦。具体来讲，可以先读以下三类经典：

一要读红色革命经典。红色革命经典是我们党领导人民在长期的革命和建设中积淀形成的精神文化产物，它们生动诠释了我们从哪里来、到哪里去的问题。青年人可以读一读《实践论》《矛盾论》等马克思主义理论经典著作；可以读一读《习近平谈治国理政》等中国特色社会主义理论的最新成果；可以读一读《中国共产党党史》等党史国史书籍。阅读这些经典可以充分帮助青年人从内心坚定自己的理想信念，掌握科学的世界观和方法论。

二要读哲学、社会科学和文化经典。哲学、社会科学和文化经典中蕴含着中国优秀传统文化和世界先进文化，反映了一个民族的思维能力、精神品格和文明素质。“学而不思则罔，思而不学则殆”“吾日三省吾身”等，古圣先贤的经典论述早已经为我们指明了立德修身的路线图。《理想国》《社会契约论》《资本论》等著作，无不在思考和回答当时当地社会突出的矛盾和问题。阅读这些对我们更好地看待问题、分析问题和解决问题具有极好的指导意义。

三要读专业学科领域的学术经典。学术经典是学术方向的精华凝练，是专业学科的基础理论，是起源、是根本。作为一名工科教授，我常跟我的博士生说，要想科研做的好、方向把的准，除了要了解专业前沿理论，更要去读一读、啃一啃咱们专业的基础之作。这就像如果没有读过《物种起源》就很难说自己生命科学搞得好。青年大学生一定要多钻研自己研究领域中最基础、最经典的学术著作，来提升自己的专业素养，打好专业研究基础。

第三个问题：青年人应该如何阅读经典？

“道不可坐论，德不可空谈。”我们讨论阅读经典的问题最终还是要落在怎么读的问题上。阅读阅读，就是要赏心悦目地去读。我的经验是，阅读经典要有“三心”。

一要用平静的心去阅读经典。这里所说的用平静的心去阅读，是指不带功利性的、心无旁骛、正本清源地阅读。我观察到，很多大学生觉得读书必须是“有用的”，盲目追求“短平快”，仿佛读书如果没有立竿见影的效果就毫无价值。我体会，经典往往是不能单纯满足“有用”这个目的。阅读经典绝不是读个一本两本，看个一天两天，就会带来突飞猛进的成长，而是一个隐性的、缓慢的过程。青年特别是大学生阅读经典，要保持一颗平静的心，耐得住寂寞，才能最终受益无穷。

二要用钻研的心去阅读经典。这里所说的用钻研的心去阅读，是指带着疑问、带着思考、反复深入地阅读。我们知道毛主席爱读书，在如何用钻研的心去阅读经典上为我们树立了榜样。他一生带着疑问去读书，带着如何破解近代中国国破民穷的问题，去阅读马克思主义经典理论，取得了推翻三座大山、建立新中国的伟大成就。他一生带着思考去读书，看书喜欢做笔记，提出和书中所下结论不一样的观点和看法。他一生坚持经典著作反复阅读，他把《共产党宣言》读了十几遍，《红楼梦》也读了许多遍，二十四史更是伴随他一生。青年特别是大学生阅读经典，要保持一颗钻研的心，真正做到所读经典学懂弄通。

三要用持久的心去阅读经典。这里所说的用持久的心去阅读，是指有计划地、坚持不懈地阅读。制订计划是实现持久阅读的前提条件，要明确读什么和如何读。同时，制订计划要充分考虑现实，要视自己的时间和接受能力做出，不能盲目制定，最后读得囫囵吞枣，号称一年读了十几本经典，但对于其核心要义茫然不知。制订好计划关键在落实，要力戒“三天打鱼两天晒网”，逐步把每天阅读经典培养成一种习惯。青年特别是大学生阅读经典，要保持一颗持久的心，逐渐培养出读书的浓厚兴趣，实现从“要我读书”向“我要读书”的转变，从“学一阵”到“学一生”的转变。

第四个问题：学校应该如何引导青年人阅读经典?

今天来参加论坛的有中小学的校长、有幼儿园的园长，对于我们这些教育工作者来说，如何引导自己的教育对象来读书，是我们必须肩负的使命和责任。

肩负起引领全民阅读的责任，学校应该成为先行者。我们要清醒地看到，推动全民阅读，机遇与挑战并存。总的来看，近年来，党和国家充分认识到阅读的重大意义，采取了一系列重要举措来推动全民阅读。我感受到，整个社会的阅读氛围浓起来了，比如说中央电视台的《朗读者》栏目、“书香中国·北京阅读季”活动，在社会上产生了促进阅读的持续影响和良好效果。

同时也要看到，推进全民阅读特别是充分发挥学校在其中的先行者作用，面临的问题还很多。一方面，要看到这个时代吸引青少年兴趣的事物更多了。随着物质和精神文化产品极大丰富，看电影、听音乐、打游戏，这些带给青少年的感官刺激远比读书要大。另一方面，要看到这个时代的阅读媒介更加多元了。过去我们读书，其实就是在跟纸打交道。现在，动动手指，各类信息召之即来。阅读方式的变化也影响了青少年的阅读习惯。他们更喜欢读图、读网；更热衷于快速阅读、娱乐阅读。不难看出，纸质书越来越重，很难拿得住。作为教育工作者，我们工作的难度也越来越大了，这让我们必须要有所作为。我认为，学校应从以下几个方面入手，做好青年阅读经典的引导工作。

一要加强引导。学校要采取多种方式、开辟多种渠道去引导青年阅读经典。要发挥好课堂的主渠道作用，将阅读经典纳入人才培养方案之中，很多学校开设了“阅读经典”等课程，取得了不错的效果。要发挥好第二课堂的促进作用，鼓励学生组建读书会等社团，通过多种方式开展自学，同时跟进教师指导。要发挥好网络新媒体的技术优势，通过开辟专栏，定期推送阅读指南、经典篇目、书摘文评，加强师生互动、沟通。

二要创造条件。要真心实意采取有效措施，为青年读书提供强有力的保障。要把图书馆建设好，图书馆是学生阅读的主要场所。要不断提高管理服务水平，通过读者服务月、毕业书单等载体，让同学们有兴趣走进图书馆、走进经典。要把支持青年读书的保障落实好，积极筹措经费，购置图书资源，不断开拓数字化资源。

三要营造氛围。要把浓厚的读书氛围内化为校园文化的重要内容，同时发挥辐射引领作用，通过青年阅读带动全民阅读。要找准工作抓手，结合学校特色选准工作的切入点、着力点，比如很多学校编写了经典导读读本，有的学校将读书写感想作为入学第一课，等等。要搭建交流平台，打破一个人阅读和理解经典的局限性，鼓励同学之间、师生之间分享心得体会，在思想碰撞中深化对经典的理解和认识。要创造实践机会，引导学生在读书之后，通过到祖国的大地上躬身实践，真正领会经典，做到学以致用、知行合一。

以上是我的一些不成熟的看法和体会。我也十分期待接下来几位嘉宾的分享，最后，希望广大青年能够树立正确的读书观念，培养良好的阅读习惯，更好成长成才。也预祝本次论坛圆满成功。

谢谢大家！

（2017 年立项项目　撰稿人：崔睿）

以积极心理辅导传播中华传统文化

传统文化深深影响着中国人的思想、心理和行为。中华传统文化蕴涵着丰富的哲学心理学思想，其中以“自强不息，厚德载物”为首的正能量文化为传统文化之精髓。积极心理学是以研究人固有的、实际的、潜在的、具有建设性的力量，美德为出发点的一个心理学思潮，它主要研究积极的主观体验，如幸福和安宁、满足和满意、希望和乐观；积极的心理特征，如爱的能力、创造的勇气、积极的人际关系；研究积极的公众品质，如责任、利他、关爱、文明、自制力等。在正向思维和积极心态的培养方面，积极心理辅导和中华传统文化都有着丰富的知识和方法。比如积极心理辅导可以帮助我们改善人际关系，同样，传统文化也讲究和谐相处，仁者爱人。积极心理辅导的目的是培养大学生的健康正向的人格。同时，传统文化主张修身养性，重视个人的道德修养。此次活动立足于应用积极心理学的视角和研究成果，通过积极心理辅导与中华传统文化的结合培养大学生正向乐观的人生观和价值观，开辟出一条进行中华传统文化正能量传播的创新之路。

通过调研，选取了大学生关注的“积极情绪”和“人际关系”进行活动设计和组织。心理的健康首要体现在情绪的健康上，积极情绪可以帮助我们获得圆满的人生，积极情绪会扩展我们的思维和视野，帮助建构我们成功的各项资源。积极情绪为我们带来健康，让我们更加坚韧，并抑制无端的消极情绪。最重要的是，我们都可以通过努力来提高自身的积极情绪。

另外，心理的健康还重点体现在人际的健康上。伟大的革命导师马克思曾经说过：人是各种社会关系的总和。每个人都不是孤立存在的，他必定存在于各种社会关系之中。如何理顺好这些关系，提高生活质量就涉及了人际关系的问题。大学生在大学校园里建立良好的人际关系，形成一种团结友爱、支持互助的人际氛围，将有利于大学生形成和发展健康的个性品质。

在中国传统的儒家和道家文化中，也有多处思想印证了积极情绪和人际关系在我们日常生活中的重要作用。比如在儒家文化中，仁和礼是儒学的核心。“仁”首先是指“爱人”，子曰“仁者爱人”，仁是一种处理人与人之间关系的准则，“仁”的第二个含义是从个体的角度讲，是一种个体人格所能达到的最高境界和全面修养的标志，“为仁由己，而由人乎哉”。“礼”首先是一种道德准则和行为规范，是个体立身的基石，子曰“君子博学于文，约之以礼”，关于礼和仁的关系，简单一点说就是，“礼”是“仁”的表现形式，如子曰：“克己复礼为仁。一日克己复礼，天下归仁焉。”而“仁”是“礼”的内在精神，不仁则谈不上真正有礼。而道家主张道法自然、和谐共处，能站在他人的立场看问题。中华传统文化所传达出的仁爱、友善、乐观等观点，都表达出了人生中获取积极情绪和良好的人际关系的要素。

统筹规划，精心组织

2015 年 9 月召开会议完成沙龙的方案设计和活动准备工作。通过调研，了解到当前大学生最感兴趣的主题是人际关系和情绪管理，这两个内容也是大学生心理健康的重要议题，因此特将围绕这两个主题开展。10 月上旬成员们完成沙龙活动的宣传和参加人员的招募，并请参加学生提前阅读《论语》《孟子》和《道德经》。

2015 年 10 月 14 日晚 6 点到 9 点项目组在心理素质教育中心 107 团体辅导室组织第一场沙龙培训，主题是：在中国传统文化的滋养下创造如鱼得水的人际关系。本次培训是以儒家的“仁爱”和道家的“五行理论”为主导思想，带领学生进行人际关系探索。活动开始，学生根据自己的心情选择不同颜色的彩纸和画笔，活动带领者按照学生选取颜色的冷暖色调将其分为两个小组。小组同学进行自我介绍之后开展活动的第一个环节——“仁者爱人与乔哈利之窗”的人际认知。团队带领者讲解了儒家思想中“仁者爱人”的思想和“乔哈利之窗”的理论，之后带领学生将彩纸分为四个方格，并在其中一个方格内写出自己的特点，之后组内其他同学分别写出对本组每一个同学的印象和评价。这个活动中同学们更多地了解到自己对自己的认知与他人对自己认知的不同点和相同点。团体带领者通过将积极心理学中的积极人际关系与儒家思想中的仁爱、宽容、人伦关系论等相结合，促进了学生的修身养性和人际成熟。活动的第二个环节是“从八卦图和折纸”中认识人际。团体带领者带领学生用彩纸折出心形图案，通过折纸艺术的交流，让学生认识到人际交往中的你中有我，我中有你，促进了学生感受人际互动，培育学生的感恩心理特质，体会他人的内心感受，促进了人际良性互动。活动的第三个环节是利用中华文化中的五行知识，通过情景剧的形式，以一种直观深入的方式，引导学生了解五行中所表达的情感关系，让学生领悟到在人际关系中遇到问题时情感和情绪的变化规律，学习到人际互动的多项技巧。活动的最后一个环节是利用表达性艺术治疗的手法将人际和情绪相连接，既为本次活动做总结同时为下一次活动做铺垫。学生选择象征自己负面情绪颜色的蜡笔，在白纸上任意地涂鸦。涂完之后把纸片撕成粉碎，再利用这些碎纸片和胶水等工具制作一张自己喜欢的图案，最后将自己的作品连同作品展示的故事一起送给自己的同伴。活动中学生亲身体验到了负面情绪给自己的生活和人际带来的障碍，也体验到如何将自己的情绪垃圾变废为宝。

2015 年 10 月 15 日上午项目组召开会议，对第一次活动做了经验总结，并进一步修订了第二次活动方案。

2015 年 10 月 21 日晚 6 点到 9 点在心理素质教育中心 107 团体辅导室，项目组完成第二场沙龙活动，主题是：在中国传统文化的滋养下创造助力人生的积极情绪。团体带领者组织学生完成对自己过去二十四小时的历程回顾，并根据情绪变化绘制出相应的彩图。分享阶段不同的同学展示出了不同的情绪状态和情绪背后隐藏的观点。团队带领者根据此时此地出现的情绪结合道家思想中“婴儿是人性中天然本性的象征，也是一切身心修养所追求的目标”，引导学生逐步感受内心和大脑的区别，意识到自己内心中支持自己行为的潜在的原则，觉察自己的情绪变化。一个人能够敏锐觉知情绪，需要了解自己的个性特征，了解自己的情绪年龄，了解自身成长经历及早期经验。学生逐步学习接纳和处理自己的负性情绪，并最终能够做到从负性情绪中寻找到正性的力量。此外，活动中学生通过小组游戏，情景剧等多种形式进行了组内的交流。学生之间从陌生到熟悉，相互吐露心声，表达自己内心真实的感受和看法，在学习积极情绪的同时，切身地实践上一期活动中学到的人际交往的方法，提升了人际沟通和交往的能力，做到学以致用。

收获与成长

以积极心理辅导传播中华传统文化活动项目的设立和开展，让大学生意识到了传统文化对人格修养的作用，活动结束后，每一位同学都做了学习总结和收获反馈，在他们的感悟中，我们看到了学生心理的成长和收获。

本次活动内容上将积极心理学中的积极人际关系与儒家思想中的仁爱、宽容、人际关系论等相结合，以道家的五行理论贯穿始终，让学生们在参与的同时更加深入地了解了我国传统民族文化中的精髓，整个活动过程被一种浓郁的文化气息包围，让同学们切身实地的体验到了传统文化所带来的修身养性，培养品格的强大作用。

活动形式中采用了表达性艺术治疗和积极心理辅导相结合的形式，通过游戏、绘画涂鸦、音乐冥想、演剧创作、故事诉说等方法，突破了口语表达的限制，构建了一个全新的过程，减少了学生内心的防御，让大家在一个愉快的过程中体验、反思、整理、疏导、发现和提升，释放被言语所压抑的情感经验，处理情绪上的困扰，进而达到缓解压力，重新认识困扰自己心灵的问题，激发无意识的创造性，形成自我疗愈。

活动中学生通过相互沟通，交流，分享活动的体验，以一种轻松愉快的心情学习到了思考问题的新角度，拓展了视野，成功地促进了学生的自我觉察、反思。同时活动促进了中国传统文化在大学生中的传播，激发了学生学习中国传统文化的兴趣，增加了文化认同感，也让学生找到了传统文化和心理建设相结合的点，促进了学生的心理健康发展，帮助学生开发了内在的创造力，增加了学生对生命的热爱感，得到了学生的广泛喜爱和高度好评！

（2015 年立项项目　撰稿人：杜学敏）

贝壳“计”忆计算机与通信工程学院院史文化

校园文化作为一种文化现象，主要是指学校师生员工在特定价值观念基础上进行物质与精神创造的结果及其过程。而院史作为一个学院发展轨迹的真实记录，记录了学院全部发展历程，其中包含着学院的历史沿革、文化传统、办学特色、教师和学生事迹、院风院训等。校园文化建设的重要作用，在于能够改善校园文化氛围、提升教师和学生精神生活，形成催人奋进的精神环境。而院史恰恰能基于自身学院文化，为这种环境和氛围营造有形的实体并扎根落地，在思想政治引领和价值引领方面提供助力，使得校园文化建设更有高度和内涵。

2018 年 5 月 2 日，习近平在北京大学师生座谈会上明确指出：“要把立德树人的成效作为检验学校一切工作的根本标准，真正做到以文化人、以德育人，不断提高学生思想水平、政治觉悟、道德品质、文化素养。”院史文化研究正是紧紧围绕当代中国“铸什么魂”“育什么人”“如何铸魂育人”的时代命题，在推进落实立德树人根本任务过程中全面实施师生理想信念铸魂的系统性工程，能够打造出学院思政教育、院史教育、专业教育的有效载体。

院史文化研究对于完善校园文化建设具有重要的理论意义与实践价值，为讲好计通故事、传播计通声音、弘扬计通精神，探索建立院史教育的长效机制，进一步提升校园文化建设水平，形成全员全过程全方位育人格局，针对计通学院院史文化开展调研、总结、宣传活动。

形式多样化的研究

计通学院院史文化研究是在深入贯彻北京市和北京科技大学思想工作

政治会议精神之际，在计算机学科争创一流学科的大背景下，通过对建院元老、优秀院友、教职员工、青年学子进行有针对性访谈，深入挖掘北科计通人身上“奋勇争先、追求卓越”的文化基因，打造学院思政教育、院史教育、专业教育的有效载体，讲好计通故事，传播计通声音，弘扬计通精神，真实展现我校计算机学科建立 40 余年来，一代代北科计通人为服务国家战略需求、服务信息行业发展、服务人才培养目标而创业维艰、不懈探索的前进历程，留存和发扬先辈的精神财富，引导更多的在校大学生向他们学习。

用采访拍摄法研究学院院史文化；用理论研究法探究学院发展的特点和功能；用行动研究法探究计算机学科建立 40 载背景下计通学院院史发展现状；用记录片和访谈录的形式展现出来，以供学习与研究。

通过查阅相关院史资料，走访从计通学院走出的优秀师生校友，精心策划、拍摄、制作了一系列翔实的院史纪录片，并对收集到的采访资料进行整理编纂。拍摄时间自 2017 年 5 月至次年，得到了学院党委、校友会、校关工委、“同行的力量”新生教育工作室、新闻中心、求是学会的大力支持与帮助。

凝练核心价值观　打造文化展示平台　构建文化生态

理顺核心文化形成过程主线，凝练学院院史文化核心价值。围绕学校 1973 年北京钢铁学院成立计算机教研室以来的学院发展历史，通过访谈与跟拍，采用口述历史的方式，纵向记录每位讲述人的求学生活轨迹。经过整理和提炼，以横向的时间顺序将核心文化——“计通精神”形成主线加以梳理，将各个发展阶段对计通精神的理解加以解读，凝练出计通学院院史文化核心价值：我校计算机学科建立 40 余年来，一代代北科计通人秉持着“奋勇争先、追求卓越”的文化基因，为服务国家战略需求、服务信息行业发展、服务人才培养目标而创业维艰、不懈探索前进。

现代传统教育手段相结合，打造丰富立体院史文化展示平台。依托校友会、校关工委、“同行的力量”新生教育工作室、新闻中心、求是学会统筹拍摄，将记录的影音素材贯穿于微记录、微视频、新媒体推送、专题网站、线上院史展等多种宣传渠道当中，构建全媒体数字化院史展示平台。将采访稿整理成册建立院友访谈录，采用行动研究法探究学院院史发展现状，探究学院发展的特点、作用，将整理后的相关材料反馈给学院相关机构，旨在通过针对性的研究对学院今后的发展起到促进性作用，同时也为今后的新生教育提供更广泛的内容，将学院文化和奋进思想有机融入到新生教育的体系当中。

构建院史文化生态，积极发挥院史育人的实践作用。从教师文化、学生文化、课程文化、制度文化、管理文化、环境文化等方面围绕学院历史，全面构建学院文化框架，育生育师，充分发挥院史育人的积极作用。与此同时今后将依托学校校友会建立学院院友分会，并设置专门区域用于建立院友墙等院史记录工作，通过景观展现的潜移默化的作用，提升学院文化生态下的人文气息，增强凝聚力，促进学院发展。

围绕上述研究内容，形成了“双横三纵”的院史收集和使用机制，即横向选择、横向采集、纵向梳理、纵向引用以及纵向凝练。通过这套行之有效的机制可以随时对院史进行补充和整理，并且能将产出成果匹配至多种宣传渠道，切实有效起到思想引领与价值引领的作用。

院史发展中的精神解读

（一）发展历程

1. 起步——八十年代

1973 年，北京钢铁学院成立计算机教研室，1975 年设立计算机应用专业，1986 年成立计算机系，80 年代第一批进入学院的学生被计算机这个新颖的专业所吸引，中国的计算机领域处于起步阶段，虽不如其他的传统专业成熟，但是当时不管学生或者老师，都是铆足干劲，努力学习，认真钻研。建院元老涂序彦老教授，父业子承让他从事教育行业，在不断进修学习的过程中让他发掘科技在未来中国发展中的重要地位，后来他研究人工智能，并成为此领域的“中国第一人”。当时学院的学子经过大量的阅读，以坚定的决心发掘着中国乃至世界在未来几十年后将要依仗的资本——科技。这代人的努力与钻研奠定了后来学院发展的基础。

而当时在学校开展计算机教育也存在一系列的困难，一是计算机教育师资力量缺乏；二是计算机硬件配置档次低，数量少，满足不了教学的基本要求。对于这些问题，前辈们集思广益，在困境中组建起专门从事计算机专业教学的师资队伍，多渠道增加教学投入，不断充实教学设备，实现了这门实践性极强的学科的教学，为之后计算机事业的发展打下了良好的基础。

2. 发展——九十年代

在时代大背景下，越来越多的学生加入到了计算机学科的探索中。互联网的接入与普及，即使还无法如今日般服务于家家户户，对于当时的大学生的影响仍然是肉眼可见的。“93 年我入学时，最好的专业还是自动化，而仅仅过了 4 年，计算机互联网强大的社会驱动作用已然使它成为了最热学科。当时报刊亭五毛钱一本的《计算机世界》，每一期发售都被哄抢一空。”这是现于国家信息中心工作的单志广校友的陈述。

当时的学生也逐渐认识到了计算机强大的发展潜力，甚至从其他专业选择转入到计算机研究领域。计算机专业人才的培养因此在 90 年代有飞速发展，培养规模增长较大，学科建设形成体系，师资建设形成梯队，设备条件得到较大更新。计算机科学理论、计算机体系结构、计算机网络、计算机硬件和计算机软件等学科都有了系统的研究队伍，并且在不长的时间内，在一些方面的理论研究已经接近世界水平。计算机的档次也从过去远远落后于国外，转变为逐步跟上了国际上计算机更新换代的步伐，知识的更新速度因而更加迅速。

3. 腾飞——二十一世纪

2000 年后，计算机的发展日益突飞猛进，互联网的发展更新，使得计算机成为家家户户必不可少的东西。由于信息量的骤然增大，通信也变得再次火热，互联网的出现使得信息量爆炸增长，大数据、人工智能等也进入大众视野，而通信也是互联网中重要的一环。计算机与通信已经变得密不可分。学校将计算机和通信工程两个学科独立规划，于 2011 年正式成立为计算机与通信工程学院，在全国也是前所未有。学院的发展推动了师资的迭代提升，隆克平团队等一批高水平教授来校任职。他们带来了新的知识、新的思想，为学院注入了新的血液，培养了一拨又一拨的学生，更为日后成为学科和行业发展的中流砥柱打下了基石。

21 世纪我们积极转变教育观念，加强课程建设，实施教学方法改革，精心设计教学内容，多媒体教学与传统教学手段的有机结合，有效利用网络教学平台辅助教学等方式，改变传统的教学方法，使得计算机的教学质量得到进一步提升。如今已是 2018 年，计算机、通信在过去的二十年中发展日益蓬勃，人们的学习工作生活越来越与信息行业密不可分，我们正处在信息行业飞速发展的时代浪潮中，未来让人无比憧憬。

（二）各个发展阶段对计通精神的解读

1973 年，北京钢铁学院成立计算机教研室，1975 年设立计算机应用专业，处在起步阶段的学科在涂序彦、高庆狮等计算机领域最早开拓者的带领下于 1986 年成立计算机系，并成立了计算机与系统科学研究所，将科研发展与教学研究结合起来，既向学生传授计算机知识，又提高自身的发展能力，实现计算机学院的持续发展，为接下来一批批人才的培养奠定了良好的基础，而这些人有不少成为计算机学科的中坚力量，继续将他们的知识传承下去。老一辈学科奠基人的开拓精神在四十余载的学院发展历程中依然为我们指引着方向。

随着国家在信息领域的大力投入，学院进入了发展蜜月期。学院不断探究适合新兴技术人才培养需求、专业技术实践应用能力培养需求、科技创新人才培养需求的创新人才培养体系建设。一直坚持育人为本，提高培养质量；坚持问题导向，补齐培养短板；坚持协同推进，汇聚培养合力。不断探索改进并建立适合信息类创新人才培养体系，形成可复制可推广的教学成果。通过顶层设计和长期探索与实践，构建具有学科特色的“全过程、阶段式”的人才培养体系，探索实践出“激发—培养—孵化”的创新实践培养步骤和建设多个递进式创新创业基地，完善“科教集合、全员参与”的管理机制，促进并保障创新能力培养。紧跟时代，开拓创新的精神奠定了学院进一步发展的根基。

进入 21 世纪，学院精神进一步提升为追求卓越。积极参与一流学科申报和建设工作；在推进学科重点方向建设取得较大进展：在“十三五”国家重点研发计划的高性能计算领域的 18 个项目中，我院高性能计算团队参与了 5 个，并主导 3 个不同应用领域的大规模应用软件开发课题。依托材料基因工程重点专项，参与材料基因工程高精尖中心建设，开展新材料与大数据关键技术的学科交叉研究，力争形成服务于新材料研发和工程示范的科技成果。整合学科资源和传统优势方向，加大对大数据、人工智能、网络空间安全等科技前沿领域研究的培育和支持力度，成功推进“人工智能研究院”挂靠成立。学科潜力值大幅提升，计算机专业进入“QS世界大学学科排名”，位列401~500之间（国内并列24）。新时代的背景下学院建设者们依然追寻着前人的足迹在追求着更加卓越的成绩。

经过40余年的建设，一代代北科计通人秉持着“奋勇争先、追求卓越”的文化基因，为服务国家战略需求、服务信息行业发展、服务人才培养目标而创业维艰、不懈探索前进，这就是北科计通文化学院精神。

改进思想政治教育　提升育人效果

院史文化是一种传承与延续，在校园文化建设中发挥着载体作用、传承作用、借鉴作用和凝聚作用，作为一种环境教育力量，有着重要的研究意义。经过大量的采访、资料整理和研究分析，认为高校院史文化有但不限于以下三方面特点与作用。

1. 院史文化教育是新时代育人工作的根本要求，是加强和改进大学生思想政治教育的重要途径

院史育人在思想政治引领和价值引领方面成效显著。思想政治教育与校园文化具有密切的联系，其中校园文化是思想政治教育的主阵地和载体，思想政治教育是校园文化建设的根本保证。中共中央发出的《关于进一步加强和改进大学生思想政治教育的意见》中指出“加强和改进大学生思想政治教育的途径之一就是加强校园文化建设”，而院史文化作为校园文化的重要构成部分，利用学院历史和现实中积极因素对大学生进行引导和教育，利用院史文化中的先进思想对大学生，特别是入学新生进行感化熏陶，增加其对学院文化的认同感和融入感，从而“打上具有学院特色和个性的烙印，以潜移默化方式长期发挥复制和创造的功能”。

例如在对涂序彦教授的访谈中他谈到自己当年的求学经历：“1955年我20岁，大学毕业，是华中工学院电机系、电机与电器专业第一届的毕业生。本来许多老师、同学，都认为我毕业后，一定会留在华中工学院当老师。然而公布毕业生分配名单，却把我分配去武汉河运学院（大专升级的新学校）。当时，我感到：很意外！我又是怎样挺过来的？我决心：面对现实，绝不灰心！去武汉河运学院，好好干！我努力工作、认真负责、积极上进，受到电工教研室主任胡行定教授的表扬。后来，武汉河运学院选派我，去上海交通大学造船学院进修，作为苏联专家指导的副博士研究生，成为研究生班名列前茅的优秀研究生，得到苏联专家的赞扬。1956 年我 21 岁，报考了中国科学院自动化研究所的副博士研究生，导师疏松桂先生，录取我为第一名，因此，我决定去北京，攻读自动电力拖动专业的副博士研究生，研究长江三峡升船机的多电动机的同步协调控制系统。1960 年我 25 岁，在钱学森、疏松桂先生指导下撰写了《多变量协调控制理论及应用》学术论文，发表于《第一届国际自动控制联合会 IFAC 论文集》第一卷。”

正是通过这种最贴近学生的实际案例，院史深入浅出地将思政教育、价值观引领蕴含其中，潜移默化地将计通精神植根于每一名计通人心底。发挥院史的传承作用以及凝聚作用，使学生深刻感悟其中的真理魅力、实践魅力、人格魅力，进一步增强“四个意识”，激励并感召学生通过不懈努力在实现中华民族伟大复兴的进程中完成自我价值的转化。

2. 院史文化教育具有特色化和示范性相统一的特点，是提升育人效果的重要资源

院史文化有助于完善学院育人体系，提升学院育人水平，适合本院学生实际，能够促进学生发展，充分尊重和满足学校师生的独特性和差异性，特别是能使学生在学校思政教育难以满足的那部分发展需要得到更好满足。学院的历史文化恰好能满足这一需要。从内容上讲，学院历史文化是一所学校的文化总和，历经数十年融汇而成，它包含了学院历史、文化形态、生活习惯、学院风气、学院制度、学院传统等诸多内容，虽然有些并不十分科学，但其先进部分在今天仍然具有重要的意义和价值，对学生了解自己学院的优良传统、优秀文化、先进制度和理念，激发学生内心的光荣感和自豪感有着不可或缺的重要作用，能够为他们形成正确的世界观和人生观打下良好基础。由此可见，院史文化是学院乃至学校重要的教育资源，对学生的全面发展和成长有着不可估量的作用。

例如在对隆克平教授的采访中，当谈到学院历年发展情况时他提到："我们学科经过这些年的积淀，已经进入了一个良好的发展态势。借着这个势头，这次双一流我们也部分参与了，因为我们学校四个双一流不是传统意义上的，而是需要重新整合，所以我们也参与了一部分。现在计算机和通信，还算是朝阳产业，本来ICT技术已经是下午四点钟的太阳，结果马云和腾讯又把我们的ICT技术（信息通信技术）拉到早上十一点钟的太阳，借助于整个物联网、云计算、大数据、超算、高性能计算、人工智能，以及新一代网络（5G），这对于咱们搞计算机，搞通信的同学们，还有很多兴奋点和机会，对我们整个学科也是比较好的，关键是我们的老师和同学们，能不能抓住机遇，砥砺前行，针对我们要定院训的时候所要求的，我们的同学们一定要有追求卓越的精神，有脚踏实地的干劲，不要妄自菲薄，我相信我们这个学科，在这一轮一定能乘风破浪。"

通过将学生未来发展及职业选择的问题，以"借古鉴今"的方式将学院历史作为教育资源巧妙地传递给学生，以文化人、以文育人、以文塑人，从而与传统教育相结合，营造出良好的教育氛围，在新时代下切实增强了对青年学生人格、精神的全方位浸润、感染和熏陶。

3. 院史文化教育是学院精神的传承，是学院一流学科建设的文化根基

学院精神文化作用的发挥要依托载体，以生动、形象的形式显现出来，为广大师生所感知、体悟教育。而院史是最重要的载体之一，对于学院群体文化、制度文化、精神文化建设有着极大的推动作用。构建优秀的学院历史框架，能够为一流学科建设提供借鉴与参考，并指引着学院的发展方向，为学院的发展定位、办学规划、学科建设等方面提供重要可靠的历史依据。

例如在对曾广平教授的采访中，谈到他当年求学经历以及现如今对学科建设的感悟时，他讲到："从学生或老师这个角度上讲，差别还是比较大，首先现在的招新，就比较多了。比如我们计通学院，现在的研究生，一年可能上百，甚至一百多。那时候，我们一个计算机专业，我记得我们上研究生的时候是招10个人，所以老师面对的学生多了，学生直接跟老师交流的机会就少一些，感觉以前我们和老师，有点类似于早前师傅带徒弟的这种方式。现在学生比较多了，有的老师可能研究生有十几个，二十几个，这样就有点小班上课的味道。再一个就是每个学生特点不太一样，老师的时间、观察有限，不能把每一个学生的特点特色总结出来，然后对他实施有针对性的培养，但是这一点，以前的我们的老师就可以做到，所以现在要求我们的学生自己要有思想，自己要早早谋划，自己要有主见”。

通过对学院历史的梳理和交叉比对，总结出学院建设的发展规律，从而能够更好地建设优良的教风、学风，充分吸收古往今来的办学理念以及思想精华，丰富学院精神内涵，提升学院凝聚力，为学院发展建设提供参考与借鉴。

凝练精神文化　传承院史精神

院史文化研究是凝练学院精神文化佳径，也是学院凝聚力和生命力的源泉。 学院文化中有许多亚文化，其中最重要的是教师文化、学生文化、班级文化及行政管理人员文化。各个群体的价值观念、角色界定、目标认同、活动方式都会影响学院的团结稳定和资源整合。这就要求学院拥有简单、抽象和取得共识的核心文化，来引领各种亚文化，凝聚人心，使全院师生产生集体归属感。通过院史文化研究凝练出的优秀的计通精神文化不仅可以把计通学院现有师生凝聚在一起，而且可以将已毕业的学生与计通学院用情感将心与心连接在一起，而这种凝聚的力量将为计通学院的发展创造无限的生命力。

学院基本形成了“双横三纵”的院史收集和使用机制，可以随时对院史进行补充和整理，并且能将产出成果匹配至多种宣传渠道，切实有效起到思想引领与价值引领的作用。今后，我们在学院制度建设时，可以有意识地引入学院的计通精神、计通价值观；在学院网站和宣传栏等宣传阵地，可以通过宣传符合核心文化的典型人物和事件，大力宣传优秀教师的优秀事迹，实现计通文化在价值观上的引领；在文娱活动等最容易被广大师生接受的方式，可以通过开展以爱国主义、集体主义为主旋律，以计通精神的责任、诚信、奉献、团结为主要内容的活动来营造积极向上的文化氛围，从而使参与者在较为轻松的形式下受到启发和教育。

院史文化的研究以及计通精神的建设并不是一蹴而就的，是需要一个长期进行培养和孕育的过程。而其培养的方法和孕育的手段不仅需要不断的钻研探索，更需要敏锐清晰地洞察党和国家的发展大势，将院史研究提升到校园精神文化建设的层面上来，牢牢抓住培养社会主义建设者和接班人的根本目标，坚持立德树人，不断加强对精神文化建设规律性的研究，在实践中注重总结经验，理论联系实际，形成具有学院特色的精神文化建设体系。

（2017 年立项项目　撰稿人：纪洪广）

倡导传统文化　读书指导人生

目前在大学生中普遍存在着“消解”文化、“水煮”经典、热衷网络快餐和择书不精、读书失法、舍本逐末的不良现象，特别是对中国传统文化的阅读不足问题。根据问题，有针对性地在当代大学生读书活动中，引导他们处理好读与不读、精读与泛读、阅读与思考、理论与实践相结合的辩证关系，对他们思想进步、思维开阔、行为成熟产生良好的指导效应。

读书是弘扬传统文化，培育和践行社会主义核心价值观的有效途径和手段。为积极响应《教育部关于印发〈完善中华优秀传统文化教育指导纲要〉的通知》（教社科〔2014〕3号）精神要求，贯彻落实党的十八届三中全会关于完善中华优秀传统文化教育的精神，落实立德树人根本任务，进一步加强新形势下中华优秀传统文化教育，深化中国特色社会主义教育和中国梦宣传教育，培育和践行社会主义核心价值观，提高学生对中华优秀传统文化的自主学习和探究能力，培养学生的文化创新意识，增强学生传承弘扬中华优秀传统文化的责任感和使命感。

开展“书目传香”活动，校长、校友推荐图书

1. 定期邀请校领导和校友为全校学生推荐关于中国优秀传统文化的书目。

2. 通过学校多种宣传平台予以宣传推荐，并联合学校宣传部、学工部、团委等多个新媒体平台进行推送。

3. 适时邀请校领导和校友与广大学生开展多种形式的读书交流活动，探讨中国传统文化内容，共同品读中国传统文化精髓。

校友推荐图书是“书目传香”活动的具体表现形式和一大亮点。项目组充分权衡了目前大学生已经习惯阅读快餐类的书籍，很难接受略微晦涩但却蕴含深意的传统书籍的现状，相较于目前大学生而言，校领导和校友广泛的阅读和丰富的人生经历都会对传统文化有更深刻的理解，对于传统文化书籍的解读也会有更高的层次，他们的推荐会对目前大学生对传统文化的阅读有一定的引导作用。校友也经历过目前大学生所经历的阶段，更能了解当代大学生对于图书的认知程度，深入地从符合学生需求的角度推荐更容易让其接受的书籍。故通过书单征集的方式向校领导和校友寻求好书，将学生的需求反馈给他们，使他们更有针对性地推荐书籍，最终通过整理汇总得出推荐书单。并最终通过学校的宣传平台进行宣传，使更多的同学接触到这些书籍，从而达到倡导传统文化的目的。

活动的一大亮点就是通过新媒体的方式展示书单。在当代互联网及新媒体快速发展的时期，学生已经习惯于通过手机、网站来汲取信息，这也是快餐书籍盛行的原因之一。我们倡导传统文化，想要提倡学生利用读书来升华自己，并不一定要利用传统方式，反而可以与目前的新媒体结合，让学生在手机上看到的不仅仅是快餐文章，在吃饭或者闲暇时也可以有优秀书籍作为陪伴。所以我们选择利用微信公众平台进行推送，将校友推荐书单的封面信息以及内容导读推送至微信公众平台，学生可以通过导读了解书籍内容，有针对性地去阅读自己感兴趣的书籍。

在活动结束一段时间后，通过微信平台的方式向同学们征稿，了解同学们对于推荐书单的阅读和理解情况。希望他们通过这次活动不仅仅是被动地接受书籍内容，而是能够学会自己去探索更多的传统文化，用有益书籍代替快消费无营养的书，从中获得更多的知识内涵。有同学反映通过这种推送方式，让他们更加方便快速地阅读到优秀书籍，省去了很多不必要的麻烦，不会像之前一样需要通过查询的方式了解一本书，提高了阅读的效率；也有同学反映如果能够有读书角或者读书沙龙的方式更直接面对面交流一本书籍会更加深刻。我们会总结学生的反馈意见，在以后的活动中丰富和完善。

营造良好读书氛围，让传统文化源远流长

活动中，可以发现学生还是对传统文化的理解很片面，因为不深入所以不深刻，但是对其探索的欲望也很强烈，所以应该通过多举办图书推荐和读书沙龙的形式多多邀请校友及有经验人士与学生面对面进行图书探索，给他们提供一个了解传统文化的平台，让他们不仅仅停留在对传统文化理解的初级阶段，让一些晦涩难懂的文字变成一幅幅图画和场景展示在学生面前。如此激发学生的阅读积极性，让阅读脱离快餐书籍，真正回归底蕴文化，让中华传统文化通过阅读在学生心中生根发芽。读书之路还很漫长，校友推荐的图书也只是汪洋大海中的一片水湾，学生需要阅读的不仅仅只是这部分图书，读书之路漫长且意蕴深刻，需要我们加以引导，也需要学生自身积极响应，通过多方共同努力，营造良好读书氛围，通过读书让传统文化源远流长。

书单附录

[1] 吉林出版集团 . 典藏世界 . 吉林出版社，2010.6.1.

[2] 于立文 . 心理学 . 辽海出版社，2014.7.1.

[3] 罗伯特 · B. 西奥迪尼（美）. 影响力 . 中国人民大学出版社，2006.

[4] 马斯洛（美）. 人的潜能和价值 . 华夏出版社，1987.1.30.

[5] 克里斯 · 安德森 . 长尾理论：为什么商业的未来是小众市场 . 中信出版社，2015.8.

[6] 吴晓波 . 大败局 . 浙江大学出版社，2013.11.

[7] 吴晓波 . 激荡三十年 . 中信出版社，2014.8.1.

[8] 理查德 · 保罗，琳达 · 埃尔德（美）. 批判性思维 . 新星出版社，2006.

[9] Peter Thiel，Blake Masters. Zero to One. Crown Business，2014.9.16.

[10] 郭晓科 . 大数据 . 清华大学出版社，2013.1.

[11] 史蒂芬 · 柯维（美）. 高效能人士的七个习惯 . 中国青年出版，2015.2.1.

[12] 余华 . 活着 . 作家出版社，2012.8.1.

［13］蕾秋·乔伊斯（英）.一个人的朝圣.北京联合出版公司，2013.9.1.

［14］查尔斯·汉迪.思想者：查尔斯·汉迪自传.浙江人民出版社，2012.4.1

［15］当年明月.明朝那些事儿.北京联合出版社，2011.10.1

［16］芭芭拉·明托（美）著.汪洱，高愉 译.金字塔原理.南海出版社，2011.11.1.

［17］海明威（美）.老人与海.人民文学出版社，2012.6.1.

［18］司汤达（法）.红与黑.上海文艺出版社，2007.8.1.

［19］田刚.把工作当事业.世界知识出版社，2008.3.1.

［20］侯俊杰.深入浅出 MFC.华中科技大学出版社，2001.1.2.

［21］Andrew Koenig，Barbara Moo（美）. C++ 沉思录.人民邮电出版社，2008.2.1.

［22］David Kruglinski（美）. Visual C++ 技术内幕. Microsoft 出版社，4.9.

［23］彼得·德鲁克（美）.管理的实践.机械工业出版社，2009.

［24］赵坤，张林.心理学导论.中国传媒大学出版社，2009.10.

［25］司马光（宋）.资治通鉴.岳麓书社，2009.1.1.

［26］李笑来.把时间当作朋友.电子工业出版社，2013.10.1.

［27］陈春花.从现在开始：大学生的七项修炼.机械工业出版社，4.11.

［28］小仓广.做事的常识：事情一来，马上就知道怎么做.北京联合出版公司，8.15.

［29］小山升.准备好了吗？开始工作吧！.北京联合出版公司，8.15.

［30］John G.Miller.问题背后的问题.电子工业出版社，2015.4.1.

［31］苏杰.人人都是产品经理.电子工业出版社，2014.9.1.

［32］路遥.平凡的世界.北京十月文艺出版社，2013.12.1.

［33］朴槿惠.朴槿惠自传.译林出版社，2013.5.1.

［34］白岩松.白说.长江文艺出版社，2015.9.1.

［35］罗素.西方哲学史.商务印书馆，1976.6.1.

［36］弗里德里希·奥古斯特·冯·哈耶克.通往奴役之路.中国社会科学出版社，8.15.

[37] 莱斯（美）. 精益创业 . 中信出版社，2012.8.1.

[38] 艾・里斯，杰克・特劳特 . 定位 . 机械工业出版社，2013.12.7.

[39] Walter Isaacson（美）. 乔布斯传 . 中信出版社，2011.10.1.

[40] 艾萨克森（美）. 创造者 . 中信出版社，2014.8.1.

[41] 黛安娜・苏柯尼卡（美），丽莎・劳夫曼（美），威廉・本达特（美）. 职业规划攻略 . 化学工业出版社，5.14.

[42] 凯文凯利 . 失控——全人类的最终命运和结局 . 新星出版社，2011.3.

[43] 易富贤 . 大国空巢 . 中国发展出版社，2013.2.1

[44] 勒庞（法）著，冯克利 译 . 乌合之众 . 中央编译出版社，2004.1.1

（2015 年立项项目　撰稿人：张卫冬）

品读经典　阅读大学
引导新生走好大学第一步

为深入贯彻落实中央关于培育和践行社会主义核心价值观的意见要求和习近平总书记关于弘扬中华传统文化系列重要讲话精神，结合教育部办公厅关于开展第二届“礼敬中华优秀传统文化”系列活动的通知，落实学校“礼敬中华优秀传统文化”活动部署，学工部以“礼敬中华优秀传统文化”为核心，以培育和践行社会主义核心价值观为主线，紧密贴合新生的特点、需求及成长规律，以“传承传统文化、创建优良学风、建设书香校园、构建阅读习惯”为目标，以“品读经典 阅读大学”为主题，通过开展形式多样的新生主题阅读活动，引导新生汲取传统文化精髓，认知阅读、喜爱阅读、习惯阅读。在读书中思考、在读书中学习、在读书中成长，营造了浓郁的校园阅读氛围，取得了一定实效。

“铎音雅韵，品鉴北科”，使新生阅读有分享

1. 倡导新生阅读传统文化经典书目，阅读《师韵》《满井村》等反映北科大历史师生精神风貌的作品和传统文化经典书目，并要求新生撰写读后感，使接触北科不久的新生对北科的光辉历史和传统风貌有了系统和完整的认识，对六十余年来擎起北科火炬的人物产生敬仰之情，做北科人，弘扬传承北科精神，为新生之后四年的学习生活奠定了强大的精神基础。

2. 立足传统文化及学生成长，邀请专家学者、知名校友为新生推荐成长书单，为新生提供书单导引；邀请各专业系主任为每专业推荐 2 本专业课外阅读物，帮助新生更好认知专业；要求新生从推荐的书单中选取至少

3 本图书，完成阅读并撰写书评；将读书活动与新生成长对话课、主题班会等有机结合，在其中设置读书分享会环节，鼓励新生分享读书感悟、展示读书收获，同时促进了学生间的思维交融，让每个人一本书的分享变为一班同学一系列图书精华的智慧碰撞；分享结束后收集总结材料组织优秀主题阅读活动评选。

3. 在新生刚进入大学的关键的适应转换期，组织新生开展“品阅大学，展望人生”系列主题讨论会，使新生在阅读中温暖心灵、在阅读中找寻方向、在阅读中建立信心、在阅读中提高涵养。

活动期间，共收集书评、读后感 4000 余篇，确保新生每人至少一篇全覆盖；形成各学院、专业课外推荐书单 1 份，涉及图书 40 余本，为新生了解专业提供了有效借鉴；开展主题讨论读书会 20 余场次，使新生通过阅读全面快速地适应大学生活，增强明辨能力。

“发现身边的读书达人”，使新生阅读有榜样

1. 依托“贝壳学子”——学工部官方微信公众平台，进行线上线下协同，开展“发现身边的读书达人”活动，从普通新生中发现“读书达人”；积极开展线下交流活动，发现身边志同道合的“书友”。通过书本、阅读、书评相互认识、相互理解，在大学伊始交到兴趣相投的好友，积极交流，思维碰撞，擦出更多更精彩的火花，将阅读的习惯不断传播开去。

2. 开展读书沙龙，邀请在传统文化方面有思考、有研究的师生作为嘉宾，与同学们面对面，亲密无间地进行交谈，共同分享阅读感悟、畅聊传统文化、展示读书魅力，既展示优秀传统文化的特殊魅力和严肃认真，又不失当代青年的活泼与生动。

3. 开展阅读主题讲座，邀请知名学者从学术的角度为同学们讲述文学的典雅，历史的悠扬，传统的魅力。使同学们了解阅读的力量，文字的力量。不仅在新生中营造浓厚的读书氛围，更推动了传统文化在新生中的接受度，使传统文化真正地能够在新生心中扎根，多方面促进新生成长成才。

依托线上线下融合、协同，共计推选读书达人 20 余人，开展读书沙龙 3 场，阅读主题讲座 1 场，使新生阅读有榜样可循，有目标可追。

“感受书香魅力”，使新生阅读有所学

1. 发挥校园新媒体平台的力量，探索“有意思，更有意义”的传播方式，在把握大学生阅读习惯的前提下，在“贝壳学子”微信公众平台开设读书专栏，定期推送优质图书节选内容、读书方法摘编、优秀读书笔记、书评等读书相关内容，帮助大家利用碎片化的时间进行对传统文化的阅读与思考，形成“线上线下同步阅读”的良好学习氛围，引导新生渐渐认知阅读、认同阅读、喜爱阅读、习惯阅读。

2. 在新生中开展书评征文评选活动，激励新生在阅读的基础上，对所阅内容进行吸收、提炼、应用，巩固阅读成果，提笔撰写书评，以书评促进阅读，提升阅读体验；并对获奖书评进行推广宣传。

3. 开通“你的贝壳我的心”微信平台微电台，以学生喜闻乐见的方式进行优秀书籍推荐，并推送由新生撰写的精彩书评，既有《边城》的人性之美，也有《解忧杂货店》的悲欢离合，也有《目送》的饱满温情；依托于每周的推送，微电台和贝壳学子平台将每一个人的感悟和思考向整个校园传播，不断地吸引了越来越多的新生，放下手里的鼠标和手机，拿起书本，进入理性和知识的殿堂，升华自我，在校园内形成浓厚的阅读氛围。

共计网上推送优质图书节选内容、读书方法摘编、书评等内容 30 余篇次，推送“你的贝壳我的心”微信平台微电台 8 次，阅读量超过 15000 余人次，在新生中形成了浓厚的交流分享氛围。

通过“品读经典 阅读大学”新生主题阅读活动，使阅读在新生心中从枯燥的行为变成能有所感有所悟的心灵旅程，加深了新生对于阅读的全新理解，提高了新生对于阅读的兴趣，对于引导新生建立良好的阅读习惯具有重要意义，使中华优秀传统文化进北科校园、进校园网络、进学生头脑、进学生实践，在新生群体乃至整个校园内形成了健康、积极、多元化的阅读氛围，切实引导、帮助新生走好大学第一步。

（2015 年立项项目　撰稿人：于成文）

“魅力北科大”微信平台及生物课程认知实习教学平台校园文化建设

为进一步加强校园文化建设，传承历史文化，宣传美丽校园，增强师生、校友爱校荣校意识和认同感，建设生物课程认知实习教育教学平台和数据库，打造具有北科大科技特色的校园文化品牌，由化学与生物工程学院牵头，结合学科和专业优势，在党委宣传部、后勤服务集团、资产管理处、离退休职工处的指导和关心下，策划主题为“魅力北科大”微信平台及生物课程认知实习教学平台的校园文化建设项目。项目旨在推出一款关于校园植物、动物、建筑的名为“MEILI 北科大”的数据库和生物课程教育教学课件，赋予他们丰富的内涵和文化，使之成为弘扬历史文化、传承科大精神、展现魅力校园、开展爱校教育的一个具有北科大科技特色的校园文化品牌。

开发校园文化宣传阵地，建立“MEILI 北科大”微信平台

在充分调研和广泛收集资料的基础上，项目组组建专项小组，负责微信平台的开发和日常维护，目前“MEILI 北科大”微信平台已于校庆期间上线，每周推送两期。平台共收录校园建筑、校园植物、校园动物三大类 242 个知识条目，校园动植物及建筑物照片数百幅，形成了 193600 字的微信数据库，集知识性、文化性、娱乐性为一体。目前，这款推广北京科技大学校园动植物、主体建筑及其背后历史故事的微信平台——“MEILI 北科大”已成为师生、校友关注和谈论的焦点，深受广大师生校友好评。

完善校园动植物知识库，建设生物课程认识实习教学课件

生物系承担着学校生物类教学的基础课，之前有关植物、动物的认知实习还停留在校园参观、植物园、鹫峰等参观现场辨认采集标本的初级阶段。本次文化建设，为生物类课程的课外实践和认识实习提供了新的平台。学院搜集师生、校友拍摄的优质图片，查阅《中国植物志》《中国植物物种信息库》《中国动物志》《百度百科》等权威学术资料库，建立了校园植物、动物图片数据库，邀请北京林业大学及学校生物系相关专家现场指导，为校园植物悬挂标识牌，在校园动物经常出没地带设立标识牌，用手机扫描动植物标识牌上的二维码即可获得该生物的名称、别名、学名（拉丁文）、科、属、原产地、用途、分布等详细的信息，内容丰富翔实、生动活泼，寓教于乐，建设成为我校生物类基础课程的认知实习补充课件。

项目组成员精心设计、认真比对，对标识牌的形状、大小、材质进行了多次尝试，确保其经久耐用、美观大方。

挖掘建筑物背后故事，展现校史文化内涵及独特魅力

我们通过采访老教师、老校友，查阅校园出版物等方式，搜集师生、校友拍摄的优质图片，查阅大量相关资料，建立了校园建筑物图片数据库，对校园内主要的古老建筑悬挂标识牌。用手机扫描建筑物或动植物标识牌上的二维码，即可了解建筑物建设年代、原址建筑及现有建筑的简介和图片、历史故事及文化内涵；了解动植物的学术知识及人文精神与内涵。赋予了动植物及建筑物独特的科大文化，深入挖掘其在北科大发展建设过程中，背后经历的独特的故事，重新定义其承载的文化内涵。

例如西校门，我们收录了北京科技大学的前身天津大学（北洋大学）、清华大学、北京工业学院、山西大学、唐山铁道学院、西北工学院六所学校的校门，直到我校建校不同时期北京钢铁工业学院、北京钢铁学院、北京科技大学的各种校门风貌，配以文字讲述学校的发展历程。再例如主楼建筑群，项目组从主楼建设开始搭脚手架的图片开始，展现了不同历史时

期、春夏秋冬主楼建筑群的美景、学校的航拍图，党和国家领导人周恩来、朱德、邓小平等以及国际友人西哈努克亲王到访学校的图片等；同时讲述了“钢铁摇篮”“为中华之崛起”“钢铁摇篮之歌”等历史故事。

挖掘校园动植物精神内涵，将其融入校园文化

此次文化建设中，我们认真查阅相关资料，深入挖掘校园动植物的精神内涵，并将之与校园文化紧密结合，赋予校园动植物独特的校园使命。例如化学与生物工程学院深入学习和挖掘栾树精神，将化生楼前的一排栾树定为化学与生物工程学院院树，用“栾树精神”代指“化生精神”。从栾树属植物的别名、生长过程细致分析，总结栾树的独特风骨，凝练出与之对应的化生精神。

化学与生物工程学院“栾树精神”简介：

无患子科栾树属植物早春紫红色嫩叶娇嫩而可爱，夏末明黄色花朵似金雨飘落 ，秋冬铁红色蒴果如灯笼满树，花、叶、果、种、木皆有功用。总结栾树属植物精神特点为“大夫品格、占春十月、周身皆宝、四季分明，有着风韵独特且不随历史和季节的变迁而消泯的风骨”。其品格和精神体现化生精神：以扎实丰富的专业知识结合坚韧不屈的品格在众多相关领域有所建树的理科精神；全员育人、全方位育人、全过程育人，针对不同学生、不同时期因材施教，培育卓越学子的育人理念；化生学子在职业生涯各个阶段都能展现自身特色、发挥自身优势、争取优异成绩的坚韧品质。栾树的记载，最早见于《山海经》:“有云雨之山，有木名曰栾。禹攻云雨，有赤石焉生栾。黄本，赤枝，青叶，群帝焉取药。”是无患子科栾树属，落叶乔木或灌木。寓意化学学科在学校悠久的历史，无患子科，寓意学院培育人才不计其数。

开设校史知识课堂，发挥校园文化育人作用

校史知识，在校园里有着独特的文化魅力和育人效果，目前以学校校

史馆为依托，已开发北京科技大学校史文化宣讲课堂，由项目负责人郑安阳主讲，每年面对化学与生物工程学院新生、全校研究生新生党员开展专题党课教育，目前正与北京科技大学附中合作，即将为附中学生开设北京科技大学校史讲堂。

探寻“钢院足迹”，礼敬校史文化，保护校园文化

我校的前身是北京钢铁学院，在学院60余年的发展建设过程中，每个时段都有着不可磨灭的作用，随着时代的发展、岁月的流转，老钢院留给我们的印记正在逐渐消失。作为科大人，努力探寻科大校园内的钢院印记，是新一代科大人礼敬传统、尊重历史、继承传统、继往开来的体现，为此，项目组发起“寻找钢院足迹”主题活动，通过寻找钢院井盖、钢院校徽、钢院字样、建校初期延续至今的事物、学校悠久传统等与钢院有关的印记，进一步唤起师生对校园文化的感悟与思考，以进一步加强校园文化建设，传承历史文化，宣传美丽校园，增强师生、校友爱校荣校意识和认同感。

（2015年立项项目　撰稿人：郑安阳）

学习传统廉政文化　传承爱国主义精神

为进一步弘扬中华优秀传统文化，开展大学生廉洁教育，深入推进我校廉洁文化建设工作，纪委监察室按照“礼敬中华优秀传统文化”课题研究计划，从2016年7月份起，指导马克思主义学院学生社团“满井廉洁学社”，组织开展了以“学习传统廉政文化，传承爱国主义精神”为主题的系列活动。

高度重视，精心组织

纪委监察室组织召开专门会议，讨论、研究、部署相关工作，部门领导提出相关工作要求，指出要创新和发展廉政教育形式，从凝聚学校文化精神、增进文化认同、营造校园廉政文化氛围、推动大学廉政文化传承创新四个方面充分拓展课题研究的内涵。纪委监察在认真研究历年课题成果的基础上，结合我校学生开展廉洁教育的相关情况，提出了读书交流、组织征文比赛、辩论赛等数十个活动方案，充分考虑了活动的针对性、可行性以及学生自主性等方面因素，精心筛选出了以“满井廉洁学社”为依托开展大学生廉洁教育活动的具体方案，分别制定了具体的活动计划，指派了专门负责人员，确保了课题的顺利进行。

形式多样，内容丰富

（一）读书交流活动

“读书交流会”是本次课题研究的核心活动。纪委监察室邀请北京大学、中国矿业大学（北京）以及我校廉政教育研究中心的专家学者为学生拟出了近200本爱国图书和廉政文化建设方面的书记目录，内容涵盖中国传统文化思想、中国传统廉政文化、古代廉政制度、廉吏传、反腐败与经济发展、西方反腐败的措施等多个方面，兼顾了理论性与可读性。在提供读书目录、赠送部分图书的同时，纪委监察室对学生的读书提出了具体要求，明确了读书笔记的格式，布置了交流发言任务。

2016年9月21日，满井廉洁学社依托马克思主义学院研究生会组织举办了以“与好书的一次浪漫约会”为主题的读书交流会活动，学院2016级全体社员参加。6名同学分享交流了《占有还是存在》、乔纳森的《卡尔·马克思》《理解媒介》等书籍的读书心得报告。此次读书交流活动给同学们提供了一个彼此交流沟通的机会，通过分享读书心得更好地开阔了视野，增长了知识，同学们普遍反映收获很大。此次读书交流会鼓励同学们读好书，好读书，为今后更好地学习专业知识、提升个人修养打下了良好的基础。

（二）参观教育活动

为了让广大学生开阔眼界，增强廉洁意识，提升爱国爱校情怀，纪委监察室指导满井廉洁学社组织了校内、校外多次参观教育活动，让同学们接受爱国主义与廉洁文化教育。

参观校史馆。2016年9月8日下午，满井廉洁学社的同学们到北京科技大学校史馆参观学习。同学们的此次参观收获很大，正如他们所说：通过参观对学校的办学历史、办学成就有了一定的了解，前辈们的先进事迹深深地打动了同学们，为同学们树立了学习的榜样，同时也感受到作为一名小贝壳的自豪感，同学们表示要秉承学校优良传统，在自己的学术专业领域内可以有更好的发展、更大的突破。

廉洁推广活动。为了使廉洁文化深入校园，提高同学们的廉洁意识以及对廉政知识的了解，2016 年 11 月 20 日，北京航空航天大学、北京科技大学、北京联合大学、北京体育大学、中国矿业大学五校联合举办了“12 · 9 廉洁活动月系列活动”之“12 · 9 廉洁推广——首都大学生健走活动”。

活动邀请到了北京航空航天大学廉政研究所副所长杜治洲老师为大家讲授廉政知识，分析廉洁文化的重要性以及反腐败工作与当代大学生之间的关系。参加活动的五校廉洁社员共同宣誓，防止腐败现象发生，自觉抵制腐败行为，宣誓结束后，同学们走向校园和街道，发放廉洁宣传单页，向广大群众介绍廉政知识。

此次活动不仅使参与者自身对于廉洁知识和文化有了深刻的认识，更使过往的行人被活动氛围所感染，加入到了学习的大队伍当中，为当代青年大学生学习廉洁相关知识提供了平台。

参观石景山反腐倡廉教育基地。2016 年 11 月 17 日，满井廉洁学社组织马克思主义学院研究生与本科生共 34 人，到北京石景山反腐倡廉教育基地进行参观与学习。石景山反腐倡廉基地的讲解员用专业素养与丰富知识为学社成员细心地讲解了关于中国反腐倡廉的历史、现状与未来。同学们在讲解员的带领下依次参观了倡廉厅、践行厅、警示厅以及展望厅。每一个厅所展示的内容虽然不一样，但是都有一个共同的主旨，即“远离诱惑，抵制腐败”。同学们不仅可以看到相关文字图片的介绍与说明，还可以通过观看影片，更加形象具体地了解到中国反腐倡廉的情况。

本次活动为大学生提供了一个了解中国反腐倡廉工作的机会，同学们纷纷表示，作为大学生不仅要从思想观念上进行反腐倡廉，更要在现实生活中有所行动，从周围的每一件小事做起。

（三）理论研究工作

参加北京市纪检监察学会课题研究。2016 年，纪委监察室承担了北京市纪检监察学会“2016 年度重大课题研究”的项目“高校党风廉政建设研究”。在课题研究过程中，满井廉洁学社的部分同学也参与进来，参与了课题的设计、资料的收集与整理、调查问卷的制作等工作，带领廉洁学社同学到京内和京外高校进行调研，同学们在参与课题的过程中，得到了锻炼，提升了理论水平及研究能力。

举办“加强党风廉政建设，推进全面从严治党”专题讲座。2016 年 12 月 1 日，由满井廉洁学社牵头举办的“加强党风廉政建设，推进全面从严治党”专题讲座在北京科技大学逸夫楼 307 教室举行。讲座邀请到了清华大学公共管理学院党委书记、廉政与治理研究中心副主任过勇老师作为主讲嘉宾。过勇老师以丰富的学识为到场的师生详细解读了十八届六中全会的主要精神，并对《关于新形势下党内政治生活的若干准则》和《中国共产党党内监督条例》两个重要文件进行了解读，过勇老师的精彩讲解赢得了在场师生的热烈掌声。通过讲座的方式开展廉洁教育，能够让广大学生深入了解当前的反腐败形势，培养拒绝腐败的意识，从自我做起，让廉洁之风常驻校园。

举办“反腐败形势与任务分析”专题讲座。2016 年 11 月 21 日，满井廉洁学社牵头举办的反腐败形势与任务分析专题讲座在北京科技大学逸夫楼 307 教室举行，主讲嘉宾是管理总会廉政分会会长、中国监察学会常务理事、北京航空航天大学公共管理学院教授、廉洁研究与教育中心主任、博士生导师任建明教授。廉洁学社成员以及来自各个院、系，校级学生等 500 余名同学参加了本次讲座，北京科技大学廉政研究中心副主任、全国高校廉政学会副秘书长宋伟副教授出席了此次活动。

讲座中，任老师从目前我国反腐败的形势出发，向大家阐述了我国目前反腐败斗争的高压态势，让大家坚定反腐倡廉的决心。同时本着发展的理念也要勇于迎接腐败带来的挑战、积极应对，指出反腐败斗争关键在制度建设的主要观点，从 6 个方面为我国反腐败建设指明了方向。之后在提问环节，任老师与现场同学们精彩互动并解答了大家的疑问，赢得了热烈掌声。

大学生廉洁教育是一种“岗前”教育，直接关系到我国党风廉洁建设的未来。廉洁教育进课堂，是对学生进行廉洁教育的有效形式，能够让学生养成廉洁诚信的思想意识和理念，坚决遏制腐败。

成果显著，目标明确

一年来，纪委监察室各位老师与满井廉洁学社的同学们密切配合，精心组织开展了“学习传统廉政文化，传承爱国主义精神”为主题的一系列活动，通过读经典、听讲座、观基地、讲心得等形式在大学生中开展爱国主义教育和廉洁教育，取得了显著成果。培养和锻炼“满井廉洁学社”，使其成为一个非常活跃的、能自主开展大学生廉洁教育活动的学生社团，搭建了大学生爱国主义教育和廉洁教育活动平台，大大拓宽和加深了大学生对腐败的认知，提高拒腐防变的能力，增强了同学们的廉洁意识。

下一步，纪委监察室将带领满井廉洁学社的同学们，继续做好理论研究工作，提升广大同学的理论水平和实践能力，搭建好爱国主义与廉洁文化相结合的党风廉政建设宣传教育平台，为进一步推进大学生爱国主义教育和廉政文化教育做出新的贡献。

（2016 年立项项目　撰稿人：曲雁）

“寻找钢院·烙印”主题教育活动

——保护校园历史遗物　传承北科大历史精华

为深入贯彻落实中央关于培育和践行社会主义核心价值观的意见要求和习近平总书记关于弘扬中华传统文化系列重要讲话精神，在学校党委宣传部的指导下开展“寻找钢院·烙印”主题教育活动。

北科大的校园历史遗物是学校发展的重要见证。每个人在北科大的校园中都曾感受过老钢院留给我们的历史痕迹，可能是一座建筑，也可能是一条道路、一扇门、一个井盖、一砖或一瓦。也许就是那一瞬间的触动，牵引起万千思绪，让我们在回味中感悟，在感悟中成长。我们都有着共同的北科梦和中国梦，也都有着自己的青春故事，而北科大，也有着属于她的故事。

前期，摄影比赛。通过“魅力北科大”微信平台发布“寻找钢院·烙印”摄影比赛，面向全校师生举办主题摄影比赛，挖掘、发现校园中现存的钢院时期历史遗物；中期，专题讲座。邀请专家学者进行专题摄影讲座，激发大家爱校、荣校，热爱校园历史遗物的热情；后期，外展、素拓。将选出优秀作品进行外展，外展活动中提出保护校园历史遗物的倡议。另外，整理钢院时期井盖路线图，设计主题游戏，组织学生参加素拓。

主要是通过举办“寻找钢院·烙印”主题教育活动，寻找现在校园中存在的1988年以前的建筑、物品等钢院时期的痕迹，共同倡议保护校园历史遗物。

主题摄影比赛

发布通知，收集作品。前期通过“魅力北科大”微信平台发布“寻找钢院·烙印”摄影比赛通知，面向全校师生、广大校友举办主题摄影比赛，挖掘、发现校园中现存的钢院时期历史遗物，如：教室楼（现办公楼）、理化楼：1953年5月1日动工，11月落成；主楼：1954年动工，1955年落成；图书馆：1964年8月；毛主席像：1967年6月19日动工，10月11日落成；“为中华之崛起”牌匾：1980年夏天76级毕业生捐赠；“钢铁摇篮”牌匾1954年6月等。

线上投票。近20位参赛者的作品进入第二轮的评选，投票周期为12天。线上投票的第一名获得“最受欢迎奖”。

作品评选。将所有参赛作品整理、冲洗排序、编号，由评委进行打分。第一轮评审由魅力北科大编委会1名副主编、数名编委组成大众评审，此次评审占作品最终得分的40%，第二轮评审由专业摄影老师作为评委，此次评审所占比重为60%，两轮评分之和为作品的最终总分。根据分数高低颁发一等奖2名，二等奖3名，三等奖5名，优胜奖10名，并对在此次活动中做出突出贡献的集体与个人颁发“突出贡献奖”。

专题讲座

邀请专家学者进行校园专题摄影讲座，激发大家爱校、荣校，热爱校园历史遗物的意识。邀请了我校机关党委书记章东辉为本次比赛获奖选手、学校摄影爱好者以及化学与生物工程学院传媒中心全体骨干、学院宣传委员进行了题为“影像之中 视界之外”的校园专题摄影讲座。

主题素拓

钢院时期的井盖在校园中已不多见，它不像毛主席像、主楼群那样雄伟壮阔，也不像“为中华之崛起”“钢铁摇篮”牌匾那样时常被人关注，但它的存在确实是校园里一道别具特色的风景线，它见证了北科大人的昨天和今天，它见证了老钢院的辉煌和北科大的美好，它默默无闻，却让人肃然起敬。中期，整理钢院时期的井盖，规划路线图，设计“寻找钢院·烙印”主题游戏，组织学生参加素拓，通过主题活动，增强学生的爱校、荣校意识。

外展活动

将前期摄影比赛的优秀作品进行分类与喷印，在化生楼前举办外展活动，组织化生学院2016级新生以团日活动的形式参与此活动，共同纪念建党95周年、长征胜利80周年，开展知校、爱校、荣校的主题教育活动。活动中，向学生们发放“寻找钢院烙印——爱校荣校倡议书”，并在主题活动条幅上写下对学校的祝福话语，倡导同学们知校、爱校和荣校，用实际行动为母校增光添彩，用实际行动践行社会主义核心价值观。

“寻找钢院·烙印”——爱校荣校倡议书

亲爱的同学们：

历经64载沧桑积淀，北京科技大学形成了“学风严谨，崇尚实践”的光荣传统，熔炼了“求实鼎新”的校训精神。与此同时，象征着北京科技大学的文化精神不仅存在于校园每个角落里，也深深扎在了每个北科大人的心中。

今年是建党95周年、长征胜利80周年，我们进行了系列爱国主义教育，参加了主题团日活动，在国旗下宣誓，在12·9纪念日齐唱国歌……作为一名新生，一名“贝壳儿”“花生仁”，我们共同寻找钢院时期的文化烙印，学习北科大源远流长的历史文化，传承好北科大的文化和精神。为此，我们向大家发出倡议：

一、拜访老教师，传承北科精神

同老教师们交流互动中，时刻保持友善、热情的态度，讲礼貌、守规矩，仔细聆听前辈的谆谆教诲，及时给予反馈并积极主动提问，了解关于母校最动人的故事、感受前辈的人格魅力、体会北科大浓厚人文底蕴、学习北科精神，激励同学自尊自强，为北科发展建设贡献智慧与力量。

二、参观校史馆，了解学校历史

参观校史馆，了解校园历史、瞻仰前辈风采、一睹北科辉煌，校史馆作为最清晰地记录刻画了北科成长历程的地方，有着代表性意义：培养出的一大批优秀人才、研发出的一系列科研成果以及其他领域获得的诸多成就，无不体现着钢院的荣耀，参观校史馆将荣耀化成文化，在每一位科大人心中传递、扎根、发芽直至长成参天大树。

三、寻找历史元素，追溯历史发展

寻找校内富有历史意义的建筑和其他元素，感受时代变迁的同时铭记历史，校园内历史建筑历经了钢院 64 年历史，见证了钢院一步一个脚印的发展历程，有着不可替代性与不可再生性。通过媒体宣传增加大家对历史建筑的关注度与了解度，提高保护校园文化的意识。

四、崇尚求真务实，追求科学真知

坚持求真务实，潜心钻研学术，坚持追求真理、知行合一、精益求精，自觉维护学术尊严，实事求是、严谨治学，反对弄虚作假、编造数据、急功近利；坚持认真研究、严谨科研、脚踏实地，追求质量，反对浮躁之风、粗制滥造。

五、恪守学术道德，倡导优良学风

在学习科研及各类学术活动中，主动维护学术道德，严于律己，严格遵守国家有关法律、法规及学术规范，尊重他人知识产权，遵守校院相关学术规定，严明学术纪律；积极加强学术交流，规范课堂学习纪律，相互学习促进，自觉维护实验室科研学术环境，营造优良学风。

六、热爱学校，践行社会主义核心价值观

从小事做起，从你我做起，热爱校园环境，热爱校园文化，保护校园声誉，用实际行动爱校荣校，用实际行动践行社会主义核心价值观。

北京科技大学有着独有的“钢院文化”，它早已深深烙在每个人心中，激励着一代又一代的北科人拼搏进取，它更是作为一种精神形式被代代相传，校训“求实鼎新”即是如此，既是对学校“学风严谨、崇尚实践”优良传统的传承，也是学校深化改革、科学发展、不断铸就新辉煌的有力宣言。我们要从自我做起，发扬钢院精神，做不惧困难、实事求是、敢为人先、勇于创新的北科大人！

北京科技大学化学与生物工程学院
学院团委组织部、传媒中心
2016 级年级组
2016 年 12 月 17 日

通过主题摄影比赛，共收集、整理出 40 余幅钢院时期历史遗物的优秀影像作品。收集、整理出了北科大校园内现存的钢院时期的井盖数量、位置及影像资料。整理出钢院时期的井盖路线图，设计出一套“寻找钢院·烙印”主题游戏，作为学生素拓项目。制作系列“寻找钢院烙印”设计作品，logo、海报、纪念品等。

（2016 年立项项目　撰稿人：郑安阳）

“寻满井足迹·品理学之美”

为了礼敬中华优秀传统文化，立足校园文化建设，深入挖掘理学之美，使工作顺利有效开展，项目建设目标及内容计划以“123”模式进行，即一个工作目标、两项保障机构、三块建设内容。

一个工作目标：

梳理理学文化在学校发展历程中的发展脉络，对理学文化的发展有一个清晰的认知，并通过多种渠道落实理学传统文化的“继承”和“弘扬”工作。

两项保障机构：

1. 纵向成立由学院党委书记任组长，党委副书记任副组长，团委书记、研工组组长、各年级辅导员及部分学生骨干为成员的工作组。

2. 横向与暑期社会实践相结合，成立由36人组成的三支学生实践团队，保证在新媒体应用、资料查询、人物采访等方面人才的储备。

三块建设内容：

1. 查询文献、人物访谈，梳理理学发展脉络

利用校史馆、图书馆、档案馆等育人载体，挖掘校内理学相关的故居旧址、历史遗迹、文化遗产、景观景点和数理学院历史文本等，充分发挥校史育人功能，对理学发展历史系统地梳理。此外，采访理学发展中关键的人物，对他们的事迹进行整理，记录关键时期的关键人物、事件以及一些趣闻趣事。

2. 收集历史素材，制作数理学院的视频

在梳理学校理学脉络的时候注重历史素材的收集，素材包括视频、照片、文字，并对收集的素材以学校文化发展为背景进行整理。此外，拍摄目前数理学院的一些关键人物的访谈记录和工作、科研相关素材，制作一部北京科技大学数理学院的视频。

3. 通过新媒体渠道，传播继承校园理学文化

通过数理学院的新媒体渠道，宣传研究成果，在新生入学教育中，举办一系列活动，让学生了解学院的历史、专业的发展，完成一次理学之美文化继承的无缝对接。

思路清晰明确，活动有序开展

“寻满井足迹·品理学之美”工作组依托三支实践团队开展文献查询、人物访谈、素材收集，并运用新媒体手段对收集的素材整编和宣传，取得不错的效果。三支实践团队分工明确，第一实践团主要负责文献查询、收集素材、梳理理学发展脉络并编写理学历史发展书籍；第二实践团主要负责人物采访，整理采访稿并配合第一实践团编写书籍；第三实践团主要负责新媒体方面，包括制作视频、画册、logo、文化衫等。项目具体介绍如下：

首先，“寻满井足迹·品理学之美”工作组根据本次活动的主题，设计了本次项目建设的形象 logo，形象以理化楼南侧见证理学发展的“理学之树”和拱门为元素，设计为“M”的拱门和“P”的树，正好是数理学院英文首字母缩写“MP”，意寓理学的重要性和发展历程之不易。在形象 logo 的基础上我们还设计出学院的文化衫、纸袋、信纸、纸杯等文化产品。

其次，工作组前往国家图书馆、校图书馆、校史馆、重点理学学科实验室等地方查阅文献，结合校史梳理理学发展脉络；还采访了理学发展过程中关键时期的一些关键人物，如校友和在校老教师，追寻理学在学校发展历程中的发展脉络，并对他们的采访内容进行整理，采访过程留有视频文件；此外，我们还收集了理学发展过程中很多关键的图片进行留存。我们将所有收集的文字材料进行详细的整理，制作出一本理学发展的书籍。该书籍主要从学院概况（历史沿革、发展大事记、基本构成、师资队伍、人才培养、学术研究、发展远景）；学院专业介绍（数学与应用数学、理科实验班、黄昆班、应用物理、信息计算科学），主要从专业指向和培养计划；然后将1952年至2009年学院发展的大事记进行详细的介绍；关于对理学发展有突出贡献的中国近代史第一位女博士顾静徽教授、原辅仁大学数学系主任、法国数学天文学双博士刘景芳教授、中国科学院院士陈难先教授的事迹进行介绍；最后是将本次项目被采访老师的采访内容进行整理。将收集到的图片美化制作了一本理学发展画册，更直观清晰地看到理学发展的脉络。

最后，在学院的大力支持下，制作了2016年学院新的宣传片，将学院发展历史、现状及未来规划进行汇编，以视频形式进行展现，受到学院领导的一致好评。

成果保质保量，影响意义深远

以梳理理学文化为总的工作目标，除此之后，两项保证措施与其的完美配合，最终三块建设内容圆满完成。

收集历史素材，汇编理学发展手册。通过查阅文献，采访理学发展过程中关键时期的一些关键人物，追寻理学在学校发展历程中的发展脉络，并对他们的采访内容进行整理，还收集了理学发展过程中很多关键的图片进行留存，并制作了《理学发展图册》。此外，还将所有收集的文字材料进行详细的整理，制作出一本理学发展的书籍。

利用校园新媒体，传播理学新文化。工作组根据本次活动的主题，设计了本次项目建设的形象logo，在形象logo的基础上我们还设计出学院的文化衫、纸袋、信纸、纸杯等文化产品。

凝练理学历史，制作学院宣传片。数理学院近几年发展很快，科研、教学都取得了很多突破，在学院领导的支持下，在理学知识梳理的基础上，我们制作了数理学院2016年学院宣传片。

“礼敬中华优秀传统文化，立足校园文化建设，深入挖掘理学之美”是我们今后坚持不懈的努力方向，凝聚学校理学文化精神、增进理学文化认同、推动理学文化传承创新、切实加强大学理学文化建设。

（2016年立项项目　撰稿人：牛珩）

从六所院校矿冶学科的演进看北京科技大学文化传承

1951 年，为适应国家大规模经济建设需要，特别是重工业领域的人才需求，教育部开始按照“以培养工业建设人才和师资为重点，发展专门学院，调整和加强综合性大学”的方针，参照苏联模式，对全国高等学校进行大规模院系调整。1952 年，北京钢铁工业学院经调整合并成立。由此，中国近代史上第一个矿冶学科在这里传承和发展，新中国钢铁强国的梦想在这里孕育和成长。

作为新中国成立后新建立的一批高等院校，北京钢铁工业学院不仅在当时成为全国工科院校效仿的榜样，更为国家冶金、材料等行业的发展做出了巨大贡献。然而，阅读学校现有的历史资料，发现对 1952 年之前，学校筹建阶段及相关组建学校的系科发展的描述资料较少，没有系统整理出北洋大学、唐山交大、华北大学工学院、西北工学院、山西大学、清华大学等学校矿冶学科与北京科技大学的传承关系，不利于进一步夯实学校的历史积淀、弘扬学校的文化传统。本课题将进一步挖掘建校前六所高校相关系科的发展脉络，力求通过对相关历史的整理，对北科大“前史”能够有新认识、新发现，对北科大文化传承、学派演进等作一次“寻根之旅”。

北京钢铁工业学院的筹建

根据《北京科技大学章程》，“1952 年，学校由天津大学、清华大学、唐山铁道学院、山西大学、北京工业学院、西北工学院等高校的部分系科组建而成，名为北京钢铁工业学院，是新中国建立的第一所钢铁工业高等学府”。

筹建之初，学校的学科创建和人员、设备、图书等调配是在国家行政主导下进行的，主要依据是1952年8月中央人民政府教育部颁发的两份重要文件。

第一份文件是8月4日发布的《关于成立钢铁学院问题》，主要内容为：

“（一）为适应国家建设的需要，经中央人民政府政务院财经经济委员会批准，我部决定本年在北京成立钢铁学院一所，这是中国人民教育建设事业中的一件重大事情。由于房舍缺乏，钢铁学院今年暂附设在清华大学，并积极准备明年成为独立的专门学院。

（二）我部于征求各有关方面之同意后决定集中下列各校系、科组作为成立钢铁学院之基础：

一、天津大学冶金系。

二、天津大学采矿系一年级志愿学金属矿的学生，二年级及三年级（春班）金属矿组学生，以及金属矿方面的教师、图书、设备。

三、唐山铁道学院冶金系。

四、山西大学冶金系。

五、北京工业学院冶金系（全部或一部分未确定）。

六、北京工业学院采矿系。

七、北京工业学院钢铁机构专修科。

八、西北工学院矿冶系冶金组。

以上各系、科组的师资、学生（除应届毕业生外）、设备、图书等，原则上全部调整至钢铁学院。

……”

第二份文件是8月9日发布的《关于采矿系调整的指示》，主要内容为：

“为适应国家工业建设的需要，有效地培养矿冶技术干部，华北区各高等学校原有的矿冶系的设置，必须做必要的适当的调整。为此，特根据目前条件，决定本年度华北区暂分为采石油、采煤、采金属三类，依次分别在清华大学、中国矿业学院、北京钢铁学院设立有关专业。京、津、唐三地原有采矿系的师资、学生、设备、图书等，应按照上述三类分工予以调整。调整方案如下：

（1）清华大学及天津大学采矿系一年级学生，按其志愿分为采金属、采石油两组，采石油组调整至清华大学，采金属组调整到北京钢铁学院。

……”

根据两份文件，我们可以得出构成北京钢铁工业学院的六所高校的相关系科，具体为：

（1）天津大学冶金系、采矿系；

（2）唐山铁道学院冶金系；

（3）北京工业学院冶金、采矿和钢铁机械专业；

（4）西北工学院矿冶系冶金组；

（5）山西大学冶金系；

（6）清华大学采矿系采金属组。

下面，我们将对六所学校相关系科的演变、发展进行探究。

六所院校相关系科的发展

天津大学（北洋大学）冶金系、采矿系历史沿革

北洋大学在建校之初并未设立冶金系，直到1903年，北洋大学堂复课，其头等学堂开设了法律、土木工程和采矿冶金三个学门，至此，北洋大学矿冶学科比较完整地建立起来。

1920年，北洋大学进入专办工科阶段，法学被并入北京大学。冶金学门独立出来，因此当时开设了土木、采矿、冶金三学门。旋即在1925年采矿、冶金合并为采矿冶金学门。由于专办工科，校名在1929年被改名为“国立北洋工学院”。同时学门改称学系，下设矿冶工程学系、土木工程学系、机械工程学系。

1933年，北洋工学院成立了矿冶工程研究所和工程材料研究所，分别研究采矿冶金工程和工程材料以及其他有关的工程科学问题。矿冶冶金工程研究所下设地质组、探矿组、冶金组、选矿组、燃料组，工程材料研

究所下设木材组、砖石组、水泥和混凝土组、钢铁组、柏油沥青组。第二年，两个研究所合并成立国立北洋工学院工科研究所，设矿冶工程部。研究所是一个研究机构，招收研究生。到1937年“七七事变”之前，工科研究院一共毕业了3名硕士，其中2位是冶金工程学门。

“七七事变”之后，天津旋即沦陷，教育部令北平大学、北平师范大学、北洋工学院和北平研究院等院校为基干，设立西安临时大学，即西北联大。次年，国立西北联合大学原有之北洋工学院、北平大学工学院，与东北大学工学院，及私立焦作工学院，合并改组为国立西北工学院。北洋工学院进入了西北工学院时期。

当时，西北工学院设立了土木工程、电机工程、化学工程、纺织工程、机械工程、矿冶工程、水利工程和航空工程8大系。其时，矿冶工程系在国内仅西北工学院一家。

1946年，西北工学院、北洋工学院、北洋工学院西京分院回迁，与北洋大学北平部一起复校成立国立北洋大学。

复校的北洋大学包含工学院和理学院。工学院下设土木、水利、采矿、冶金、电机、航空、机械、化学工程学系八系，后增设建筑工程学系和纺织工程学系。这一时期，冶金独立成系。至1949年，北洋大学除了包括冶金学系之外，还有冶金工程研究院。

1951年9月22日，北洋大学与河北工学院合并，定名为天津大学。1952年，全国进行大规模的院校调整，天津也不例外，其中冶金系整体与采矿系金属矿组被调出组建北京钢铁学院。

多方综合史料及文献，北洋大学矿冶高等教育的特点可以归纳为以下五点：

第一，北洋大学开中国近代矿冶高等教育的先河。1895年创办之始，北洋大学就设立了矿冶学科。

第二，北洋大学矿冶学科从创办之初就瞄准了国际最高水平。无论从教师延聘还是从教学模式方面来看，都具备相当程度的国际化色彩。

第三，北洋大学在矿冶课程设置、师资力量和实验设备条件等方面，在国内矿冶高等教育领域都占据不可动摇的领先位置。

第四，北洋大学最早设立工科研究所，自主培养我国第一批矿冶硕士研究生。

第五，北洋大学培养矿冶人才，注重实践，这一精神也深深地影响到了未来北京钢铁学院实践文化的形成。

唐山铁道学院冶金系历史沿革

唐山交通大学创建于1896年，时称山海关北洋铁路官学堂，后迁唐山，更名为唐山路矿学堂。1931年，学校增设矿冶工程系，并更名为交通大学唐山工学院。此后，该校名称屡有更易，但习惯称之为“唐山交通大学”。查阅该校校史，我们可以发现，矿冶系随着国运的变化，在艰难曲折中发展。

1937年唐山交大毕业生共40人，其中土木系35人、矿冶系5人，由此可推测矿冶系在30年代初应该规模不大。

采矿冶金工程系的成立，打破了学校长期以来单一的学科模式的局限性，课程设置更加广泛完善。“实验是工程教育欲达到良好教学效果另一个不可或缺的手段”，冶金工程系的课程设置里增添了很多实验环节，将理论应用到实验中，用实验来验证理论，进而促进工科科系的进一步发展和进步。

1938年，因为日寇的侵袭，唐山交大南迁至湘潭。该年，茅以升代理院长来到湘潭就职，他到任后，着重处理了以下事项：安排邀聘教员；因矿冶系师资一时难以配齐，动员矿冶系学生尽可能地转入土木系。此外，他还与湖南大学商订两校矿冶系的合作事宜，此后一段时间矿冶系高年级学生在该校借读。通过另外一组数据，可说明至1938年，可推测矿冶系的发展与土木系已不相上下，该年唐山交大共录取新生130名。计土木工程系50名，矿冶工程系50名，铁道管理系30名。

1942年，教育部发令，国立交通大学唐山工程、北平铁道管理联合学院改组为国立交通大学贵州分校，下设唐山工程学院（有土木、矿冶两系）和北平铁道管理学院（有铁道管理一系）。

1943年，教育部聘请罗忠忱教授任校长。他到任后，聘请王钧豪教授任矿冶系系主任。

1945年，从是年起增设二年制矿冶专修科。

1946年，奉教育部令，唐院独立，更名为国立唐山工学院。顾宜孙校长改任院长。是年，魏寿昆教授应聘来唐院任教，矿、冶两系师生在校友厅举行欢迎会。当晚，校友厅里灯火辉煌，这是战乱后的第一次盛会。

矿冶工程系主任何杰教授，通过《唐院月刊》就矿冶系分为采矿、冶金两系的筹备工作、师资聘请、矿冶专修科可否转本科等问题畅谈了自己的安排和设想。方案经教育部批准，重新确定唐院系科设置如下：

（1）土木工程系。分铁道工程、构造工程、水利工程、卫生工程、建筑工程五组。

（2）建筑工程系（本年新设）。

（3）采矿工程系。

（4）冶金工程系。

（5）矿冶专修科。分采矿组、冶金组。

顾宜孙院长聘请各系系主任如下：

（1）土木工程系系主任黄寿恒教授兼。

（2）建筑工程系系主任林炳贤教授兼。

（3）采矿工程系系主任何杰教授兼。

（4）冶金工程系系主任魏寿昆教授兼。

1949 年，军委铁道部决定：国立唐山工学院、国立北平铁道管理学院、华北交通学院合并组成中国交通大学。中国交通大学下设唐山工学院和北平铁道管理学院。中国交通大学校部同时在北平成立。唐院因此更名为中国交通大学唐山工学院。是日，军委铁道部宣布对国立唐山工学院实行正式接管，并举行接管仪式。军代表顾稀派出接管人员负责办理各部门的接管工作。这时，不包括华北交通学院人员，唐院有教授 32 人、副教授 7 人、讲师 6 人、助教 16 人、职员 61 人、工友 26 人。

1950 年，本年院务委员会主任委员唐振绪撰写的《新唐院近景》（1949 年 8 月发表在《建设事业励进社社报》第 100 期上），于 1950 年 2 月被美国费城出版的《留美科协通讯》第 5 期转载。这篇“求贤榜”在美国广为传播，引起巨大反响，在不到两年的时间里，学校从国内外引进了知名教授、副教授、讲师 80 余人。1950 年，唐院新聘教师 32 人到校，其中教授有：黄万里、黄炳尧、沈智扬、顾培恂、竺士楷、何杰、边兆祥、徐中、任朗、张万久等，副教授有：王继光、何兆仪、闵嗣桂等。本年年底，唐院共有专任教师 158 人（留美回国者 42 人、留英回国者 7 人、其他国家回国者 3 人），其中教授 51 人、副教授 17 人、讲师 24 人、助教

66 人。

1951 年，经校部批准：唐院聘请张文奇教授为冶金工程系系主任。暑期陆续聘请新任教师 30 名，已全部报到。其中教授有：郭可詹、杨善元、李惠亭、曹建猷、江涛声、吴中枢等。副教授有：姚哲明、陆善华、万海宇等。

1952 年，全国高等院校进行院系调整。教育部（52）院调字第 012 号《关于成立钢铁学院问题》文，通知唐院及天津大学、山西大学、北京工业学院、西北工学院等高校，将冶金系的师资、学生（除应届毕业生外）及设备、图书等，原则上全部调至北京钢铁学院，成为北京钢铁学院的基础。

唐院冶金系以系主任张文奇教授为首（除留校教授 1 人、助教 2 人外）调往北京钢铁学院，计教师 13 人（教授 4 人、副教授 1 人、助教 7 人及体育组助教 1 人），学生 73 人。至此，唐院的冶金学科整体划转钢院，翻开了新的历史篇章。

值得一提的是，我校建校元老张文奇教授，亦是唐院冶金系发展之功臣，他邀请了林宗彩、朱觉、章守华、王兆昌等教授加盟唐院，后来亦成为我校之先驱。张文奇教授多次谢绝北洋大学的邀请，坚持在唐校任教，但唐院冶金系此后与北洋大学冶金系一起组建了钢院，这也在某种程度上体现了历史的多姿多彩。

多方综合史料及文献，唐山交大矿冶高等教育的特点可以归纳为以下两点：

第一，“学校之造就人才，原所以备社会之用，故社会需用何项人才最急，学校即应设法应之”。国家建设最需要的原料，要办大规模的采矿冶金场及其他的原料场地，可以看出，学校当时的矿冶学科设置和国家建设的要求是一致的。

第二，在每年的课程设置里还都夹杂着相应的实习，将理论和实习自然地糅合在工科科目设置里，以理论来贯通实习，以实习来发挥理论，更好地推动唐山交通大学工科的发展。

北京工业学院冶金、采矿和钢铁机械专业历史沿革

北京工业学院（现北京理工大学）创立于 1940 年，前身是延安自然

科学院，是中国共产党创办的第一所理工科大学；1949 年，学校迁入北京；1952 年，学校更名为北京工业学院。北京工业学院的冶金、机械、采矿专业设立较早，早在延安自然科学院时期就已成立，学校在冶金、纺织、玻璃制造、陶瓷生产、肥皂生产、石油生产、酒精生产、薄荷油提炼等多方面，为边区做出巨大贡献。值得一提的是，当时在 40 年代初，采矿系已撰写出《关中分区的地质及矿产》等高质量的考察报告。

1949 年 8 月，华北大学工学院奉命迁入解放后的北平，使学校的发展进入了一个新的阶段。为满足当时重工业的急需，学校在原有的机电班、冶金班、预备班、高职部等班级的基础上，又增设了物理探矿班和俄文专修科。

1951 年，华北大学工学院明确提出“逐步把工作正规化，以完成新型高等工业教育的任务，运用理论联系实际的方法，迅速培养具有全面基础的高度专业化的重工业建设干部的目的”的工作任务。至 1951 年底，学院已经建立了航空工程、机器制造、汽车工程、电机工程、冶金工程、化学工厂、采矿工程等七个系，机械、电机、采矿、冶炼、化工、俄文专修科以及干部进修班、工农速成班等 8 个科（班）。其中，冶金工程系下设钢铁冶金组、有色金属冶炼组；采矿工程学系下设采矿组、选矿组。值得一提的是，1951 年度还招收了冶金研究生 10 名。学生人数已由上一年 899 人增加到 1749 人，由 31 个学生班增加到 52 个，开出课程和实验由 43 门增加到 77 门。

1952 年 8 月，北京工业学院采矿系科学生及专业教师与冶金系科学生均全部调归钢铁学院，冶金系科专业教师，除由北京工业学院就该院机械制造等系科所需有关金属材料、金相热处理、铸造等课程师资，留下少数外，其余全部调归钢铁学院。采冶各系科现有的专业设备全部调归钢铁学院。

西北工学院冶金系历史沿革

1950 年 10 月，新中国为了西北的工业发展培养工程人才，建立西北工学院，其师资队伍主要来自原民国国立西北工学院留在陕西的余部。

1938 年 7 月 27 日，当时教育部令北洋工学院（今天津大学）、北平大学工学院、东北大学工学院（今东北大学）和私立焦作工学院（今中国矿业大学）合并组成国立西北工学院，校址确定在陕西城固，设土木工程、矿冶工程、机械工程、电机工程、化学工程、纺织工程六系。

国立西北工学院尤为注重课程设置，时任校长赖琏曾特别强调：“吾辈学工程者对于素习科目，固宜继续探讨，精益求精；即其他普通知识，亦应随时充实，日新又新。”

西工成立之初，由于四院合一，师资力量非常雄厚，各校知名教授、专家云集一堂，分管各系教学工作。如土木与机械工程系各有 5 名教授，水利、矿冶、电机、化工以及纺织工程系各有 6 名教授，航空工程系有 3 名教授，基础课与公共课有 7 名教授与 3 名副教授。

矿冶研究部还开设了较高层次的课程，如工程材料 X 射线研究、光性矿物学等课程，这在当时都是比较新的内容，而且这些专业选修课与毕业设计的设置显然在吸收了西方大学高等工程教育做法之同时，也融会贯通，与中国实际环境相结合，实现科学教育救国。

各校并入西工后，都把各自学校的办学精神和办学优势、特色带到西工，对西工的发展起到了重要的促进作用。尤其是作为具有完整编制的焦工，其办学宗旨和办学精神对西工在抗战时期培育出大批的优秀高等人才做出了突出的贡献。焦工的“好学力行”校风和“我的观念”训育观，以及“通专并重”的教学思想，北洋的“实事求是”和“以严治学”的校训校风，逐渐融合为西工的“公诚勇毅”校训和通才教育观，对西工办学指导思想的形成产生了重要影响。

1946 年，抗战胜利后，原属北洋工学院、东北大学工学院、焦作工学院的师生和设备相继迁出归建。

山西大学冶金系历史沿革

山西大学前身为创建于 1902 年的山西大学堂，早期的山西大学堂中西合璧、文理并重，办学思路开阔，是三晋大地百年文化科教的重镇。自建校以来，其学科内容多次调整，梳理如下：

1902 年，山西大学堂建立，分中、西两斋，其西学专斋学科分为五门，其中一门为工程学，内分机器工艺矿路地质等学。1906 年，西斋开办专门学科，分别开办法科法律学门、工科采矿冶金学门。1912 年，学校内部组织发生改变，由大学分科大学预科组成，大学分科 2 年或 4 年毕业，大学预科3年毕业，分别设立工科、文科、法科、预科，各学科均设学长，工科设土木工学、机械工学、采矿工学、机械工学门并附设工厂。

1914年，山西省立工业专门学校并入该校，设专门部本科三班，其中采矿冶金班学生35名；专门部分采矿冶金科、土木科、电气机械科，其中采矿冶金科课程有数学、物理学、化学、外国语、机械工学大意、矿物学、地质学、测量及矿山测量、采矿学、选矿学、冶金学、冶铁学、试金术、矿山机械学、电气工学大意、工业经济、工厂管理法、工厂建筑法、工业簿记、化学分析与实验、吹管分析与实验、计划制图、实习。

1917年，后于1952年与一同前往的郗三善参加教育部选派留学生考试并合格，自费赴英国设非尔大学冶金科学习。郗三善后回到山西大学任教，担任矿业工程系教授。

1918年，根据《山西教育逐年计划案》所述山西大学校班级发展计划，工科将注重机械采矿冶金，将来招收四班。

1931年，学校改组，改称山西大学，工科改为工学院，聘王宪为院长，兼任冶金学系主任。1932年8月，学校招收冶金学系学生18名。根据1937年出版的《山西大学工学院课程一览》，工学院分机械工程学系、土木工程学系、电气工程学系、采矿学系、冶金学系。冶金学系课程有燃学科、五金冶金学、钢铁冶金学、金像学、钢铁冶金实习、试金术、化学、吹管分析、定性分析、定量分析、选矿学、地质学、矿物学、岩石学、矿床学、数学、力学、水力学、应用力学、机械关学、电气工学、测量学、测量实习、计划制图、工业经济学、工业簿记学、工厂实习、英文、党义（三民主义）、军事训练共30门课程，四年制。

1937年8月，日本飞机开始轰炸太原，学校迁往晋南，法学院迁平遥、工学院理学院迁临汾、文学院迁运城。1939年12月，山西大学正式恢复上课，调整行政与院系编制，工学院设机电、土木系。至1940年，山西省立农、工、医三专科学校并入山西大学，设土木工程、机电工程、化学工程采冶等学系。

1950年，国立山西大学工学院矿冶工程系共有教授2名、讲师1名，分别是矿冶工程系主任、教授耿步蟾，教授郗三善，讲师傅毅。

1952年7月，山西大学接到中央人民政府教育部对学校院系的调整批复函，其冶金系与西北工学院冶金系均并入新设之北京钢铁学院。

1952 年 9 月，山西大学向中央教育部报送关于冶金系迁并钢院的备案稿，内容为“(1) 前奉教部 (52) 院办字 012 号指示，关于成立钢铁学院问题，兹由我校选派冶金系主任耿步蟾，助教穆承章于八月十二日赴京，参加钢院筹备组工作，并与我校不断联系，所有师生及仪器图书等件的迁并及迁移事宜，后由穆承章同志代表钢院来校着手进行。(2) 我校冶金系三年级学生，已于九月十二日启行，十三日到达钢院。其余师生及图书仪器等件均经分别造册，交穆承章代表验收，于九月二十日迁抵钢院，按册分别接受清楚，清册五种，均经签印盖章造册备案。(3) 山西大学经移并钢院的入学证件，成绩表册，助学金资料等件，并经移送钢院备案”。

通过对山西大学系科演变的初步了解，发现其系科随社会发展逐步调整，与此同时，冶金系科随科技发展和专业分工的逐步细化，其内容更加丰富、研究方向更加多元、课程体系更加健全。

清华大学采矿系采金属组历史沿革

清华大学在刚刚建校的一段时间内，并没有设立采矿专业。直到 1949 年 12 月，教育部批准清华大学接受农业部、重工业部、燃料工业部、军委气象局、中国人民银行等委托代办专修科（二年制）合约，才先后举办了化学工程、地质、采矿、气象观测、银行等专修科（训练班），共培训 260 人。

1950 年 1 月，清华大学原则同意燃料工业部委托培植地质及采矿专业以应经济建设之迫切需要，于寒假内招收新生 100 名，1950 年暑假再招新生 100~150 名。

1950 年 3 月，清华大学正式决定成立采矿工程系筹备委员会，聘孟宪民为主任委员。6 月 28 日清华大学校委会决定成立采矿工程学系，7 月教育部批准成立该系。

1950 年 9 月 18 日，清华大学校委会议决，请地质学系教授孟宪民兼代采矿工程学系主任，并成立采矿工程学系计划委员会，聘施嘉炀为主席，孟宪民、周培源、袁复礼、卢焕云为委员。另函重工业部及燃料工业部，请各部推定 1 人参加此委员会。

1951 年，采矿系卢焕云、燕春台新聘为教授。

1952 年 8 月 12 日，院系调整清华大学筹委会通过，建议教育部赠聘钢铁学院筹备组召集人魏景昌及航空学院院长沈元参加清华大学筹委会。

1952 年 7—8 月，教育部决定，北京大学、清华大学、天津大学、中国矿业学院四校地质系和唐山铁道学院地质组合组，成立地质学院；将清华大学、北京大学、燕京大学、天津大学、南开大学、唐山铁道学院六校化学工程系进行全面调整，原则上集中在天津大学，设立化工方面的各种专业；本年度华北区采矿暂分为采石油、采煤、采金属三类，分别在清华、中国矿业学院、北京钢铁学院设立有关专业，原有采矿系师资、学生、设备、图书按分工予以调整。

1952 年，新聘采矿系陈峻立、韩嘉朴、童光熙、刘宝忠、华凤诹、翁心源、王纲道兼任教授（包括名誉教授）。

1953 年 1 月 15 日，清华大学第一次校务行政会议上，通过成立教师学习委员会，由校长、副校长、教务长、副教务长、政治辅导处正副主任、党委书记、钢铁学院负责人、航空学院负责人、新民主主义教研组主任、民主党派、青年团及工会负责同志担任委员，各系及公共教研组设学习干事一人，联系各学习小组，学习委员会下设办公室，负责经常工作。

1953 年 9 月 19 日，清华大学举行晚会，欢送航空学院、钢铁学院、石油工程系师生从 9 月 1 日起分别到北京航空学院、北京钢铁学院、北京石油学院，蒋南翔、沈元、曹本熹及学生会代表致词。

六校的文化传统对我校文化形成发展的影响

我校由北洋大学、唐山交通大学、清华大学、华北大学工学院、西北工学院、山西大学六所院校的相关系科为基础组建而成，包括五所院校的冶金系科、三所院校的采矿系科和一所院校的机械专修科。从教师来源的数量上来看，北洋大学最多；从学生来源的数量上来看，北京工业学院最多；以对钢院文化的影响力观之，北洋大学、唐山交通大学、清华大学对钢院的影响较大，华北大学工学院、西北工学院、山西大学对钢院的影响较小。

北洋大学“严谨治学、严格要求”和“崇尚实学、学以致用”的办学传统，唐山交通大学“竢实扬华”“严谨严格”和“注重基础”的办学传统，清华大学“严谨、勤奋、求实、创新”的学风和“为祖国健康工作五十年”的体育传统对钢院文化的形成产生了重要影响，促使钢院逐步形成了“学风严谨、崇尚实践”的办学传统，形成了浓厚的体育氛围。

北洋大学、唐山交通大学、清华大学、华北大学工学院、西北工学院、山西大学的文化差异性较小，彼此之间又有着一定的文化渊源。加上当时“政治挂帅”的社会背景，使得来自各院校的师生友好相处、求同存异，较快地实现了有机融合。

（2017 年立项项目　撰稿人：纪洪广）

“弘扬工匠精神，寻找楷模事迹，讲好中国故事”主题活动

工匠精神是中国优秀传统文化的重要内容，在中国文化中体现为“尚巧”的创新精神、“求精”的工作态度 、“道技合一”的人生理想，具有悠久历史，其所体现的“精益求精”的精神理念对人类社会的文明与发展有着深远影响。在高校，发扬与传承“工匠精神”、践行知行合一，顺应时代发展的要求，符合人才培养的规律，是我国从“制造大国”走向“制造强国”的重要条件，对于培育大学生社会主义核心价值观，提升工程师理论知识、实践能力与职业素养，推动国家工业发展和中国制造 2025 实现具有重要作用。

本活动以建党 95 周年为契机，通过主题调研、专题讲座、学习交流、实践体验，开展“弘扬工匠精神，寻找楷模事迹，讲好中国故事”主题学习实践活动，激发学生爱国爱党之情，培育工匠精神文化，激发工程强国信念，引导学生在聆听、阅读、讲述、实践、总结等系统学习感悟过程中弘扬工程技术人员爱国情怀、工程强国理念以及脚踏实地、立足行业、专注所学、潜心钻研、深入实践、敬业奉献的优秀品质。

本活动主要开展了以下六个方面的工作，取得以下实效：

“看得见”关键词凝练

面向具有工程背景和北京科技大学校友的企事业单位、冶金行业高校师生、北京科技大学“卓越计划”全体学生、工程领域创新创业群体开展调研，共发放问卷 450 份，回收 405 份，了解优秀工程师应具备的主要

精神品质和工程师成长发展状况，梳理与大学生密切相关的工程师精神要素，总结提炼分析未来工程师应具备的精神、能力及目标，让工匠精神在高校工科生群体中“看得见、摸得着、行得顺、入人心”。

在被调研者结合自身学习、工作经历进行工匠精神关键词凝练时，创新、责任、实干、钻研、创造等词语是关注最多的词汇，多数人认为“对待实际问题深入钻研”是对工匠精神的最好阐释，创新精神和责任意识是工匠精神必不可少的元素。

“走出去”访谈与实践

以 2013 级学生暑期生产实习（8 月）、2014 级学生暑期认知实习（10 月）为契机，走出校园，走向企业，走近楷模，面向具有专业背景的企事业单位（宝钢集团、首钢集团、太原钢铁、河北钢铁、山东钢铁、艾默生、京东方等）工程师代表进行访谈交流，聆听成长故事，凝练工匠精神和工程文化，请教青年工程师发展规划，了解工科大学生应培养的素质能力。在企业工程师走访调研中，严谨、专注、责任是一线工程师凝练工匠精神的最主要关键词；在当今工程师期待哪些条件有所改善提升方面，半数以上受访者对工作报酬、激励机制、社会地位提出了期待，这与当今社会青年人面临的生活压力和现实环境有很大关系，而企业管理者和高校教师更关注的是激励机制和社会地位；在个人工作 5 年后职业发展的目标上，毕业生和工程师希望能够胜任项目经理或行业工程技术带头人职务，期待行业、企业组织提供实习实践平台的支持，实现个人价值，在相关领域有所建树，少数人有从事管理岗位或创业的打算，这反映了当前的年轻人能够在相关专业领域潜心坚守，对于行业发展前景较为乐观。

“请进来”讲座与交流

把握各种交流分享机遇，通过工程技术专家、企业管理人员、优秀毕业生言传身教进行工程人才主题论坛交流。以“啡常时光”“院长书记面对面”主题交流为契机，邀请校院领导、2013—2016届毕业生代表，与“卓越计划”低年级工科学生探讨行业发展与自身培养；邀请钢铁工业协会发展与科技环保部李全功处长开展“钢铁工业发展趋势与化解过剩产能实现脱困升级思考”主题讲座，疏解学生们对于“钢铁夕阳产业”的印象与困惑，鼓励学生们结合所学在原创技术获取、产品附加值提升、绿色环保与可持续发展等方面潜心发展，实现钢铁工业由大到强的跨越；以工科实验班教学研讨为契机，听取行业协会、研究院、设计院、国内外知名企业管理者与高工对工程型人才培养要求和社会需要方面的建议，把握教育教学和人才成长成才规律，在行业前沿内容衔接、校企联合培养、人文素质培养等方面继续完善；邀请俄罗斯国立科学技术大学教授围绕“未来工程师国际化视野培养”主题进行现场分享，满足学生们在国际交流、视野开拓等方面的迫切需求。

“寻楷模”思考与阅读

学生结合访谈实践经历、个人所选工匠精神关键词，进行资料归纳、文献研读，找寻中国历史和当代具有相关精神品质的优秀楷模，工程领域杰出代表，了解楷模事迹。开展“以历史楷模为镜、向优秀同志看齐”——寻找楷模主题征文活动，引导学院党员、积极分子等以历史优秀人物为榜样深学、细照、笃行，形成学习思考笔记132份，汇总在国家建设、攻坚克难过程中发挥重要作用与影响的优秀工匠，以此为榜样在实际工作中讲修养、重品行、作表率，并在学院“卓越传媒”微信平台进行推广宣传，引导学生深学、细照、笃行。

“讲故事”总结与分享

通过主题分享、征文评选等丰富形式和具体内容，讲述调研与实践经历，宣传工程榜样的精神，传递“工程强国”信仰的力量。结合学生“建党95周年”“寻找楷模”活动学习体会和亲身实践经历，组织开展分享会

4 场；围绕“长征胜利 80 周年”主题，开展“不忘初心忆峥嵘，继续前进颂青春”班团日活动、图片展等，让长征精神、建党伟业覆盖全院学习教育，现场有说服力和感染力的互动交流对培养学生的工匠精神能起到较大的示范和推动作用。

“绘未来”主题设计

进行工程师愿景、学生行为规范与价值观体系凝练，设计“工程狮”文化吉祥物并在 2016 级新生报到时亮相，结合工匠精神理念与宣传主题，以“工程狮”为元素，筛选在学习、实践、创新、创业等领域的优秀学生群体，进行“实践狮”“创新狮”“钢铁狮”等榜样宣传，通过吉祥物及其漫画等衍生设计，以学生喜闻乐见的形式，加强工程领域榜样人物和优秀学长宣传，让学生了解企业对从业人员职业素养的要求，认识到工匠精神这一职业素质在未来就业和职业发展中的重要性，发挥工程文化育人、润物无声的作用。

（2016 年立项项目　撰稿人：刘娜）

北京科技大学校史资料视频采集工程（口述历史部分）

党的十八大以来，党中央高度重视中华优秀传统文化的传承发展，始终从中华民族最深沉精神追求的深度看待优秀传统文化，坚持以文化人、以文育人，引导大学生在弘扬中华优秀传统文化中坚定文化自信。习近平总书记在全国高校思想政治工作会议上强调，要把思想政治工作贯穿教育教学全过程。特别在党的十九大报告中提到“没有高度的文化自信，没有文化的繁荣兴盛，就没有中华民族伟大复兴”。习总书记说“四个自信”中，文化自信是更基础、更广泛、更深厚的自信，文化自信是最根本的自信。

对于学校来说，校史是对学校发展轨迹的真实记录，是高校校园文化建设的重要内容，具有“留史、资政、育人”的重要作用。发掘和弘扬自己的校园历史文化是学习党中央有关文件精神和紧跟党中央步伐的另外一种体现。北京科技大学建校已有66年，熟悉校园历史的人大多已是耄耋老人，他们的经历记录着学校建立发展和变迁过程，及时抢救采集并留存这些人的音视频资料，已是当务之急，对于校园文化积淀、校史留存有着重大意义。

各高校虽均有校史采集工作，但均有不同程度的问题，不能很好地开展工作。进入21世纪，随着社会各界以及学校对校史、对文化传承的不断重视，采集意识的不断提升，硬件设备成本的不断下降及技术手段的逐渐提升，口述校史的形式越来越多，成果也越来越震撼。口述校史虽然有多种记录形式，诸如文字笔录、有声录音、视频采集等，但用视频采集形式采集信息量最大，不仅能全部反映讲述内容，还能客观真实地呈现文字、声音不能描述及体现的一些诸如心情、动作及状态等不易直观呈现的信息，为现阶段最佳的采集方式。

校史资料视频采集工程（口述历史部分）

制定视频采集原则、流程以及采访布景、机位分布，熟悉了整个采集流程并积累了宝贵经验。

采集了章守华、楼大鹏、余达太等建校元老、知名校友10余人，共计500余G视频。

整理了之前拍摄素材，如徐匡迪、魏寿昆、柯俊、陈国良等杰出校友有关素材，上传媒资库进行编目存档，部分采集内容制作成片。

剪辑部分采集素材，用于宣传片及有关视频片中，宣传学风严谨，崇尚实践的办学传统，践行求实鼎新的学校精神。

培养学生骨干多名。采集工程是个复杂艰巨的工作，仅依靠电视台相关教师是不可能完成的，培养学生队伍是有效的解决办法。通过参与拍摄，既培养了学生的拍摄、编辑、媒资上载编目等相关工作能力，又培养了学生互帮互助等团队协作的工作意识。

视频采集原则

以挖掘事实为原则。采取灵活的访谈方法。由于口述者的生活经历、文化层次和个性特点各有不同，所以采访交谈的方式也不可一律。而采访者的知识结构、专业特点和兴趣爱好不同，所采取的访谈方式也会不同。

态度客观。本着客观的态度整理口述资料。口述资料是以记忆为依据的，由于认识水平和记忆的偏差，口述资料可能与事实有出入。在整理时，切忌主观删改，应保持资料原貌，同时加以注释论证。若口述资料与文字资料相抵触，难辨真伪时，应使两种观点在资料中并存，以待进一步考证。整理者不可依据自己主观的价值标准来决定原始口述资料的取舍。对于那些带有时代性和地域性的口语，整理者也不可任意删除或更换词汇。保持口述资料的原始性，既是对口述者和口述资料的尊重，也是对口述者口述自身经历及感受这一历史活动的尊重；同时也给日后的资料使用者留出一个可供“继续被解释”的开放的空间。

选题要普遍和典型。采集的选题要有普遍性和典型性。访谈前的一个重要的准备是设计选题，选题对取得成功有决定意义。可供选择的内容包括重大历史事件、重要历史人物或有重要学术意义的题材等，尤要选择那些题材重要、有学术意义但缺少文字资料的题目来作调查，这正是采集本来意义上的任务。

确定访谈对象。就高校来说，学校历任领导、建校元老、学科带头人、各界有影响力校友及其他了解学校重大事件的老同志、校友等都是口述历史的采集对象。本次采集范围有建校元老、重大影响力的体育官员校友、学科带头人、学校老领导；整理的资料有党和国家领导人校友、中国科学院院士职工。一般说来，作为过往事件的亲历者，大多年事已高，采访较为费力，所以在采集时要充分考虑采访对象的身体状况。

采集准备

资料准备。首先应尽可能地掌握受访人的生活背景资料、专业特长、兴趣爱好等方面，此外，受访人的老照片、毕业纪念册或工作经历所留下的资料，以及同时代的一些有代表性质的物品也尽可能搜集，因为这些都有助于受访人回忆。

口述校史访谈方式。访谈有一对一的访谈，也有集体式的访问。至于对个人进行专访，必须让受访人有畅谈的空间，尽量不要有第三者的干扰，这样访问才容易进入状况。访谈时最好能站在受访人的立场来发问。

访谈准备。访谈前：准备工作中要熟悉被访谈者的所有背景资料，确定访谈主题，重视语言使用的问题，针对不同年龄、不同职业及不同性别爱好的人要选用不同的切入点和兴趣点。访谈时：重视访谈时的互动关系，访问者应仔细倾听受访者的语言，避免其他人在场，尽量不要轻易打断被访者的讲述。校史的搜集过程从表面上看采取的是聊天的方式，在口述者状态非常轻松的情况下进行，整个过程相当松散，但提问者一定要随时做到心中有数，这就要事先设计好采访提纲。

采集分析

口述历史采集工程是个复杂、漫长且必要、紧急的采集过程。由于时间紧任务重，必须要有专门的工作人员进行采集，而不像现在由兼职人员处理。

强化顶层设计，建立相应机制和机构。高校口述校史采集是一项长期而艰巨的工作，要建立起以档案管理部门为主导，全校各部门、各单位联动参与的保障机制，成立专门的校史采集机构，将口述校史采集纳入体制内运行，纳入档案馆的日常工作、重点工作之中，理顺工作流程，适时稳步予以推进。

培养采集队伍。口述校史工作制订的计划周密、过程复杂、程序严格、专业性强，从征集口述音像访谈资料到转化为口述文字资料再到整理归档，都需要专业人员专门从事此项工作，才能确保其客观和准确性。因此要加强口述校史采集队伍的素质建设，包括加强校史校情的教育，增强校园文化的熏陶，锻炼档案整理基本功，抓住校内外相关讲座、培训、实地考察的机会加强学习，以提升专业素质和能力。

加大后续利用，丰富第二课堂，传承校园文化。口述校史可以作为校园文化建设中的“显文化”，通过开设口述校史第二课堂，让校史故事与校史知识深入人心、让校史文化主导校园，达到以史鉴人、以史励人、以史育人的目的。让采集到的资料发挥更大的作用，而不是“沉睡”在硬盘里。

（2017 年立项项目　撰稿人：郝慧鹏）

追寻光荣传统、着力新时代征程

——“寻访校史老照片背后的故事”文化建设项目

为了充分发挥档案资源在校园文化建设中的作用，深入挖掘以声像档案为载体的校史故事，追寻光荣传统，实现文化育人。档案馆于2017年9月至2018年7月间，联合离退休职工工作处和宣传部，开展了“寻访校史老照片背后的故事”系列活动。

制定阶段计划，持续稳定推进

档案馆牵头负责组织实施和总体协调。按照项目原定计划和预期成果，本项目分为三个阶段具体实施：第一阶段为前期规划阶段，由档案馆会同离退休职工工作处共同商定活动方案和实施办法，明确工作范围；第二阶段为具体实施阶段，分为馆藏照片档案整理、校史照片展览、老照片征集、照片背后故事征集四个步骤实施，由档案馆负责照片整理和活动执行，离退休职工工作处负责活动宣传；第三阶段为项目总结阶段，由档案馆对所收集的素材进行整理，并撰写结题报告。截至2018年7月初，上述工作已经圆满完成，初步达到项目预期目标，但在活动影响力和成果方面离预期仍有一定差距，后续的完善工作也将继续进行。

馆藏照片梳理与数字化扫描

档案馆现存照片档案相对比较零散，存在分类不合理，年代不清，人物、事件语焉不详的情况。档案馆结合文化建设项目对馆藏照片档案，特别是 1988 年以前的照片档案进行了系统性的整理和数字化扫描。按照时间顺序和内容进行了分类，对尚未数字化的照片进行扫描。此次活动共计整理、分类照片 1470 张，扫描或者重新扫描馆藏照片 268 张。重新鉴定、发掘和标注了一批较为珍贵的历史档案。整理扫描 1960—1988 年间各类毕业集体合影 34 张，收集 2000 年以后各类毕业集体合影 38 张。对于一些标注不清晰或者来源不明确的照片也重新做了标记，留待以后进一步标注和确认。这些照片的重新收集和整理为以后校史的编研和档案的利用奠定了良好的工作基础。

校史照片展览

通过对馆藏档案的重新整理，档案馆精选了钢铁工业学院和钢铁学院时期的馆藏照片 120 余张，以“钢院记忆”为主题，按照校园风景、教学科研、校园生活、体育荣光四个篇章，分别在档案馆大屏幕以电子版图片和视频的形式展出，在离退休职工工作处月刊《金色园地》开辟专栏以展出。其中校园风景篇主要展示了建校初期风貌、校门变迁、校园标志性建筑变迁等内容；教学科研篇展示了我校重要的科研成果、重要学术人物、教学、科研、实践场景等；校园生活篇展示了迎新、毕业、文化娱乐互动等师生生活场景；体育荣光篇展示了我校建校初期到 1988 年间一批优秀体育健儿在赛场拼搏取得佳绩的场景。此次活动所展示的照片绝大部分为首次公开展示，活动受到学校师生和离退休职工的广泛好评。

老照片征集

与校史照片展览同步进行的老照片征集活动，主要面向离退休职工开展。广大离退休干部积极响应，共收到各类捐赠照片 105 张，主要内容为建校元老合影、建校初期职工活动、学生活动等；其他资料，如校史相关简报、原食堂餐票等 13 份。档案馆对全部照片进行了数字化扫描，开辟专门档案类别存放捐赠照片和资料，档案馆将对这些照片做进一步鉴定，并和其他史料相互验证，以确定其史料价值和利用方式。

照片背后故事征集

档案馆积极走访校史照片当事人和知情者，如建校元老张昶栋老师、研究生院退休干部王益民老师等，讲述建校和学校发展中的故事，形成了10余个小时的口述资料。档案馆同时邀请建校初期工人代表赵长华、胡德兴等9人来馆座谈，从工人的视角讲述建校初期的艰辛奋斗史和学校后勤事业的发展历程，让我们从侧面感受到了科大人艰苦奋斗，求实鼎新的精神源泉。

活动成果丰厚

取得了如下成果：一是档案馆基本完成了建校初期至1988年间全部照片档案的扫描工作，实现存档照片按时间顺序存档的基础上，加入类别标签，为今后声像档案的收集，制定了更为合理的规范。二是收集了大量珍贵的校史照片，极大地丰富了馆藏资源，也为档案馆开展照片档案征集工作提供了宝贵经验和方向，进而为今后校史编研提供了更为丰富的生动的史实材料。三是形成了有关历史照片背后故事的文字、口述材料，为今后开展口述校史研究提供了资料和范本。

后续工作推进

项目虽然取得了一定的成果，但与预期仍有差距。如活动的影响力没有达到预期，在对故事的挖掘上没有达到更高的深度和创新。造成上述问题的主要原因：一是限于人力的欠缺，项目组成员往往负担着很重的日常工作，在素材编研和挖掘上能投入的精力有限。二是宣传渠道相对狭窄，仅仅依托档案馆的宣传平台难以在师生中取得更多的关注。上述两个方面，是我们在今后的工作中需要努力改进的。

档案馆在声像档案管理，特别是照片资源的收集和利用上取得了很多宝贵的工作经验。收集到了众多的校史线索，梳理了建校初期的一手史料。今后档案馆将把校史照片的收集和相关故事的采集作为一项常规工作，把此类内容作为专门的档案进行保存，以便让广大的师生了解创校的艰辛和历史的辉煌，借此实现文化育人，实现学校更好更快的发展。

（2017 年立项项目　撰稿人：罗明书）

新时代背景下研究生践行社会主义核心价值观的途径研究

2018年4月—2019年7月，学校紧紧围绕立德树人的根本任务，以习近平新时代中国特色社会主义思想为指导，贯彻落实全国全市教育大会精神、高校思想政治工作会议精神，密切结合学校人才培养目标和学生成长成才的实际需要，以纪念新中国成立70周年、“五四”运动100周年、庆祝改革开放40周年等重大活动为契机，培育和弘扬社会主义核心价值观，精心设计以中国梦为主题、爱国主义教育为主线、不同阶段各有侧重的主题教育活动，推进社会主义核心价值观深度融入学生日常教育、管理、服务、活动等各项工作，打造“广覆盖、深融入、全贯穿”的研究生社会主义核心价值观践行机制，引领我校研究生树立正确的世界观、人生观和价值观，自觉将社会主义核心价值观内化于心、外化于行，成为日常学习、生活和科研的基本遵循。

层次化、体系化，保障思想引领“广覆盖”

充分发挥思政课第一课堂的主渠道作用，立足“形势与政策”课，以“清廉大讲台”“校友思政课”“院士思政课”“国企思政课”等大型讲座、专题报告的形式进行社会主义核心价值观的生动讲解与理论阐释。坚持研究生党支部和班集体建设项目制运作模式，利用“研究生骨干成长工作坊”加强过程指导，坚持党的组织生活各项制度，创新方式方法，增强党的组织生活活力。规范党支部组织生活频次、提升党支部组织生活质量。

提升入党积极分子、预备党员、毕业生党员、党支部书记等学生业余党校“红色钢铁摇篮”主题培训质量，做好研究生党支部书记、研究生骨干和研究生预备党员培训，以国家意识、法制意识、社会责任意识和诚信教育为重点，用中国特色社会主义理论最新成果武装党员骨干，强化思想引领和价值导向，从思想引导、理论指导、深入辅导、行为善导四个方面帮助学生党员做好社会主义核心价值观的培育和践行工作。2018 年共培训研究生新任党支部书记 106 人、研究生骨干 207 人、研究生预备党员 216 人，以培促建结合以评促建，开展研究生优秀党支部建设项目、优秀集体建设项目，评选 60 个标杆支部或集体。搭建学术交流平台，不断提高学术活动参与度。2018 年，精心组织第三届研究生学术三分钟演讲比赛，“以演讲道学术”，繁荣科研文化氛围，促进学科交叉交流，比赛首次吸引校友企业冠名赞助，200 余名选手参加，前后 20 余场比赛跨越 3 个校区，获得广泛关注与好评。第十四届研究生学术论坛共举办学术活动 300 余场，覆盖 20000 余人次，评选 100 篇优秀论文。以评奖评优树立优秀典型、发挥示范效应、传承榜样力量。2018 年，制定《北京科技大学学生评奖评优办法》，完成 2536 人学业奖学金评审定级，评选校长奖章 4 人、春夏两季优秀毕业生 590 人，各类奖学金及荣誉称号 2200 余人，第 14 届十佳学术之星评选再次出现获奖学生以第一作者身份发表 Nature。

研究生践行社会主义核心价值观需要正确引领和科学指导，需要研究生导师、辅导员与研究生骨干形成合力。为抓好研究生辅导员队伍建设，专门搭建研究生辅导员联谊会这一沟通平台，结合学生工作队伍春秋季集中培训、日常专题培训、红色实践、高级研修、挂职锻炼以及国际互访等培训项目，建设好辅导员年级组、志趣发展小组、工作室以及素质能力提升沙龙等平台，强化培养培训和工作交流，着力提升辅导员政治素养、工作水平和职业能力。同时，加强研究生党支部书记、骨干培训，发挥“三自”作用。同时专门设置多个环节促进三支队伍加强沟通，建立日常工作联系机制，形成了研究生导师、辅导员和研究生骨干目标的一致性、手段的差异性和功效的互补性。

精细化、精品化，促进践行实效“深融入”

扎实推进学生党员先锋工程，在“成长表率计划”和“服务先锋计划”的基础上，重点实施“求实培优计划”“组织聚力计划”和“标杆领航计划”，依托学生党员网络述责测评系统，提升“承诺践诺评诺”活动影响力，提升学生党支部红色“1+1”项目质量和“助学零距离”实效性。在学生中广泛征集正能量标语，精心设计“大白”“小黄人”以及“贝壳学子”动漫形象代言人，开展“小行为大文明”“我为核心价值观代言”等主题微行动，打造一批学生喜闻乐见的动漫、微动画、微视频作品，由小及大为整体推进社会主义核心价值观培育践行工作营造浓厚氛围。

以爱国主义教育为核心，认真组织开展文化、学术、实践育人活动。2019 年，国家工程技术图书馆院士著作馆院士报告会暨第 32 期“贝壳学术汇”学术沙龙活动，进行跨学院、跨学科、跨专业主题交流，培养广大研究生的科研理想与创新精神；“沧桑百年——新时代青年说”主题演讲比赛总决赛暨“我和我的祖国”主题宣讲团成立仪式成功举办，以铿锵有力的青春之音，抒发青年壮志豪情。积极组织研究生科技服务与挂职锻炼，强化实践育人工作，加强产学研用合作，为研究生提供科研实践、服务社会平台，鼓励学生深入一线，引导学生在社会大课堂中受教育、长才干、做贡献，结合专业知识和科研成果实地开展调研服务，把文章发表在祖国大地。2018 年学校共有 56 支团队 516 名研究生开展科技服务和挂职锻炼，受到社会各界广泛好评。学校将研究生党支部建设和学风建设相结合，组织引导研究生党员立足专业科研报国、知行合一奉献社会。其中，新材料技术研究院腐蚀控制系统工程第一党支部结合科研优势，积极参与“一带一路”国内沿线 38 个城市的土壤腐蚀试验站建设，组建工科博士宣讲团，用材料专业学生的视角宣讲习近平新时代中国特色社会主义思想，入选全国高校“百个研究生样板党支部”。

常态化、制度化，落实育人工作“全贯穿”

推进新生“引航工程”。帮助新生尽快适应研究生学习和科研工作，完成角色转换。通过丰富多彩的活动，融合“求实鼎新”校训和“学风严谨，崇尚实践”优良传统，从新生的归属意识、科研意识、责任意识、安全意识、心理健康教育以及职业生涯规划六方面开展新生教育。加强毕业教育。以春、夏两次研究生毕业季为契机，做好研究生毕业教育工作，深化典礼育人模式，通过毕业生纪念品的制作、征集毕业感言、典礼形式策划等，营造“尊师、爱校、成才、报国”的毕业氛围，增强毕业研究生与学校之间的感情。其中，全新设计的研究生毕业纪念尺，刻印《孟子》：“不以规矩，不能成方圆。”期翼毕业生坚守做人准则，恪守学术道德，弘扬“求实鼎新”校训精神，践行社会主义核心价值观，为实现中华民族伟大复兴的中国梦而努力奋斗，将社会主义核心价值观教育深刻融入。加强生涯教育及就业引导。开展“启航西部评选”，激励学生把爱国情、强国志、报国行自觉融入建设社会主义现代化强国的奋斗之中。

（2018 年立项项目　撰稿人：董春阳）

厚德育人，师韵兰香

——材料学科师德典型事迹挖掘

教育大计，教师为本；教师大计，师德为本。习近平总书记在全国教育大会上指出，教师是人类灵魂的工程师，是人类文明的传承者，承载着传播知识、传播思想、传播真理，塑造灵魂、塑造生命、塑造新人的时代重任。材料科学与工程学科自创建以来已有六十余年的光辉历程，积淀了深厚的历史和文化底蕴，同时也涌现出一批批服务于国家重大建设项目、献身于祖国科研事业的学者，他们的事迹能够感召我们当代师生勇于承担历史使命，为中华民族伟大复兴贡献自己的一份力量。

因此，我们深入挖掘材料学科优秀教师事迹并开展系列宣传教育活动，弘扬老一辈北科材料的报国精神，坚持用价值观引领知识教育，把社会主义核心价值观融入教育教学全过程，引导教师潜心教书育人、静心治学，引导广大青年学生勤学、修德、明辨、笃实，使社会主义核心价值观成为基本遵循，形成优良的校风、教风、学风，使当代师生能够更加明确材料人的职责和使命，更好地服务学校立德树人中心环节。

开展调研寻访，挖掘优秀教师事迹

我们与大学生暑期社会实践活动、大学生敬老爱老志愿活动相结合，对学院离退休老教师、在职名师、教授进行采访。材料学院“师韵兰香”暑期社会实践团采访了8位材料学科退休老教师，分别为叶锐曾、刘慕怡、陈崇禧、陈景榕、王惠、肖耀福、宋士晖、胡尧和。项目组8名成员带领学生干部组建起3个工作小组，对在职名师谢锡衫、韩静涛、任学平、吴渊教授进行了深度访谈，形成师德典型事迹材料。

建立交流平台，促进青年教师成长

成立青年教师领航工作站和青年教师青年团工委，邀请师德典型为青年教师进行经验分享，引领教师共同进步。青年教师领航工作站和青年教师团工委有效凝聚“80后/90后”教师67人，定期举办“材苑茶座”“青椒轻沙龙”等活动，结合新中国成立70周年等重大时节，开展主题教育，突出师德建设。举办教学基本功专项辅导、国家自然基金申报培训，赴上海、江苏宜兴、河北辛集等地开展产学研合作交流。疫情期间，开展“云沙龙——开启材料名门”系列活动，各研究室负责人线上引导学生勤学、修德、明辨、笃实，实现师德带动学风的良好氛围。

开设宣传栏目，传播弘扬师德典范

项目组在材料科学与工程学院官方微信公众平台“北科大材子风华”开设“材师微光”专栏，对挖掘整理出的优秀教师事迹采用推文的方式进行系列宣传报导，打造出极具影响力的宣传品牌。并以此形成榜样引导，营造出崇尚师德、争当师德的良好风气。进而教育引导广大材子材女坚持“学厚质朴，百炼成材”的院训精神，将个人成长与祖国发展、国家建设紧密结合，用中国梦激扬青春梦，点亮理想的灯、照亮前行的路。

形成访谈记录，展现成长经历

采访在职教师时，分别从人物生平、求学初心、潜心科研、教书育人、献身国家等主题切入，全面了解任学平、吴渊、江海涛、姜乃生、吴昊阳、余伟、董超芳、张鸿8位师德典型教师履历，形成总计约25000字的访谈录，全面展现了8位教师成长经历及感人事迹。采访叶锐曾、刘慕怡、陈崇禧等离退休教师时，侧重从时代进步、国家发展、行业振兴等宏观角度展现我校材料人与祖国同呼吸、共命运的家国情怀，形成总计约22000字的访谈录。

培育品牌活动，形成特色内容

“青年教师成长双导师计划”为青年教师配齐师德高尚的政治导师和扎实学识的学术导师；“青年教师政治培育计划”从党员领导关心、学科带头党员教师谈心、朋辈教师党员热心三个层面服务青年教师成长；“青年卓越人才培育计划”举办“青椒沙龙”“教师基本功大赛”等活动，助力青年教师职业发展；“材苑青椒领航计划”有效发挥师德典型在学科建设、人才培养、社会服务等方面发挥先锋模范作用；“云沙龙——开启材料名门”活动搭建起疫情期间师生互动交流平台，引导学生锤炼品格、学习知识、创新思维、奉献祖国，发挥“四个引路人”角色功能。

推出专题报道，展现名师影响

第1期为《任学平：研精覃思追逐科学梦想，竭心尽致谱写师德之歌》，从“初入材料之门：踏实的求学之路”“研究成果：不负芳华，半数心血注入其中”“科研趣事：小事中亦有大智慧”“莘莘学子意 浓浓师生情”四个方面对任学平教授的求学历程、潜心研究、科研感悟与教书育人的典型事迹进行宣传。第2期为《吴渊：十年晴雨终成树，又引春风润此途》，从“未来属于勇毅者，成功青睐笃行人”“山重水复疑无路，柳暗花明又一村”“忍耐任由风雨过，守得云开见月明”“甘做灯塔亮微光，不为清谈更务实”四个方面展现了材料学科青年教师孜孜不倦、潜心问道、矢志报国的典范。两篇推文平均阅读量超3000，扩大了师德建设的覆盖面和影响力，营造出尊师重教的良好氛围。

（2019年立项项目　撰稿人：王海波）

集信息资源，推阅读服务，展馆藏风采，建书香园

——建馆 65 周年回顾与展望

北京科技大学图书馆成立于 1952 年 9 月（当时为北京钢铁工业学院图书馆），历史上经过四次重大改造，目前馆舍面积 2 万余平方米。

大学图书馆是学校教学和科研工作的重要组成部分，它应配合学校的教学和科研，向师生提供文献资料、情报信息，使读者获得知识受到教育。经过 60 多年的馆藏文献资源建设与积累，我校图书馆现已形成以自然科学和工程技术科学为主体，冶金与材料科学为特色，工、理、管、文、法等多学科、多类型、多载体共存的馆藏文献体系。图书馆的科学管理和优质服务为学校的教学与科研提供了全方位的文献信息资源保障，资源的利用取得明显效果。

大学图书馆是社会主义精神文明建设的重要阵地，是对大学生进行学术文化、校园文化熏陶的熔炉。60 多年的发展历程，风风雨雨，图书馆全体馆员精诚团结，努力奉献，不断提高自身的素质修养和业务能力，为读者提供优质服务。图书馆馆舍整体布局合理，功能齐全，环境舒适，文献资源实行开架借、阅、藏一体化管理，实现了开放、综合的现代化管理与服务，为全校师生营造了一个良好的信息获取与学习研究的环境。

在图书馆建馆 65 年的契机，回顾历史，规划未来。以学校的建设与发展为指导，图书馆将继续加强文献信息资源建设，持续提高文献信息资源对教学科研需求的保障能力；不断改善图书馆的软硬件条件；加大专业人员的引进和培养力度，全面提升图书馆文献信息的服务品质与服务水平。

建馆 65 周年馆史回顾

1952 年，全国院系调整，“清华大学钢铁学院筹备组（北京）”成立。随之图书馆也建立在清华大学生物学馆四层，开始提供读者服务；1953 年搬至现校址的教室楼一层，1964 年建立了独立馆舍，到了 2002 年，图书馆形成了 2.4 万余平方米的馆舍结构。

1952 年至 1998 年是属于传统图书馆年代，馆藏建设购书经历了从手拎肩扛到现代工具运输的过程，读者服务也由闭架阅览模式向开架阅览模式转变，由手工模式向电子化、自动化模式转变。1999 年，实施“十五”“211”工程给图书馆带来了巨大的变化，由此拉开了信息化建设的数字图书馆序幕，馆藏建设日趋科学化、现代化，服务方式也形成大开间、大开放的以读者为中心的自助模式，网络文献信息资源十分丰富，读者足不出户即可领略全部。

图书馆建馆 65 周年馆史回顾将从资料整理和旧物整理两部分开展。资料整理分为馆舍变迁、历任馆长、馆藏建设、领导关怀、对外交流、读者服务、馆员风采、Calis-Balis 建设及“冶金高校图书馆”工作等模块。旧物整理则主要以历史沿革传承的旧家具、物品以及“卡片式检索”相关的用品等为主。

图书馆特色馆藏室建设

北京科技大学图书馆馆藏文献具有历史悠久、特色显著、中外兼收的特点。我馆收藏的部分文献具有很高的学术价值。古籍有二十四史、《四库全书》、《古今图书集成》等，其中《古今图书集成》已整理补缺完整，成册在编。外文有 1871 年创刊的英国杂志《The Journal Iron and Steel Institute》、1907 年创刊的美国杂志《CHEMICAL ABSTRACTS》、1915 年创刊的日本杂志《铁と钢》和 1932 年创刊的苏联杂志《CTAЛЪ》等创刊号杂志，这些具有保存价值的书刊，我馆均收藏齐全且成册在编，为读者提供阅览与查询。

此外，图书馆在西楼四层中厅特设了收录本校教师著作的“摇篮书斋”。北京科技大学建校50多年来，几代北科人始终秉承“学风严谨，崇尚实践”的优良传统，广大教师和校友在长期的教学科研实践中不断辛勤耕耘、开拓创新取得的丰硕成果，在国内外学术界影响颇深。为彰前贤励后学，促进学术交流与学术繁荣，经学校研究决定2006年5月在图书馆创建教师专著展室——摇篮书斋。通过个人捐赠、学校相关部（处）转赠、购买、馆藏调拨等方式，收藏了建校50多年以来我校教师（包括曾在我校工作过的教职员工）的专著、译著、编著、代表论文及画册等，内容涉及冶金、材料、采矿、机械、地质、建筑、环保、计算机、应用科学、政治、经济、法律、管理、语言文学、高教等专业。摇篮书斋作为我校的一个特色资源，既是收集、妥善保存科大人学术成果的特藏部门、荟萃之地，亦是展示科大人50多年的科研成果的重要基地和窗口。

本次图书馆特色馆藏建设重点为整理、补缺文渊阁版《四库全书》。《四库全书》是乾隆皇帝亲自组织的中国历史上一部规模最大的丛书。1772年开始，经十年编成。丛书分经、史、子、集四部，故名四库。据文津阁藏本，该书共收录古籍3503种79337卷，装订成36000余册，保存了丰富的文献资料，但编纂过程毁书则更多。“四库”之名，是初唐官方藏书分为经史子集四个书库，号称“四部库书”，或“四库之书”。经、史、子、集四分法是古代图书分类的主要方法，它基本上囊括了古代所有图书，故称“全书”。《四库全书》的内容是十分丰富的。按照内容分类分经、史、子、集四部分，部下有类，类下有属。全书共4部44类66属。

馆藏图书印章作品征集

印章，作为一种特殊的载体，在反映历史反映社会方面有其特殊的价值。印章不仅记录了一个组织的存在，也留下了历史变迁的足迹。北京科技大学图书馆自建馆以来，馆藏印章历经数次变化，印证了图书馆随着学校更替发展而进步的一段段历史，成为了我校图书馆的重要历史资料。

为使图书馆藏书章能紧跟学校的变化与发展，同时更贴近读者吸引读者，图书馆通过馆藏印章大赛的形式向全校征集藏书章设计。“馆藏图书印章”设计大赛，通过馆藏图书印章设计，激发同学们的创作力与动手能力，展示大学生的艺术才能，传承图书馆文化。同时，作为每本馆藏图书必备，当读者们在书的扉页上看到由同学们亲自设计的印章后，可以让阅读更加贴近大学生，向同学们传递爱读书、爱护书、多读书、读好书的精神。

本着展示北京科技大学图书馆的文化内涵及藏书魅力、体现北京科技大学图书馆藏书性质、符合印章制作使用特点的原则，同学们设计了多种风格的馆藏章，我们累计收到不同学院不同年级同学的投稿作品 50 余份。大赛评选阶段采取专家打分与网络投票相结合，专家评委来自机械学院、宣传部、图书馆等相关部门。本次大赛评分将网络投票与专家打分相结合，按 7∶3 的加权平均法算分。经过层层比拼，最终 9 份作品脱颖而出，成为获奖作品。

文法学院刘祎璠获一等奖，材料学院张佳丽、机械学院夏凡、经管学院赵明分获二等奖，另有 5 位同学获三等奖。颁奖仪式现场，季淑娟馆长为同学们介绍了藏书章的作用与意义，从专业评委角度对同学们的设计作品进行了点评，馆藏图书印章既是图书归属的证明，需要明确“藏书”的属性及藏书的所有者，同时也将成为图书馆发展变迁的历史印证。之后，季馆长为获奖同学进行了颁奖。

图书馆在经过与专家、设计者的沟通修改之后，确定了两个印章为新图书馆馆藏图书印章，将于 2017 年新学期开始后启用。

为了让广大同学参与到图书馆的工作当中，增进同学们对图书馆的感情。图书馆举办了闭馆音乐征集活动，活动得到很多同学的支持与积极参与。

2016 年 11 月 30 日—12 月 3 日是网上提名候选音乐阶段，收到投稿 78 首。之后根据提名音乐得票数进行第一轮筛选，选出前 10 首音乐作为候选音乐。12 月 7 日—12 月 14 日，网上投票阶段，截至 12 月 14 日晚上 24 点投票结束，共有 1938 人参与投票。其中得票最多的两首音乐是比较欢快的《Going Home》和比较舒缓的《Blood Red，Ocean Blue》，它们的选票分别是 496 票和 479 票，分别占总投票的 25% 和 24%，相差并不是很大，并且在投票期间，这两首歌的得票也一直高居榜首，遥遥领先于其他的几首歌。

最后根据实际情况，我们截取舒缓的《Blood Red，Ocean Blue》中的一段加入旁白作为闭馆音乐，将欢快的《Going Home》作为我们的开馆音乐。2017 年 1 月 3 日，图书馆启用全新开闭馆音乐。

在我们的微信公众号下面还有不少同学留言希望图书馆的闭馆音乐能够列一个歌单，每天随机播放，可以看得出来，很多同学都对图书馆有深厚感情，并愿意一起为图书馆的发展建言献策。

（2016 年立项项目　撰稿人：路春梅）

第三章

鼎新浸润

后勤文化在高校文化育人中的实践与探索

高校后勤工作承担着大量服务师生的基础性工作，尤其与学生学习、生活紧密相关，其育人功能的实现，亦是高校人才培养的重要环节。后勤文化是校园文化的重要组成部分，其特殊的功能和典型特征在以文育人、以文化人方面具有耳濡目染、润物无声的独特优势，在高校全员全过程全方位育人工作中发挥着不可或缺的重要作用。因此，立足于后勤文化的现状与问题，梳理、归纳、凝练后勤文化的主要内容，具有重要的理论价值和现实意义。

高校后勤文化的丰富性和开放性

高校后勤文化是高校文化的一个重要组成部分。高校后勤在高校工作中管理与服务的双重特性，使得高校后勤文化不仅是高校后勤统一思想，增强凝聚力的基础；是提升后勤服务水平，推动后勤改革创新的动力；更是践行“三服务，两育人”宗旨的需要。因此，发挥高校后勤文化功效，从而在工作中深入贯彻“以人为本”原则，坚持服务精神为己任，进一步提升员工整体素质，树立良好后勤形象，为学生的成长成才贡献力量。

与教学科研工作以传播科学文化知识为主的文化建设不同，高校后勤文化是按照“三服务，两育人”的宗旨，通过长期管理、服务、经营过程中逐渐形成的具有后勤特色的思想理念、行为规范、管理方式、精神面貌等，随着后勤社会化改革的推进，高校后勤文化在建设中具有其特殊的、鲜明的特征：

后勤文化的丰富性

后勤社会化后，越来越多的社会行为参与到高校后勤的服务与经营中，后勤文化与企业文化相融合与渗透，使部分后勤文化的理念和内容发生了改变，不再是依附于学校文化的单一文化，而是成为多元化的文化整体，其竞争意识、效率意识、服务意识更强，丰富了后勤文化的内涵。

后勤文化的开放性

后勤社会化的过程，本身也是文化开放的过程，各种文化涌入高校，不同的元素、内容、形式都在影响着师生员工的日常需求、消费观念、活动方式等，在这种开放的大环境下，开放性和包容性的后勤文化对于指导后勤管理和服务工作更具有重要意义。

凝练文化核心，强化服务理念

高校后勤文化，是在一定社会文化背景下，高校后勤围绕“服务”“育人”两大职能，在长期工作实践过程中逐步形成和发展起来的。我校后勤亦是经过几十年的发展传承，通过工作实践，形成具有自身特色的组织文化。

后勤工作人员经过多年努力，在梳理后勤发展脉络，总结工作经验的基础上，逐步总结凝练出了后勤文化核心内容:“求实求精，为人为新。”这一核心内容，既反映了学校后勤特色，又引起了后勤员工的共鸣，是后勤人共同价值观、发展愿景、服务理念、精神风貌的体现、传承和创新。

后勤工作人员的服务态度、工作作风、服务方式方法都会对处于成长阶段的学生产生直接的影响。因此树立“以人为本”“一切从师生需求出发”服务理念，严格“察实情、办实事、求实效”的工作作风和“想干事，会干事，干成事”的思想作风要求，后勤员工通过整洁的服务形象、热情的服务态度、优质的服务工作，用爱岗敬业、无私奉献、吃苦耐劳的精神品质，潜移默化地影响、感染学生，为学生进行良好的行为示范，帮助他们形成优秀品德。

打造文化品牌，完善制度文化

为丰富后勤文化，后勤着力打造“劳动竞赛月”“文明服务月”两项品牌工作，使后勤员工统一认识，传承工匠精神，培养业务“精兵”和技术“能手”，服务意识入脑入心。此外，后勤还陆续推出了“走进后厨”“柿子文化节”“银杏景观文化节”“毕业生生活技能课堂”等活动，不仅向学生展示了后勤工作，也使学生了解、感受后勤，引导学生主动发现、体会校园的美好。

自 2017 年以来，后勤对各项制度进行了全面梳理、修订和完善，共完成人事、财务、工程项目等方面制度的立、改、废 40 余份，形成后勤文件制度汇编；完成 108 种工作岗位的岗位说明书，为后勤规范管理、严格工作流程和考核奠定了基础。同时，通过科学的考核机制、灵活的分配机制、公平的用人机制，营造良好工作氛围，激发员工工作积极性、创造性，增强责任感和团队精神。

高校后勤文化建设的新机遇

后勤文化是以后勤价值观为实质、后勤精神为核心的后勤行为文化、制度文化、发展文化的集合，是后勤发展的高阶层面，为后勤发展统一了思路，凝聚了共识。

打造服务育人新格局

以文育人。后勤职工为学生提供生活服务、营造生活环境，日常与学生频繁接触，他们的服务精神，他们的服务行为，都会潜移默化对学生思想道德、价值观塑造产生重要的影响。秉承求实、求精的后勤文化，弘扬“工匠精神”，后勤人把解决问题放在首位，把取得实效作为目标，把精益求精作为追求，把服务育人寓于日常工作之中，后勤人在平凡而具体的工作中不断践行着全方位育人的工作追求，引导学生主动发现、体会校园的美好，学会欣赏校园、赞美校园、热爱校园。

开创后勤工作新局面

以文聚力。为满足师生日益增长的服务需求，后勤以发展的眼光规划工作，以创新精神引领发展，大量引入机械化设备，提高服务水平和工作效率；运用大数据分析，建立信息管理平台，进行工作流程再造，由经验管理向科学管理转变。创新理念、创新方法、创新手段，使后勤员工主动学习新技术、主动思考问题，主动改进工作的多了，员工的眼界更宽了，大局意识更强了，责任心、责任意识有了明显提高，服务质量得到较大提升。

推动后勤工作新提升

以文凝人。后勤文化的形成，将后勤全体员工思路和力量凝聚在一起，使大家心往一处想，劲往一处使，形成了团结向上的后勤集体。在工作中，围绕建设“学习型、服务型、创新型”后勤，经过一系列改革，后勤管理方法、服务理念、工作作风、工作态度和员工精神面貌等都有了较大转变，实现了后勤工作“服务人本化、管理网格化、流程标准化、效率现代化”。

发扬“以人为本”无私精神

以人化人。一切以学生的成长成才为工作的出发点和落脚点，是后勤工作的基本要求。以“以人为本”为核心，后勤人不仅在工作中任劳任怨，在遇到困难时也能做到冲锋在前、无私奉献，他们用实际行动去感染学生，用真诚去打动学生，在学生的成长成才中起到潜移默化的感化作用。在毕业典礼上，后勤工作人员比如厨师、公寓管理员等多次被请到毕业典礼现场，接收毕业学生对他们的祝福，学生亲切地称他们为“最可爱的人”。

作为校园文化的重要组成部分，后勤文化的核心“求实求精，为人为新”与学校校训“求实鼎新”既一脉相承，又体现后勤自身特点，既丰富了校园文化的内涵，又带领后勤人更好地协同服务于学校的长期发展。围绕后勤文化核心，后勤将进一步做好文化的传承与发扬工作，使这精神与智慧的结晶薪火相传，更好、更久地为学校育人工作服务。

附件 1

后勤文化核心内涵及解析

后勤文化核心：

求实求精，为（wèi）人为（wéi）新

后勤文化解析：

求，想要为了达到某种目的而如何做，体现了一种孜孜不倦追求的状态和目标。

求实，理论与实践的结合；察实情、办实事、讲实效的工作作风。

求精，产品、服务质量上的精益求精，既反映了一种认真的工作态度，也反映了一种高标准、高质量的追求境界。

为人，体现“三服务、两育人”的后勤工作宗旨，践行以人为本的理念，一切从师生员工需求出发，为了师生员工教学科研、学习生活的有序进行，工作无怨无悔、无私奉献。

为新，与时俱进，不断学习现代化知识，学习现代化技术，推动理念创新、体制机制创新、工作方法创新，将创新作为后勤发展的驱动力。

“求实求精，为人为新”，与学校“求实鼎新”的校训一脉相承，既体现了集团在改革发展中所应具备的求真务实、追求卓越的精神状态和高标准、出精品的物质要求，也体现了后勤全心全意为师生服务的工作宗旨和努力建设“服务型、学习型、创新型”后勤的工作目标。

附件 2

践行以人为本的服务宗旨　传承砥砺奋进的后勤文化

张文平

文化是土壤，是积蓄力量、滋养理想的智慧源泉，文化是组织之魂，是组织塑造共有价值观、凝聚共识、聚焦目标的强大精神动力。高校后勤文化，是后勤发展的高阶层面，是后勤人共同价值观、发展愿景、服务理念、精神风貌的体现、传承和创新，是后勤行为文化、制度文化、发展文化的集合。北京科技大学后勤人经过多年的努力，逐步凝练出以“求实求精，为人为新”为核心的后勤文化，后勤文化的形成，为后勤发展统一了思路，凝聚了共识。

以文育人，打造后勤服务参与全程育人新格局

质量是高校的立身之本，育人是高校的基本任务，社会对高校的评价，学生对高校的选择，归根结底取决于培养人的质量。在学校范畴内，教师“教书育人”、管理干部“管理育人”、后勤职工“服务育人”，构成高校“全员全过程全方位育人”的工作格局。

作为以育人为第一要务的大学，其育人功能不仅来源于书本和课堂，还来自学生长期学习生活的校园环境，后勤职工为学生提供生活服务、营造生活环境，日常与学生频繁接触，他们的服务精神，他们的服务行为，都会潜移默化对学生思想道德、价值观塑造产生重要的影响。秉承求实、求精的后勤文化，弘扬“工匠精神”，后勤人把解决问题放在首位，把取得实效作为目标，把精益求精作为追求，把服务育人寓于日常工作之中，后勤人在平凡而具体的工作中不断践行着全方位育人的工作追求，每年举办的银杏文化节、柿子文化节，引导学生主动发现、体会校园的美好，学会欣赏校园、赞美校园、热爱校园。

用优质的服务感染人、用美丽的环境熏陶人，是后勤践行求实求精的后勤文化，充分发挥育人功能实现机制的成功探索。

以文化人，缔造后勤无私奉献的精神品质

后勤文化中“为人”的重要内涵包括以人为本，无私奉献。以后勤文化为工作指针，以学生的成长成才为工作的出发点和落脚点，通过后勤人在遇到困难时冲锋在前、无私奉献的精神品质，来影响、感化学生，在学生的成长成才中起到潜移默化的感化作用。

在公寓值班过程中，当发现有情绪不稳的学生时，我们的公寓管理员一次次和他们沟通，缓解他们的情绪，解开他们的心结，像对待自己的孩子一样对待学生，不求回报，乐于奉献，用真诚去打动他们，用行动去感染他们，有些学生甚至称我们的管理员是心理老师或成长导师，这是对我们工作的认可，更是对我们的鼓励。很多学生毕业后，都能想起日夜工作在宿舍一线的管理员，想起默默呵护他们成长的贴心人。

2015 年、2016 年 7 月，北京都遇到了特大暴雨，后勤人冒雨 24 小时抢险排查，奋战在一线，在冰凉的雨水中，后勤人想到的是屋顶漏雨后师生不能休息，想到的是树木倒下后砸倒电线，师生的安危问题，想到的是建筑物进水后，房屋的安全问题。他们在雨中爬上屋顶，解决漏雨问题；他们在雨中扛起沙袋，堵住涌入的雨水。这些事情，学生看在眼里，记在心里，对学生的全面成长具有良好的影响感染作用。

“为人”是后勤文化的核心，“以人为本”是后勤的工作要求，是后勤人一切为了师生，任劳任怨、无私奉献精神的体现。在毕业典礼上，我们的厨师、公寓管理员被请到毕业典礼现场，接受毕业学生对他们的祝福，学生亲切地称他们为“最可爱的人”。

以文聚力，开创后勤工作新局面

“创新是引领发展的第一动力。”“为新”是后勤知行图新的工作要求，也是后勤理念创新、方法创新、手段创新的具体体现。后勤人坚持学习新知识、掌握新技术，运用现代化手段推动后勤工作发展，开创后勤工作新局面。

为满足师生日益增长的服务需求，以发展的眼光规划后勤工作，以创新精神引领后勤发展，后勤引进了包子机、饺子机、洗地机等机械化设备，提高了服务水平和工作效率。利用大数据的分析方法，对食堂不同就餐时间人数进行分析，调整不同时间饭菜供应量，使食堂中午就餐排队问题得到有效缓解。这些鲜活的事例正是后勤人与时俱进、不断开拓创新的有力证明。

在后勤，每天都在发生新的变化，新知识、新技术的运用，正在形成后勤快速发展的有效手段。维修调度系统的信息化平台运用，锅炉房、换热站运行监控系统的完善提高，学生宿舍管理信息系统的改进升级，饮食管理信息化建设，菜品库的建立等，都是后勤文化为新的具体体现。

经过一系列的工作，后勤员工主动学习新技术、主动思考问题，主动改进工作的多了，员工的眼界更宽了，大局意识更强了，责任心、责任意识有了明显提高，服务质量得到较大提升。

以文凝心，后勤文化薪火相传

后勤文化的形成，是将后勤全体员工思路和力量凝聚在一起，是具有感召力的文化，它深深地根植于后勤这片肥沃的土壤，经过几代后勤人知识和经验的积累酿造，是具有旺盛生命力的优秀文化，它把全体后勤人紧紧团结在一起，心往一处想，劲往一处使，形成了团结向上的后勤集体。

在工作中，后勤提出建设“学习型、服务型、创新型”后勤，从而实现“服务人本化、管理网格化、流程标准化、效率现代化”。按照“三型四化”的发展思路，经过一系列的改革，后勤管理方法、服务理念、工作作风、工作态度和员工精神面貌等都有了较大转变。

在推进工作，严格要求员工的同时，设身处地为员工的工作、生活着想，解决员工的实际困难，做到心系员工，情暖人心。为非事业编制员工提供夫妻宿舍，在职工集中住宿区域添加洗澡设施，在公共水房配备洗衣机，解决职工的实际问题。通过解决职工的实际困难，真正做到“以职工为本，想职工所需”，受到了广大职工的高度认可，职工的凝聚力进一步增强。

在职工的职业发展方面，通过鼓励员工进行专业知识学习，参加专业认证考试，职业资格考试等提高职工的专业水平，通过劳动竞赛，师徒传帮带，一对一帮扶等提高员工的专业技能，为职工的职业发展提供技术支持和保障。

作为校园文化的重要组成部分，“求实求精，为人为新”的后勤文化与学校校训“求实鼎新”既一脉相承，又体现后勤自身特点，既丰富了校园文化的内涵，又带领后勤人更好地协同服务于学校的长期发展。后勤人会坚定理想信念，做好后勤文化的传承与发扬工作，使这精神与智慧的结晶薪火相传，更好、更久地为学校育人工作服务。

（2017 年立项项目　撰稿人：张文平）

行业特色型高校教师行为文化研究

本研究团队为教务处党支部全体支委委员，由于工作岗位的特殊性与便利性，常常接触到学校的一线教师，接触的途径包括教室、教学课堂、教务处的办公室、教师办公室、实验室、监考教室、食堂、行政会议、学术会议等各种场合。研究者通过与他们大量的接触观察看到A大学一线教师的言语和行为、听到一线教师对这个群体的行为文化的反映和评论，他们的谈话，有的是推心置腹、有的是满腹牢骚、有的是发自肺腑之言。

挖掘自身特点，指定文化建设方案

从高校教师行为文化的重要作用来看，教师群体在校园文化建设中具有得天独厚的优势，并发挥着无可替代的作用，选取教师行为文化建设作为研究对象，具有重要的现实意义。从目前的研究文献来看，其重要作用以及研究与建设的迫切性与其所关注的程度不成正比，希望本项目能够提供理论支持与建设策略选择。

从高水平行业特色型大学的特殊性来看，作为一种高等教育特殊类别的存在，北京科技大学这样的高校有着与高水平综合型大学及其他专科高校明显区分开来的办学特色，它既具有一般大学组织文化建设的特征，又具有自身独特的文化特色。本项目选取这类高校的教师行为文化建设，并以北京科技大学为例，有助于丰富高校校园文化建设的理论与实践。

从当前的研究现状来看，以与主题相关的不同关键词在中国学术期刊网电子检索近六年的研究文献发现：国内关于“校园文化”的研究较多，但针对“行业特色高校校园文化”的研究较少，特别是针对这类高校“教师行为文化”建设的研究更是少（主要侧重于对物质文化、精神文化、制度文化的研究），可见，教师这个“校园人”主体人群的行为文化建设所发挥的重要作用与其受关注的程度不相匹配。

综上所述，随着社会主义核心价值观培育与践行工作的进一步推进和全国高校思想政治工作会议精神的进一步贯彻与落实等，对既不属于高水平综合性研究型大学，又与一般专科院校有所区别的行业特色型大学校园文化建设如何适应外部环境变化、挖掘自身特点、制定符合自身发展的教师行为文化建设方案，具有重要的理论价值与特殊的实践意义。

根据文献综述发现，以往的研究多数是从文献到文献的研究，都是从组织本身的视角来研究教师行为文化，但是已有的研究为教师行为文化研究提供了概念框架。本文认为，高水平行业特色型大学组织文化不仅仅表现在组织活动上，教师、学生、行政人员等的日常工作、生活、学习等都会影响组织文化，反过来组织文化也体现在每位教师、学生身上。

对于学校组织来说，学生是流水的兵，教师则是这里铁打的营盘，大学教师是大学重要的战略性资源，他们的行为文化对大学发展尤为重要。因此，本文以教师作为研究对象，探索高水平行业特色型大学教师的行为文化，从教师感知的角度建构高水平行业特色型大学教师行为文化建设的研究框架。

访谈、收集，多维度研究

研究者对9位教师进行了半结构化一对一访谈，受访者中，有将其一生奉献给了这所大学直至退休，目前在学校督导组担任督导老师的老先生，他们在这个学术组织度过了至少二十年时光；有目前在A大学教学、科研的一线老师，对教师行为变化有着深刻的洞察；从学术背景看，受访者从事的学科横跨工科、理科、人文科学各领域；从组织职务看，受访者主要专心于研究与教学，一些很少参与行政管理，另一些则活跃于A大学的院系担任着行政职务。

研究中的实物资料包括与研究问题有关的文字图片音像物品等；与学校发展有关的正式官方记录、文献、学校档案馆、学校官网、学校校史馆以及网络资料、微信朋友圈等渠道收集资料，包括第一手资料，这些资料是自己整理和直接经验所得，也包括第二手资料，这些资料是借用他人的经验或者成果。

通过观察法仔细观察这些教师在 A 大学这个组织中的生活（教学、科研、日常生活）状态，捕捉教师的组织行为文化，从而进一步研究教师视野下的当下 A 大学教师行为文化观。

美国组织行为专家奎因（Quinn）1988 年开发出竞争性文化价值模型。该模型把企业文化指标按照内部外部导向和控制授权两个维度进行分类，最后形成四个基本的价值模式。从内在—外在、控制—灵活两个维度，将组织文化分为目标、规则、支持、创新四种导向，用来实证分析各种导向的文化类型对企业竞争力的影响。该模式从 20 世纪 90 年代开始在世界范围内被广泛应用，逐渐成为一种国际上比较权威的企业文化分析工具。

另有乔治·斯特恩等人使用了勒温的观点（组织中的个人和团体必须从他们与环境相互作用的角度来理解其行为），认为评定一个组织的氛围不仅应该测量个人的特性，而且还应该测量环境的特性。最开始设计了大学活力指标（AI）问卷和学院特征指标（CCI），后来他和斯坦霍夫对 CCI 进行改进，编制了 OCI。OCI 包括六大因素：学术气氛、成就标准、个人尊严（支持扶助）、组织效果（工作环境）、秩序（规则规范）、冲突控制（限制约束），发展驱动力和控制驱动力是 OCI 的两个重要指标。

根据上述两种行为文化的逻辑框架，本研究基于上述研究涉及的问题结合大学教师行为文化的实际情况开发了访谈提纲。关于大学教师文化的行为文化层面的考量，研究团队们认为包括：教师的教学文化、教师的科研文化、教师的学习文化、教师的交往文化四个部分，本研究主要集中于前两个部分的研究。

探究未来展望，建立特色师资队伍

大学教师的行为文化是一个永无止境的课题，随着大学的商业化、市场化，随着新媒体的出现，随着企业、市场文化的介入，大学功能受到质疑，大学教师的学术生态恶化、生存状态受到关注，一些词汇频频挂在教师们的嘴边，例如“混下去”“圈子”“老板”“老大”“资源”“平台”“跟对人”“文化名人”等词汇，让研究团队禁不住发问：大学的边界究竟应该是什么样的？大学何价？

研究团队希望，如果可能，我们经过进一步研究，对课题进行更加全面的调查研究，方案进行不断完善，形成一套长效机制，为学校建立一支富有人格魅力、学术造诣深、善于治学育人的教师队伍做贡献。

（2017 年立项项目　撰稿人：李虹）

校园“实验室安全文化月”建设研究

高校实验室是培养人才、科学研究与推广的重要阵地，其建设与管理水平是反映高校办学水平的重要标尺。实验室安全作为实验室工作的重要组成部分，其管理状态受重视不足、观念落后、条件欠缺等影响，实验室安全问题突出，安全事故时有发生。在这种形势下，创新实验室安全管理观念、探索实验室安全管理方法，成为了推进实验室安全改革与发展的必然选择。

2015 年初，学校在总结梳理实验室安全现状及问题的基础上，开创性地制定了“实验室安全年”系列活动实施方案，并将每年 10—11 月设立为实验室安全月。总结 2015 年、2016 年活动经验，2017 年学校确定了以“发挥文化引领作用、营造校园安全氛围”为目标，以“培养安全行为意识、转变安全管理方式、建立安全激励机制、保证安全活动质量”为核心，以“掀起校园实验室安全文化热潮，建立实验室安全文化宣传活动品牌长效机制”为宗旨的工作思路。于 10 月下旬组织了“实验室安全文化月”活动，切实增强了实验人员安全意识、改善了实验室安全环境、培养了实验室安全氛围、优化了实验室安全工作。

创新运行机制

以往的安全宣传教育多以组织单一主题活动为主，在活动长期实施过程中发现，宣传教育活动存在组织部门不一、活动间隔较长、内容缺少联系等问题，活动受众较难形成长久的教育记忆与系统的安全意识体系，活动效果欠佳。为更好地推动学校实验室安全管理工作，学校于 2015 年确定了实验室安全工作体系建设方案。方案对组织机构、规章制度、文化教育、安全检查、技术防范、应急预案等主要内容提供了清晰的思路与明确的要求，既是对学校实验室安全总体工作的统筹部署，也为具体工作指明了方向。以体系建设方案为基础，形成“实验室安全文化月”系列活动，制定相应管理制度、工作规范、实施细则，做到了活动的统筹策划、准确实施、互联互促。

“实验室安全文化月”活动的策划、组织与开展需要借助与发挥各职能部门、各教学科研单位以及校外专业机构的特长与能力。此次活动，资产管理处负责总体活动策划与实施，党委宣传部、团委协助相关新闻的报道与安全宣传的展示，保卫保密处协助应急演练的实施，各教学科研单位组织人员参与、协助活动开展，对于安全培训、应急演练等专业性较强的活动借助校外专业机构的力量。众人拾柴火焰高，多方协助方可保持“实验室安全文化月”活动的生机活力。

制定活动方案

“实验室安全文化月”活动经过聚焦热点、拟定主题、项目征集、创新推介，围绕应急演习、专项检查、安全准入、宣传展示、专题培训、网站建设、竞赛活动、总结表彰等八个主题，制定了具有针对性、特色性的系列活动共 15 项，如下表所示。活动方案的制定，力求从内容的多角度、多层面出发，以受众的主观能动与实际体会为落脚点，制定过程中尤为重视宣传展示形式与受众实践体验效果。

多维宣传展示

宣传展示作为安全教育最普遍的方式，一直是高校安全工作的重点内容。如何实现“我们想讲的”就是“受众想听的”，也是高校安全工作的难题之一。此次活动的制定采用传统媒体与新媒体相结合的模式，做到形式新、渠道多、角度广、内容全。展板展示方面，主干路口、橱窗、二级单位楼宇大厅均设立宣传展板，安全知识编成顺口溜，更易理解与记忆；手册发放方面，集中向全体新生发放《实验室安全知识读本》，为便于留学生理解，制定英文版读本；制作“贝壳博士讲安全之危险化学品安全”动画，旨在生动展示危险化学品采购、使用、储存等方面的规范；运行实验室安全与管理网，网站提供新闻阅读、资料下载、在线学习等信息服务，是学校实验室安全信息与知识传播的重要网络平台；安全工作先进实验室微信公众号展示，先进经验、特色措施高效共享，发挥先进标杆作用，引导实验室安全管理。

实践加深体会

相较于传统安全教育宣传活动“自上而下、被动学习”的宣传模式，“实验室安全文化月”活动设计更侧重于受众的主动参与和实践体会。“一日安全员”活动，邀请学生志愿者参与学校实验室安全日常督查工作，实践中认识实验室安全隐患，加深实验室安全管理体会；组织应急演习，除组织师生观摩外，需要实验人员实际参与其中，了解应急处理流程，掌握应急处理技能；“平安校园（实验室）安全知识竞赛”，学生可在参赛过程中形成安全意识、学习安全知识。受众主动参与，是对学校的实验室安全工作的补充，对个人有助于锻炼个人能力、实现自我价值，对学校也有助于形成从他律到自律的安全氛围、共同维护实验室安全。

组织活动实施

根据活动方案，围绕八大主题，学校于10月下旬—11月下旬举行“实验室安全文化月”活动，具体活动实施如下。

着眼重点危险源监管，开展专项检查工作

为保障我校正常教学科研秩序，确保广大师生人身安全和校园和谐稳定，根据《教育部科技司关于在京高校开展危险化学品使用安全问题检查的通知》（教技司〔2017〕371号）的文件要求，10月16日—11月16日，开展全校范围的危险化学品、易制爆品、易制毒品专项检查。查出隐患23项，并针对易制毒化学品使用记录不规范、部分危险化学品标识不清等方面，督促各单位及实验室完成整改工作。

提高师生参与积极性，举办各类竞赛活动

开展“一日安全员”活动，邀请8名学生志愿者，参加学校实验室安全日常督查工作，发挥学生主人翁精神，对学校实验室日常安全工作建议建言。举行平安校园（实验室）安全知识竞赛，评选出特等奖队伍1支，一等奖队伍2支，二等奖队伍3支，四等奖队伍4支。组织实验室安全防护用品发放工作，为全校理工科实验室配置阻燃工作服1300件、防护口罩1300个、护目镜1300个、防护手套1300副、防静电工作服400件，协助并推进二级单位及实验室安全防护用品配置工作。

落实实验室安全准入，组织校级准入考试

依托学校实验室安全教育与考试系统，组织2017级全体本科生、硕士及博士研究生7355余人参加校级实验室安全准入考试。并将校级实验室安全准入考试作为入校基本要求。考试合格者还须通过二级单位“院级准入”和“实验室级准入”后方可进入实验室开展实验。

健全学校事故应急机制，开展事故应急演习

10月31日，实验室安全文化月活动开幕式暨危险化学品、废弃物泄漏事故应急演习在主楼正门广场举行。应急演习模拟了主楼实验室危险化学品及废弃物泄露、人员受伤、事故现场发生火情等场景，重点演示了人员自救、报警救援、火灾扑救、警戒疏散、泄漏物清理等过程，组织完成了主楼150余名师生紧急疏散工作，同时还邀请了其他单位300余名师生进行现场观摩。演习中金隅红树林环保有限公司作为专业危废处理企业，出动了2辆专业救援车和9名救援队员组成应急救援队进行了现场演示。

普及实验室安全常识，组织安全宣传展示

文化月期间，学校在主干道橱窗、鸿博园路口、二级单位楼宇大厅举办了实验室安全知识与案例的宣传展。通过展板，师生可以学习危险化学品、危险废弃物、压力气瓶、特种设备、辐射安全、水电消防等安全管理规范，了解国内外高校典型事故，强化应急处理与急救的能力。与此同时，学校集中向2017年全体本科生、研究生发放《实验室安全知识读本》

（中英文）3500余册。并着手制作“贝壳博士讲安全之危险化学品安全”动画，旨在通过动画形式活泼、生动展示危险化学品采购、使用、储存等方面的规范。

夯实实验室安全专业知识，召开专项培训

为夯实并提高实验人员安全专业知识及操作技能，学校积极组织及参与校内外实验室安全培训。学校组织召开实验室安全专项培训会，二级单位主管领导、实验室安全秘书、教师代表，相关职能部门工作人员等120余人参加了培训。12月初，学校组织参加北京高校实验室安全管理培训班，26名相关教师报名参加。

加快信息化管理进程，扎实推进网站建设

依托信息管理手段，提升服务质量水平，一直是学校实验室安全工作核心内容。文化月期间，实验室安全教育与管理网站正式开通运行，网站设有新闻公告、规章制度、检查通报、安全知识、事故案例、环境保护等6个栏目，并提供资料下载、在线学习等信息服务；化学品采购与管理平台也即将在全校上线运行，平台采取网上审批方式代替线下审批手续，为师生教学、科研工作提供便利。同时也可以实现危险化学品全过程监管，实时获取实验室化学品从采购到处置变动信息。

发挥先进示范作用，组织安全工作评奖

为推进安全模范实验室建设并充分发挥示范作用，鼓励广大实验人员、管理人员积极参与实验室安全工作，学校组织开展了2017年实验室安全工作先进奖评选工作，共评出8个综合管理类先进实验室、2个仪器设备类先进实验室、15个实验室安全工作先进个人。此次先进实验室评奖环节中发现多个值得借鉴的措施。危险化学品管理方面，有实验室将常用的高氯酸、盐酸等危险化学品的安全技术说明做成展板张贴在实验用房显要位置，以方便实验人员学习并查询。在压力气瓶管理方面，有的实验室将未使用、正在使用及使用完的气瓶分类明显标示，便于气瓶使用时准确识别及精准管理。

建立长效机制

安全管理规范是实验室安全管理行为的重要依据，其细化程度决定了管理深度。根据“木桶效应”，实验室安全管理的水平高低取决于管理的短板因素，因此，要提高安全管理水平，建立安全管理长效运行机制，高校必须把握实验室的每一个危险源，细化管理渗透到每一个“缝隙”，做到安全管理的标准化。目前借助于实验室安全活动的组织实施，基于国家法律法规、实验室安全状况、隐患与问题，针对实验室安全工作，形成了“横到边、竖到沿”的管理体系，以《北京科技大学实验室技术安全管理规定》为学校实验室安全工作的提纲要领，对危险化学品、危险废物、压力气瓶、放射源与射线装置、特种设备、高压釜、实验冰箱、加热设备等主要危险源制定了安全管理规范，对安全隐患逐一进行要求。各学院在此基础上，结合学科特点，制定了更具针对性的管理办法，对实验室进行精准安全管理。“实验室安全文化月”活动的开展，有助于安全管理人员与实验室人员安全知识的更新、安全理念的提升、安全隐患的发现、安全管理的优化，以制度加强管理，以管理完善制度，形成互助互促的运行机制。

以文化的功能进行管理，是安全管理发展的新阶段。“实验室安全文化月”活动全面调动实验室安全管理人员与广大师生的能动性和创造性，推动实验室安全管理工作整体高效开展，起到了“服务管理更规范、责任落实更明确、安全意识更警觉、防范措施更完善”的活动效果。借助活动的组织实施，在此基础上总结管理制度、运行机制，既有规范、稳定、配套的制度体系作为机制运行的有力保障，又有自发形成的推动和监督制度运行的动力需求，两者有机结合，促进实验室安全管理向绿色、健康、规范、科学的方向发展。

（2017 年立项项目　撰稿人：柯红岩）

高校学生公寓文化的研究与实践

学生公寓文化是校园文化的重要组成部分，积极、健康、向上的公寓文化在实现高校育人、文化引领方面发挥着重要作用。教育部分别于2002年、2004年颁发《关于进一步加强高等学校学生公寓管理的若干意见》（教发〔2002〕6号）和《关于切实加强高校学生住宿管理的通知》（教社政〔2004〕6号）文件，较为详细地阐述了学生公寓文化建设，为大学生公寓文化建设确定了目标、指明了方向。随着高等教育改革的发展、高校后勤社会化的推进，学生公寓数量不断扩大、住宿人数不断增多，为学生公寓在安全管理、服务育人、思想引领等方面提出了更高的要求，加之当代大学生思维活跃、价值选择多元，更需要优良的文化加以引领，学生公寓作为学生学习、生活的主要场所，理应在文化育人方面发挥重要作用。

开展高校学生公寓文化的研究与实践，具有重要的理论价值和实践意义。一是有助于丰富学生公寓文化建设的理论内涵。在高校开展“三全育人”的整体工作背景下，高校学生公寓文化建设不断被赋予新的内容。为了避免公寓文化建设的理论研究与实践应用脱节，在开展理论研究时应注重结合时代发展和高校人才培养需要，使之能够满足大学生对公寓文化日益增长的需求，确保理论研究对实践工作具有指导意义，公寓文化建设的理论内涵得到充分的挖掘与完善。二是有助于构建高校学生公寓文化建设的理论体系。开展高校公寓文化建设理论研究，应该立足公寓的实际情况，通过分析公寓文化建设的表象问题，探索公寓文化建设的发展趋势，研究问题背后的成因，凝练、升华成理论成果，逐步构建高校公寓文化建设的理论体系，充分发挥公寓文化建设的育人功能，更好地促进学生成长成才。三是有助于探索高校公寓文化建设的实践途径。围绕高校学生公寓文化开展研究，最终目的在于指导具体的工作实践，让方向性、系统性的研究成果能够落实、落地，能够形成针对性强、具有实效的实践途径，推动、促进大学生公寓文化建设的可持续发展。

三原则四目标，加强文化建设

高校学生公寓文化建设的原则：一是坚持主旋律与多样性相统一。高校是文化的传播者与辐射源，学生公寓文化是校园文化的重要组成，应该符合时代的主旋律，符合高等教育的人才培养目标，符合先进文化的特征。公寓文化也应具有较强的兼容性，体现内容多样、形式多样、方法多样。二是坚持理论性与实践性相统一。理论研究是推动公寓文化建设的内核与支撑，是指导实践取得成功的重要保证。公寓文化建设过程本身也是实践的过程，通过实践来影响人、塑造人、感染人，发挥公寓文化育人的作用。同时，实践是发展的，理论也应是发展的。把握好两者的辩证关系，有利于增强高校公寓文化建设的实效性，促进理论有新发展，实践有新创造。三是坚持科学性与人文性相统一。高校学生公寓文化的科学性是一种科学的理性精神，在文化意识、价值目标、表现形式、文化构成等方面要表现出求真务实、严谨规范、开拓创新的科学精神，满足学生的多元文化需求，对学生的思维、学习、生活产生影响。高校公寓文化建设也要以人为本，从学生的实际需求出发，关心学生的学习生活，提升学生的人文素养，促进学生的全面发展。

高校学生公寓文化建设的目标：一是推动学生公寓文化建设科学化。通过规范学生公寓各项管理制度，提升服务管理的精细化水平，提高服务工作的人本化程度，确保学生公寓文化建设在顶层设计、工作开展与推动等方面充分体现科学性。二是营造积极向上的学校风气。通过学生公寓文化建设，在公寓内形成良好的舍风，并以此为切入点，影响带动优秀班风、学风的形成，最终体现在每一位学生具有良好的行为习惯，高尚的道德情操，向上的精神面貌，汇集、凝练成优秀的校风。三是深入开展思想政治教育。学生公寓是学生学习生活的主要场所，也是开展思想政治教育工作的重要阵地。良好的学生公寓文化，将有助于锤炼学生的政治观、塑造学生的道德观、树立学生的生命观、端正学生的消费观，全面保障学生成长成才。四是实现学生的自我管理与服务。高校学生公寓文化建设，离不开学生的主动参与，引导学生从被动服从者转变为主动参与者和管理者，真正实现由“他律”到“自律”的转变。

学生公寓文化建设的具体内容

1. 物质文化。高校学生公寓物质文化主要指公寓在基础设施、整体布局和宿舍内部配置等直观层面上的内容，属于公寓文化的表层文化，也是公寓文化建设的基础，是其他公寓文化发展的载体。由于我校学生公寓属于典型的高层建筑群，存在空间有限、单体公寓在住人数多、人员密度大等不足。学校根据学生公寓的实际情况，因楼制宜，在提升学生公寓物质文化方面开展了大量工作。公寓基础性设施建设方面，学校有计划、有步骤地进行学生公寓的维修改造，先后对浴室、卫生间进行了重新装修，改善学生的居住环境；配置智能洗衣房和具备过滤功能的开水器，满足学生对于智能设备以及高品质饮用水的需要。公寓景观性文化建设方面，学校于学生公寓 7 斋东侧重点打造融绿地、灌木、古树、凉亭、雕塑于一体的文化景观，同时在学生公寓区周边进行花卉种植、绿地铺设等工作，全面提升学生公寓区的环境品质，让学生生活其中，能够提升人格素养，陶冶道德情操，实现人与自然的和谐统一。

2. 制度文化。高校学生公寓制度文化是学校历史文化沉淀和师生经过长期积累创造的，对生活在公寓区的师生起到约束和激励作用。学生公寓管理部门紧密围绕学校“立德树人”这一中心任务，根据不断变化的时代特点、学生特点及需求，制定、修订、完善一系列相关制度，并在具体的服务管理工作中执行、落实，使之成为人人认同、人人遵守的制度准绳。学校层面，出台进一步加强学生公寓住宿管理的指导意见，并于 2018 年重新修订学生公寓安全管理、住宿管理规定，充分体现新形势下对于学生住宿的针对性要求和人本化关怀，制定党建进宿舍工作的章程、工作原则、内容等制度文件，为学校在学生公寓区开展党建工作，扩大党建工作的辐射范围提供了强有力的政策支撑；学生公寓管理部门层面，梳理学生公寓服务管理的工作环节、流程、标准，制定工作细则、考评标准等管理规定，切实提升服务工作品质，同时，针对外来人员访问、大件物品进出、消防安全巡视等专项工作，建立登记制度与管理台账，真正做到规范管理，保障学生的住宿安全；学生自律队伍建设方面，针对楼层长选拔、任用、考评等工作出台制度文件，让真正具备工作能力和服务同学意愿的学生骨干承担相应工作，实现学生在公寓区的自我教育、自我管理与自我服务。学生公寓管理部门已将相关制度文件进行汇编整理，作为员工培训学习的主要资料，同时将学生公寓党支部骨干职责、学生楼层长职责等与学生利益密切相关的制度、规定通过学生自律队伍微信公众号、宣传橱窗、展板上墙等形式进行宣传，引导更多学生关心关注学生公寓的服务管理工作，最终做到思想上认可、行动上践行。

3. 行为文化。高校学生公寓的行为文化是学生在公寓区表现出的精神状态、文化品位、行为模式（包括学习行为、生活行为、交际行为、网络行为等）等，彰显学生的人格修养，是学生公寓精神和文化品位的重要体现。学生工作部制定辅导员岗位职责，文件明确规定，辅导员每周深入学生宿舍的次数不少于两次，通过辅导员与学生在宿舍这样一个较为放松的环境下接触、交流，帮助学生适应集体生活、引导他们养成良好的生活习惯，为学业进步，个人素养提升奠定行为基础。同时，学校选拔一部分优秀学生骨干担任 2+2 辅导员，与学生一起生活在学生公寓，通过他们的一言一行，为在住学生做出良好示范。学校加强学生公寓党支部队伍、学生自律组织建设，特别注重他们在行为引领方面的作用发挥。学生公寓党支部组织开展禁烟、文明离校、诚信应考等主题教育宣传活动，从学生的视角教育、引导学生自觉规范个人言谈举止，做文明诚信的大学生；学生公寓党总支开展党支部立项活动，围绕学业帮扶、文明行为养成等方面开展工作，通过朋辈之间的示范影响，帮助学生养成良好的作息习惯、学习习惯。学生自律队伍定期开展宿舍安全卫生检查评比工作，并将检查结果予以公示，发挥先进典型的引领作用，同时督促卫生较差宿舍尽快改进，共同营造健康、整洁的住宿环境；学生公寓管理部门联合学生组织，在学生公寓区内开展实践教育活动，定期进行卫生死角清理、服务岗位锻炼等活动，引导学生在实践过程中，体会到公寓服务人员的辛勤付出，体会到劳动的光荣与不易，懂得珍惜，学会感恩。此外，学生公寓管理部门加强员工的行为管理，努力通过服务行为、标准的规范，实现优质服务感染人、文明服务示范人的教育目的。

4. 精神文化。精神文化是高校学生公寓文化的深层文化、核心文化，对公寓相关文化具有引领功能，对校园文化具有丰富作用。学生公寓精神文化首先要体现校园文化的核心内容，学校的校训、办学理念、校徽等文化标识应在学生活动的公共区域得到充分展现，让学生在潜移默化之间接受校园文化的熏陶，主动地关心学校、热爱学校，达到荣校爱校的教育目的。学生公寓管理部门在宿舍门口电表箱位置加装校园文化展示窗，将校园自然景观、人文景观结合学校文化标识，配以积极向上的文字描述，将校园文化的精髓时刻呈现在学生面前，实现生活环境与校园文化的紧密融合。学生公寓作为后勤部门的服务区域，后勤文化也应在公寓精神文化中有所体现。近年来，随着学校后勤工作的不断提升，凝练出“求实求精，为人为新”的后勤文化，这不仅是对后勤员工工作的指引，而且是一种做人做事态度的体现，对学生同样具有教育意义。为此，后勤部门在学生公寓的醒目位置体现后勤文化，通过值班台的规范布置，员工的统一着装，标准化工作，体现后勤工作的精气神，让学生生活在公寓区，既能接受校园文化内容的静态浸润，又能感知优质服务的动态感染。

形成理论体系，探索实践途径，形成文化氛围

高校学生公寓文化建设需要学校、职能部门、二级学院、学生组织的共同努力、配合，才能真正构建形成，才能发挥文化育人的教育作用。这需要正确的理论体系作为指导，才能确保工作方向围绕高校中心工作，符合时代要求，符合学生特点和实际需要。本文化项目成员通过查阅文献、走访调研、学生座谈等多种形式，汇总、分析、总结出相应的理论成果，尝试性地构建学生公寓文化建设的理论体系，包括对于学生公寓文化建设目标、原则、内容和实现途径的具体阐述，对具体开展实践工作具有一定的指导意义。

本文化项目以我校学生公寓为例，从物质文化、制度文化、行为文化、精神文化四个方面进行实践探索，其中，物质文化建设从改善学生公寓住宿条件入手，制度文化建设坚持以人为本，健全完善各项制度文件，规范服务管理，强化育人功能，行为文化建设主要依托学生组织，通过活

动的组织开展，引导学生养成良好的学习生活习惯，最终形成自觉的思想认同，精神文化建设注重与校园文化、后勤文化相结合，注重体现学校特色。

经过理论研究与实践工作的有机结合，我校的学生公寓文化建设工作得以有效推进。学生公寓的住宿条件、配套设施得到充分改善，具有校园特色、人文关怀的住宿环境基本形成，学生公寓党支部、学生自律组织建设得到加强，党建工作的影响力全面提升，学生自我教育、自我管理与自我服务得到充分体现，宿舍大讲堂、宿舍文化节等一系列学生认可、支持的公寓文化品牌活动广泛开展，学生公寓良好的文化氛围初步形成。

（2018 年立项项目　撰稿人：鲍博）

北京科技大学昌平创新园景观美化与景观文化

纵观古今中外的知名大学，校园文化凝聚着学校的办学理念和教育特色，是学校赖以生存的根基，引领着学校的价值追求和行为导向。坚持以文化人以文育人，发展有灵魂的教育，是亘古不变的主题。健康、向上、丰富的校园文化对学生的品性形成具有渗透性、持久性和选择性，对于提高学生的人文道德素养，拓宽同学们的视野，培养跨世纪人才具有深远意义。

校园景观作为校园文化建设的重要载体，能够激发学生的好奇心，增强学生的求知欲，利于形成良好的校园氛围。美丽的景观对学生道德水平的提高、审美情趣的提升起到了至关重要的作用。除此之外优秀的校园景观设计会将学校自身理念融入其中，通过对校园景观的实体化来体现出高校的治学风格、文化内涵、历史、传统和社会的价值取向等。校园景观除主要包含校园的绿化环境、规划布局这两个宏观因素外，还包含校园建筑、雕塑等微观因素。美丽的校园景观不但会让广大师生身心愉悦，而且还能潜移默化地影响学生的精神层面。校园景观的特点就在于学校是教书育人的场所，这就要求景观本身必须包含着教育的意义和价值。

昌平创新园基本情况

北京科技大学昌平创新园位于北京市昌平区中关村国家工程技术创新基地，是依托我校建设的国家材料服役安全科学中心及重大工程材料服役安全研究评价设施建设地，也是我校未来重要的科技创新基地。园区总占地475亩，其中建设用地201亩，分东西两区。东区于2012年动工，到2018年6月竣工，完成建筑面积近9万平方米。

园区建筑群从功能分区上，主要包括科研办公区、实验厂房区、生活服务区和绿化景观休闲区，从建筑类型上，包括办公楼、实验室、实验厂房、学生公寓、专家公寓、食堂、配套设施等几大类。

创新园区作为我校重要的科技创新基地，在承担科研、试验、教学、学习、生活等功能的同时，也将成为学校重要的窗口和名片。因此研究与探索园区景观美化与景观文化，打造与园区功能、定位、特色协调统一，既具有深厚文化内涵，凸显北科大文化底蕴，又能体现国科中心特色和国际化形象的园区景观意义重大。

以人为本，特色突出

以人为本理念。现代景观理论在尊崇以人为本、尊重自然的基础上，努力实现人们对物质文明和精神文明追求，努力营造开放式合理的校园休闲活动广场，在满足使用功能的前提下，经过园林艺术手法的处理，使其同时具有实用性、装饰性以及文化性。

突出北科大文化特色。每一所高校都有属于它自己的历史沉淀和文化传承，以及自身的办学宗旨和思想价值观念。只有真正理解大学的办学思想和发掘其隐藏在最深处的人文理念，才能设计出真正符合这所学校的校园景观。因此，在校园景观设计与建设中，需要将学校自身丰富的精神文化以及历史元素融入其中，在尊重校园历史文脉和地域特色的基础上，通过建设人文景观雕塑、完善公共环境设施以及保护纪念性历史古迹等措施，充分利用校园内多样化的绿色植物景观，建设具有人文氛围和文化传承的校园环境。

生态景观理念。尊重自然爱护自然，每一株植物都对其所处的生态环境有着特定的要求，在用植物进行景观设计时要优先考虑和满足其生态要求。在景观设计中如果选种植物不能适应种植地点的自然环境和生态环境就很难存活或者出现生长不良等现象，也就达不到设计时的预期效果。

塑造人文氛围。大学校园是社会文明的橱窗、大学是教书育人的地方，一所优秀的大学校园，应该拥有浓厚的人文氛围，同时让身处在大学校园的青年人们在不知不觉中形成一个积极向上、奋发图强的昂扬斗志。

多样化景观特色化设计

大门区包括景墙、大门、国科中心标志、旗台几个部分。

主楼前广场区：净池、绿岛。

花园区：以广场为界限，南北绿地分别以不同材质、构筑物、地形、植物等景观元素构筑蕴含“石器时代”“青铜时代”“钢铁时代”“有机合成时代”等具有发展意味的意向，凸显材料科学特色，同时整个景观空间活力有趣、激发思考。其中“石器时代”辅以铭刻座右铭的石条路面铺装和水滴石穿主题雕塑、条石坐等小品意向。“青铜时代”以室外台阶场地、仿铜铺装带、校区沙盘讲台等传递意向。“钢铁时代”以流水锈斑景墙、工字钢特色路面铺装、曲线型彩色钢板雕塑、防腐木锈板坐凳等元素体现。“有机合成时代”以“净化的结晶”雕塑群、曲线型坐凳、金属铺装带、轮胎挡墙等表达。

生活区：学生宿舍区体现空间感，在绿化区内设置花架、休闲亭、连廊等功能与美观相结合的元素。展架公寓通过水流水景、石桥、石桌石凳等营造曲水流觞的园林氛围和传统文化意境。

厂房区：不同厂房之间分别设计成芳香花园、气泡花园、蒸腾花园、岩石花园，体现多样性。

植物景观：“三季有花、四季常青”，适当点缀彩叶树种丰富四季景观效果，整体常绿落叶比值约为1/4；种植形式丰富多样，具体有草坪、树阵、疏林草地、密植林、防护林带等，满足不同区域的不同景观特色需要；适地适树，经济美观，采用本地乡土树种，低成本、易成活、易养护；重点区域采用新优品种，如金叶槐、四季锦带等，临路较近围墙边种植藤本月季，主楼与厂房间种植西府海棠，突出重点区域的色彩，提升科学中心形象品味。采用自动喷灌与手动浇灌相结合的灌溉方式，采用集水、节水设计。

通过围绕传统与现代相结合，科技与人文相结合，功能与生态相结合，景观与建筑相结合四个主题开展的景观美化与景观文化实践与探索，在园区景观具体实施中得到了较好实施，使园区景观具有了鲜明特点。

景观整体设计以科技、文化、生态相结合为基本思想，体现现代景观形式与传统造园思想相结合的景观理念，生态园林式的国家级科研中心景观定位，人与自然和谐统一的景观内涵。

综合地形、建筑的风格、色彩匹配协调，因地制宜地，合理布局，打造低调内敛、大气现代、疏朗自然的景观风貌。

以风格现代简洁，场地功能多样，景观设计人性，文化内涵丰富为原则，以树木、草皮、花卉、观赏性构筑物、功能性构筑物为基本元素，营造活力有趣，激发思考，动静结合的景观感受。

结合北京科技大学特色，形成体现石器时代、青铜时代、钢铁时代、有机合成等不同时代意向的构筑物。

生态优先原则下的空间功能设计。生态优先，增加绿量。采用绿色、节能新技术、新材料，以科学中心的前瞻性地位推动园林绿化新技术的运用和发展。

总之，北京科技大学昌平创新园区的景观设计集功能与美化于一体，突出了北科大的人文性、注重空间的整体性、讲究文化的传承性，同时还兼顾所处的地域性。

（2018 年立项项目　撰稿人：王志强）

培育青年学生文化聚焦点，礼敬中华优秀传统文化

——北京科技大学“北科小博士”系列漫画

北京科技大学主动研究学生兴趣偏好，自主设计开发了深受全校师生喜爱的网络形象“北科小博士”，以生动鲜活的时尚语言体和妙趣横生的卡通漫画传播中华优秀传统文化和社会主义核心价值观内涵，形成了《小博士为核心价值观代言》《小博士话传统文化》《博士哥哥说“四进四信”》等100余幅原创动漫作品和《小博士看网络》等3部动画视频作品，网上点击分享量达到6万余次。

网络新媒体对大学生思想产生深刻影响

近年来，校园中有一股强大的力量在作用着学生思想，影响着学生的行为，这股力量就是网络新媒体。青年学生浸泡在媒体空间的时间越来越长，媒体风向在很大程度上决定了学生的思想风向，已然成为对学生思想产生重要影响的第三课堂，互联网成为影响青年人思想意识的主渠道。

网络动漫在弘扬传统文化中具有重要作用

以卡通、漫画的形象为载体，使用青年易于接受、易于理解的时尚语言体系，主动研究学生兴趣偏好，借鉴网络流行语言、文体写作方法。使发出的文章、号召从严肃到谐趣，从“一板一眼的说教”到开放地批判性

讨论，从“火不起来”到愿意看、肯分享。提高了学生对其的认可度和长久的关注度，减少了对严肃问题的说教感，使青年更乐于深入了解和广泛分享，助力中华传统文化的弘扬和高校思想教育工作的进行。

打造“北科小博士”网络形象

学校基于学科特色和校园文化内涵设计开发“北科小博士”形象，彰显北科大学生爱好科学、崇尚实践的精神风貌。“博士”代表博闻强识、文武兼长，“小博士”更赋予了青春、活力、朝气。“北科小博士”形象蕴含着学校理论联系实际的办学理念，寄托着北科大青年学子积极向上、求实鼎新的时代精神。

学校为“北科小博士”打造了集微信公众账号、新浪微博、校园网等为一体的新媒体工作平台，以小博士形象发声，采用线上线下相结合的方式将“北科小博士”形象融入校园生活的各个角落。北科小博士新媒体平台纳入学校的网络宣传员队伍后，“代言”内容的深度和广度大大增加，实现了内容编写专门化、形象设计专业化、文化产品多维化，新媒体平台不断壮大、强大。

创作“北科小博士”系列漫画

以核心价值观为视角，创作《天呐！原来价值观可以这样理解》《博士哥哥带你一张图读懂四进四信》主题漫画，以北科学子的视角，在北科的学习生活中寻觅社会主义核心价值观的身影，寻找“四进四信”的踪迹，以小博士可爱的形象展示如何践行社会主义核心价值观，解释习总书记重要讲话精神是怎么融入进北科校园生活每一处的。在微博、微信上开展的“我为核心价值观代言”的主题活动，得到了学生的广泛参与。一系列漫画和活动帮助学生们理解了党和国家为当代青年的发展给予的支持和帮助，引导他们切实践行和弘扬社会主义核心价值观。

以中华传统文化为内涵，创作《小博士话传统文化》《小博士阐述八字箴言》等主题漫画，用漫画故事阐述传统美德，以“曾子避席”明“礼”，以“苏武牧羊”道“忠”，以“小博士坚守岗位打扫”的小事倡导“修德”，以“小博士求真务实完成时间表的每一项”的细节阐释“笃实”。这些故事通过小博士的形象而变得鲜活生动起来，得到了学生的积极点赞和转发。引发了学生们对中华美德的认同、对中华民族的认同、对中华文化的认同，引导学生们自觉传承中华优秀传统文化，促进自身的学习和成长。

以大学生习惯养成为切入点，创作《北科小博士邀你一起共建网络安全共享网络文明》《小心这些网络陷阱！北科小博士教你安全上网》等主题漫画，小博士吟着“网之初，性本善”的网络文明志愿者三字经，科普网络诈骗陷阱，邀请所有青年与“博士爸爸、博士妈妈一起”依法上网、文明上网、理性上网，共建清网，守护未来。这些漫画引领了清朗网络风气，传播正能量，发挥了文化育人、思想教育功能。

北科小博士真人持续参与校园各项活动，如师生运动会、柿子节、青年文化节、开学典礼、毕业典礼、社会实践理论课等，北科小博士毛绒公仔出现在北科校园的一年四季都很美丽的各个角落，如“春天——北科的花海”“秋天——北科的银杏”“男神小博士带你告别沙尘走在春天里”系列风景照片。“北科实践最青春”“北科实践梦想秀”让北科小博士随社会实践团出现在祖国的大江南北，“我与国旗合张影”激起了抗日战争胜利七十周年与新中国成立六十六周年之际北科青年的爱国热情。

制作“北科小博士”动画视频

“北科小博士”创作团队以卡通动画的形式，可爱友善的形象，轻松幽默的语言创作了以下三部动画视频：

以新媒体时代的网络文明为主题，制作了《小博士看网络》，该片介绍了北科大推进网络新媒体战略转型的基本认识与总体思路，强调了推进网络新媒体中网络文明的重要意义，解释了北科大“七位一体”的全媒体神经网络和网络宣传员的工作优势。引领了全校青年依法上网、文明上网、理性上网，弘扬新风尚，释放正能量。

以北科大社会实践的起源发展与现状为主题，制作了《小博士说社会实践》，该片讲述了从20世纪五六十年代的钢小伙铁姑娘和“海天救厂”光荣事迹，到21世纪北科大率先将社会实践设立为必修课并荣获国家级精品课程等荣誉，再到社会实践课程化十年的今天，在各级领导的关怀与肯定下，在“社会实践的北科大模式”下，学生们丰富的实践成果荣获国内外多项大奖。歌颂并弘扬了北科人崇尚实践”的光荣传统和“求实鼎新”的校训。

以北科大共青团2014年的工作与创新为主题，制作了《小博士眼中的2014》，该片总结了“我的大学与我的中国梦”主题教育活动的显著成效，“北科大青年”构建的“七位一体”的全媒体神经网络的创新优势，以及社会实践、“励志计划”、艺术团、创新创业、志愿服务等各领域工作的不断突破与累累硕果，激励了北科大团学青年再接再厉、勇创新高，鼓励了北科青年们踊跃参与到缤纷多彩的校园活动中。

“北科小博士”成为青年学生喜爱的网络代言人

“北科小博士”不断发展，从社会实践小伙伴到网络宣传“自干五”，从服务校内到向外广泛辐射能量。

北科小博士主题系列漫画《天呐！原来价值观可以这样理解》《博士哥哥带你一张图读懂四进四信》《小博士话传统文化》《跟北科大小博士学网络文明三字经》《北科小博士邀你一起共建网络安全共享网络文明》《小心这些网络陷阱！北科小博士教你安全上网》等，多次被共青团中央、团中央学校部、北京青年等各级各部门共青团官方微信平台转发，总转发量为300余次，累计阅读量为20000多次。

北科小博士主题漫画11个系列，共100余幅。北科小博士表情50个，共发布小博士系列校园照片478张。北科小博士动画短片《小博士说社会实践》《小博士看网络》《小博士眼中的2014》单网络平台累计点击量就达到15370次。

截至目前共制作并分发以北科小博士形象设计的毛绒公仔900件、U盘300件、自拍杆350件、明信片2000套、书签1000套、扑克牌500

套、日历 500 套、社会实践操作指南 1000 本。

北科小博士于 2013 年 6 月 1 日诞生至 2015 年 10 月 15 日，北科大青年微信平台的关注量为 16109 人，北科实践小博士微信平台关注量为 3621 人，两大微信公众平台共累计推送微信文章 430 篇，累计阅读量为 158087 多次。北科小博士微博粉丝 997 人，北科小博士主持的 # 北科实践最青春 # 话题微博总数 3307 个，话题阅读量 79.1 万。

社会主义核心价值观内涵在学生心中生根发芽

“北科小博士”系列作品不断优化并发布后，学生们对“北科小博士”形象的认可与对小博士所阐发的知识、文化等内容的认同感大大提高。经过我们的调查统计，学生对“北科小博士”系列漫画推送的阅读量同比增加 58%，持有“北科小博士”文化产品的人数占全校本科学生总人数的 93%，对中华传统文化感兴趣的人数同比增长了 61%，对社会主义价值观认同度提高为 95%，中华传统文化以及经典书籍的借阅量同比增长约 40%。

“北科小博士”在清朗网络，深入挖掘和阐发中华优秀传统文化，不断提升广大师生对社会主义核心价值观的文化自觉和精神共鸣，进一步增强对伟大祖国的认同、对中国特色社会主义道路的认同上，起到了富有实效并影响深远的作用。

（2015 年立项项目　撰稿人：崔睿）

大学文化传播视角下的招生宣传工作探索和实践

优秀大学文化是支撑招生宣传内容的核心要素。大学文化是基于长期的办学实践，由大学及其内部成员凝练出广泛认同的、经时间检验正确的，并自觉转化为实际言行的价值观念和精神品质。选择一所大学，本质上是选择一种文化。当前，国家考试招生制度改革进入深化阶段，本科生源质量是大学长远发展的根本和办学质量的重要体现，所以，各高校都非常重视招生宣传工作。招生宣传中主要表达和输出的是高校的基本情况和办学水平，而大学文化则是高校基本情况和办学水平重要组成部分，是支撑招生宣传内容的核心要素，优秀的大学文化能够提升学生的认同度，从而吸引更多的优秀学生报考。

招生宣传工作是进行大学文化传播的重要载体。大数据调研结果显示，每年招生宣传密集期也是社会各界对大学最为关注的时间段。一方面，招生宣传是传播大学文化的主动行为。近年来，北京科技大学充分调动广大师生员工的力量，依托各招生宣传组开展常态化、精准化招生宣传，每年组织数百名宣传人员将学校的招生信息和办学情况带往全国各地的同时，也将北京科技大学的大学文化传播出去。另一方面，以招生宣传为出发点也是加强大学文化建设的重要助力，能广泛调动各方力量，集思广益，进一步凝练总结学校办学水平和大学文化，能有效推动大学文化对内和对外双向传播。

坚持系统思维，形成特色模式

坚持系统思维，形成一种以"凝、建、准"为主线的内蒙古"招生宣传——文化传播"模式。通过对内蒙古地区多年的招生宣传工作实践进行梳理和总结，初步形成了一种以"凝、建、准"为主线的内蒙古"招生宣传——文化传播"模式。即凝练一系列"对症下药"的文化传播内容，建设一支稳定精干的招生宣传队伍，形成一种定向精准传播到家长考生群体的招生宣传模式。该特点已经形成了汇报参考稿，并由课题负责人在学校2019年度招生宣传工作大会上进行了汇报，初步达到了对学校招生工作和大学文化建设工作提供参考、建言献策的目标。

坚持用户导向，凝练挖掘一系列学校办学水平和大学文化中的"聚光点"内容。知己知彼，百战不殆。如何将大学办学水平和大学文化有效地传递给考生家长？哪些内容是考生家长最需要和最容易接受的？这两点应该是招生宣传工作中需要重点考虑的内容。这就需要我们坚持用户导向和"对症下药"思维，将学校的大学文化和办学水平深度凝练为易于赢得考生和家长认同的招生宣传内容。

首先，应针对不同地区的考生和家长特点，根据SWOT分析方法，总结学校特色和亮点，从而达到吸引优秀考生的目标。尤其是南方地区，由于上海、江浙等地也是高校云集、文化经济发达，如何打造北京、北科的吸引力非常重要。针对内蒙古地区招生的SWOT分析如下：

内蒙古招生宣传 SWOT 分析

优势和机遇	劣势和挑战
（1）北京对内蒙古考生拥有天然的吸引力； （2）北科和内蒙古的高考大市如包头、鄂尔多斯等城市很有渊源（包钢、北重、神华、内科大等……）； （3）本科生全程导师制； （4）国际交流机会多	（1）内蒙古实行分数清政策； （2）网络实时更新高校报名排名状态，考生和家长能实时看到自己在所报学校的排名，容易产生"刻板专业情绪"和"门槛恐慌心态"； （3）强而不热专业

凝练办学特色，打磨宣传内容

要积极凝练挖掘总结学校的办学和文化中的特色和亮点，形成朗朗上口、易于传播的宣传文案，形成“聚光点”。本课题组通过深入总结学校办学水平和大学文化，凝练形成了“北京科技大学——五好大学”的宣传文案，并已被学校招生办公室采纳，具体如下：

（1）整体实力好：学校现有20个一级学科博士授权点，在第四轮学科评估中16个学科进入全国排名前30%。QS排名连续三年进入世界大学500强，列内地高校第21位，位列211院校榜首。

（2）地理位置好：学校地处首都北京，是全国政治中心、国际交往中心、文化中心、科技创新中心，而且所有本科生四年都是在学院路本部就读，参加各类文化活动、实习等非常方便。

（3）成长氛围好：学校是教育部首批“三全育人”试点单位，目前正在深入推进本科生全程导师制的精英型本科教育模式，而且周边还有学院路共同体，教风优良、学风浓郁。

（4）学生发展好：学校的各类政策“以学生为本”，比如转专业零门槛、双学位、本硕贯通培养等。学校还可以参加各类比赛（机器人、智能车、节能减排等）、特色化培养计划（理科实验班、卓越计划、黄昆班、材料国际班……），国际交流机会多。

（5）就业质量好：学校保研率高（全国18位）、深造率高（57%）、就业质量和满意度高（麦可思调研）。

挖掘文化内涵，讲好北科故事

要深入挖掘学校的文化传承、名人故事和办学成就等，讲好北科故事；同时可以发挥学校工业设计、艺术设计和科技史等专业师生的专业优势，制作“北科周边”“上新了北科”等一系列文创产品，学校给予部分经费支持，让中学教师的桌上案头上能有北科元素，形成潜移默化的宣传效果。

坚持与时俱进，优化宣传方案

坚持与时俱进，形成一种全流程的新媒体宣传方案。新媒体时代下，招生宣传和文化传播的内涵和形式都发生较大的变化。通过对内蒙古地区近3年的新媒体招生宣传工作实践进行梳理和总结，初步形成了一套“建平台、造子弹、上阵地”的新媒体宣传方案。即：

（1）建平台：宣传的基础是有效的平台。现场咨询前，建好“扫码群”，张贴在现场醒目位置。每年根据不同线路，建立多个符合排名/分数目标群体的百人家长学生咨询群。

（2）造子弹：建设好平台后，更需要好的内容供给。需要学校宣传部、招办、团委等新媒体主管部门形成合力，精心制作好相关内容，讲好北科故事，以有效的方式进入到家长和学生的心目中（尤其是6.22—7.15日这个阶段，是一场学校借助新媒体宣传的攻坚战）。目标就是既要把品学兼优的优秀学生招收进来，也要让优秀的学生了解北科的校史校情、家国情怀、育人模式等。

（3）上阵地：要形成日常工作机制，宣传组成员每天通过平台，主动发射学校的“爱心弹”，争取击中家长和学生的“心坎儿”；在关键报名期更是要积极回答家长和考生的问题，展现学校的热情和实力。

坚持“校—校、人—人”理念，建设一支稳定精干的宣传文化队伍。招生宣传队伍不仅是招生宣传工作的主力军，也是文化传播的重要载体。内蒙古招生宣传组通过几年的积累，逐步建立了一支以生源地教职工为主的、跨学院部门的、有热情能连续稳定参与的招生骨干团队。通过生源地教工参与，联系中学更便利、宣传更有说服力，招生宣传效果也会更好。通过对内蒙古招生宣传工作的总结和思考，我们认为可以通过构建报名机制、连续机制、精准机制、激励机制、立体机制等五个机制，组建一支相对稳定精干的专业招生宣传队伍。

一是建立报名机制，每年三月份开启报名系统，通过学院和各部门的宣传，号召院系部门感兴趣的教师报名，报名系统除姓名、联系方式、院系部门等基本信息外，增加生源地（详细到地级市）、是否具有招生宣传经验（详细到省）等信息，这样可以有助于快速收集掌握目标教师群体，也有利于后续筛选分类，建立招生宣传骨干库。

二是建立连续机制，在招生宣传工作中，中学是非常重要的一环。中学对高校的认可度、中学教师对高校的评价、学长学姐对高校的口碑等，均对中学生具有很大的影响力。如何通过招生宣传队伍与中学建立精准、良好的互动关系，至关重要。而高校与中学的互动，归根结底还是人与人之间的互动，因此一支稳定连续的队伍非常关键。目前包括清华大学、北京大学、北京交通大学等大学都采用1—2名教师，多年负责一个市或者定点负责某个中学，形成了良好的互动和沟通。

三是建立激励机制，因大学教师的工作任务非常繁多，除了教师自身的热情外，可以通过激励机制吸引、鼓励更多的教师参与到招生宣传工作中来。例如连续3—5年负责某几个中学、宣传效果稳步提升，可以给予适当奖励，吸引更多的教师连续稳定地参与到招生宣传工作中来。同时，要选树一批热心招生宣传工作、取得良好效果的先进师生典型。在招生宣传工作中，涌现出了一大批热心、热情、专业、投入的教师和学生，他们有着独特的个人魅力和工作模式，通过访谈，进一步总结和挖掘他们的事迹材料，树立典型并在全校范围内予以推广，继而带动更多师生参与，形成全员关心招生、全员热心招生的良好工作局面。

四是建立精准机制，要根据骨干数据库，进行大数据分析，结合学院负责制，可适当打破学院界限，优化招生宣传队伍，可以保证招生队伍的专业性、积极热情，并有生源地教师参与。

五是建立立体机制，招生宣传工作覆盖面大，可能存在教师人数无法全面覆盖的问题，可以考虑教师+优秀在校生（高年级本科生、硕士研究生、博士研究生）的队伍模式，全方位、立体开展宣传工作。不仅可以补充壮大宣传队伍，也可以为队伍注入新鲜血液，准备周密，可能会碰撞出不一样的火花。

大学文化传播的完整链条需要有传播者、接受者的双方互动。学校要重点加强跟优质中学（生源基地）之间的互动联通，通过建立优质生源基地、日常走访交流、大学教授走进中学校园、学生寒假回母校等方式，争取覆盖各地区全部重点中学。对于省内排名前列的重点目标中学，要安排资深教师重点对接，实现“校对校、人对人”的良好互动关系，同时重点跟踪关注重点目标中学考进我校的学生成长发展情况，形成每年一次向中学反馈学生发展情况的做法，做到有输入就有输出，形成闭合循环。

（2019年立项项目　撰稿人：张毅）

校友文化育人的探索与实践研究

校友是学校宝贵的育人资源，对于弘扬学校文化精神、彰显学校育人特色具有不可替代的重要意义。目前，学校校友工作除校友信息统计、日常校友联络等基础性工作外，针对在校生群体，已经形成了一套相对完整的文化育人工作载体，成为学校实行“三全育人”的有机组成和重要内容，展示出强大的育人价值。

“校友”一词在《现代汉语词典》中的解释是：学校的师生称曾在本校就读或担任教职员的人，也用作在同一学校学习或工作的人的互称。《北京科技大学章程》对“校友”的定义是：校友是指曾在学校登记注册的师生员工，获得过学校荣誉职衔的人士，以及经校友会理事会批准获得校友会会员资格的机构、团体和个人等。

校友作为学校教育资源的延伸和补充，是学校重要的有机组成部分，对于学校发展建设具有重要价值，特别是对于学校这个以育人为核心属性的机构来说，具有不可替代的重要育人价值。校友参与学校育人主要包括以下三种方式：

一是树立榜样示范。优秀的校友是学校最闪亮的名片，是学校形象的代言人。校友的杰出成就、社会美誉度等能够为学生成长成才、丰富校园文化提供示范。校友依托校园内各类育人载体，激励在校学生学习奋进。

二是拓宽成长渠道。校友也是学校宝贵的社会资源，是学校联系社会的有效渠道。校友能够搭建起学校与社会联系的桥梁，为学生成长成才提供社会资源帮助，包括实习实践资源和就业机会等。

三是提供财力支撑。从世界各国的普遍经验看，校友捐赠是学校的经费来源的重要渠道之一，世界一流大学往往以能够获得众多校友的高额捐赠为荣耀。校友通过捐赠反哺母校，表达对母校的感恩。

高等教育的基本职能包括教育教学、科学研究、社会服务和文化传承创新，各项职能均围绕育人这个核心展开。校友参与到学校的各类活动中，从狭义的角度看，属于丰富大学文化建设的范畴，从广义的角度看，是重要的育人资源特别是文化育人资源。校友是大学文化的组成者和构建者，也在参与到学校各类活动的过程中实现校友文化育人，包括对大学生的励志教育、感恩教育、成才教育等。

总结校友文化育人的实践与经验

北京科技大学建校六十多年来，累计为社会培养各类人才 20 余万人，大部分已成为国家政治、经济、科技、教育等领域尤其是冶金、材料行业的栋梁和骨干。校友奔赴国民经济一线的奋斗历程和人生故事，成为教育激励在校师生传承“求实鼎新”精神，立志成长成才的重要教材。近年来，在学校党委的高度重视和大力支持下，学校校友工作不断发展，校友文化育人机制日趋成熟，已经形成了包括庆典活动育人、校友项目育人等工作品牌，在实践中形成了丰富经验、取得了良好效果。

庆典活动文化育人

校园庆典活动是校园文化活动的重要组成部分，承载了大学的文化传统和精神气质。从功能角度看，校园庆典活动不仅是一套程序化的仪式，更是一门隐性的育人课程，具有凝聚共识、提升素质、振奋精神、促进和谐等特殊育人价值。校友是校园庆典活动的重要嘉宾，在提高庆典活动育人价值方面具有不可替代的。但长期以来，由于对校园庆典活动内在文化育人价值没有进行深入挖掘，使得活动设计相对粗糙、校友深度参与不够、活动的文化育人功能没有得到充分发挥。近年来，学校努力将校园庆典活动打造为精品育人项目，推动校友广泛深入参与，取得了良好的文化育人效果。

一是精心打造庆典品牌。校园庆典活动作为一类特殊的“仪式”，其文化功能具有独特性。一段时间以来，社会上普遍存在庆典活动泛滥的现象，受此风气影响，校园庆典活动也随之出现了一些不良倾向，庆典活动的庄重性一定程度上受到削弱。北京科技大学近年结合落实中央八项规定精神、力戒官僚主义形式主义，大力压缩校园庆典活动，将开学典礼、毕业典礼、校友值年返校、逢“五”和“十”周年校庆活动打造为精品。其中，校庆 60 周年、65 周年的纪念大会和文艺晚会，均成为广受学校师生赞誉的文化品牌。

二是精心设计育人环节。校园庆典活动能够为在校学生提供一套行为标准，引导其树立社会特别是学校所推崇的价值观念，并通过典礼的导向和传播推广作用，对学生群体进行有效引导和合理规范，强化大学文化的整体性和传承性。一方面，不断优化校友参与环节，在新生开学典礼、夏季和春季毕业典礼、校友值年返校、校长奖章获得者返校等活动中，设计校友发言环节，提升校友在庆典活动中的参与度。另一方面，创新设计校友联系环节。从 2014 年毕业典礼开始，在毕业典礼设计了毕业生校友联络员聘任仪式，由分管校友工作的校领导为联络员代表颁发聘书。通过这一环节的设计，有利于进一步加强校友之间、校友与母校之间的联络与交流，保持毕业生走向社会后与母校的有效联系。

三是精心安排校友参与。校园庆典活动中校友代表的选择和邀请至关重要。校友代表的选择，首先必须注重有突出的育人价值，比如在德育方面，应有助于在校学生坚定理想信念、懂得感恩奉献、不怕挫折困难；在智育方面，应有助于在校学生深化专业认知，提前做好职业发展规划。同时，还应考虑校友的影响力和示范性。特别是针对“95 后”“00 后”大学生的特点，在话语表达方面更易于大学生接受的校友会更受欢迎。近年来，学校先后邀请互动百科创始人兼 CEO、机电 91 级校友潘海东，北大方正集团总裁兼 CEO、管 82 级校友谢克海，聚美优品品牌管理有限公司高级副总裁、机 99 级校友刘惠璞等返校参加毕业典礼致词，均取得师生的普遍好评。

伴随校友的深度参与，校园庆典活动的育人性得到拓展，两者相互配合、相互促进，为学校文化育人发挥着更加突出的作用。

校友项目文化育人

校友的深度参与能极大提升校友育人效果。自2010年以来，学校积极动员优秀校友发起创立文化育人项目，组织校友为学生作导师、给指导，挖掘校友对在校学生的教育和引导价值，培育形成了“励志计划”“黔驿人才计划”等一批校友育人项目，逐渐搭建起“学员与校友、社会与校园、学员与广大学生”的多元互动教育平台。

一是校友与学员互联互动。项目由校友捐资设立，采取学校与校友联合培养的方式进行。实施“师徒式”指导，为每名学员安排至少一位校友导师作导师，为学员进行学业发展、心灵成长、职业选择、工作辅导等方面“点对点、精致化”的指导。邀请校友回校“面对面”，讲述求学往事、成长经历及奋斗历程，让学生汲取“前辈指点”。推荐学员为校友“做助理”，推荐学员赴神州优车、爱慕内衣等校友企业实习锻炼，感受校友成长的艰辛历程和真实的职场环境。

二是社会与校园互促互补。瞄准“占领社会制高点”的培养目标。实施以社会化为核心的“青年领导力”教学体系。开办“青年领袖讲堂”，邀请各界名家来校解读“领导力”内涵，培养学员的领导思维与创新精神。开设“励志学堂”。聘请专家学者为学生讲授政治、经济、社会、文化、管理等方面的课程，完善知识结构、拓展学习视野，引发学员自主学习。开展国际化专项训练，着眼于青年学生的国际化视野培养，每年寒假组织学员集体赴香港参加商业体验及领导力培训，走进五百强企业实习，学习商业知识、感受市场竞争、参加模拟商业挑战赛。参加机关实习计划，暑期推荐学员参加中央和国家机关“紫光阁”实习计划，赴中央机关部委进行政治体验实习。

三是学员与学生互助互长。注重加强团队建设，鼓励学员影响和引领更多的大学生加入追求卓越的行列。开设网络主页，展示学习动态，分享学习感受，影响和带动全体学员不断砥砺自我、全面发展。举办“励志”公开课，让学员讲述个人成长过程中的心得体会，引导学员发挥校园影响力，实现由“一个人优秀”向“带领一群人共同追求卓越”转变。

“励志计划”等校友育人项目实施十余年来，先后有近70名优秀校友参与其中担任导师，培养学员超过200人，取得了显著的育人成果，已经成为学校创新型人才培养的“试验田”和引领在校生“向上、向善、向新”的“风向标”。

虽然目前学校对各类校友文化育人活动进行了积极探索，积累了一些有效的做法，但依然存在着协同不足、覆盖广度不足、经验总结不足、工作力量不足等问题。下一步，将重点从以下四个方面对校友文化育人工作进行优化。

打造“一院一品”校友文化育人特色

围绕校友文化育人，由学校校友会倡导，推动每个学院争取打造一个属于学院自己的品牌活动，让每个学院都拥有自己不同于其他学院的校友文化育人特色。

以“明星学院”为蓝本，对现有育人平台进行梳理，提炼工作方法，设计工作流程，优化工作机制，使文化育人工作有形化，同时定期进行学院间的经验分享，指导学院校友文化育人工作，进一步提升学院参与校友文化育人工作的主动性和积极性。

积极争取设立更多校友文化育人项目

在现有各校友文化育人项目基础上，进一步提升校友文化育人项目的深度和广度。将“励志计划”的资助金额由原来的每年20万增加至每年100万，让更多的学生可以参与到这个项目中来，扩大项目受益面，增加奖励学生数量。

新增京东红色人才培养计划。推动京东数字科技集团每年投入20万，面向全体在校学生社团骨干及优秀团委学生干部设立“求实计划”，拟每年招生15—20人，旨在培养一批具有坚定政治素养的杰出校友、企业领导人、优秀辅导员，为校园第二课堂发展输送优秀人才，在计划中尤其突出了实地考察红色基地的“红色精神”培养环节。

加强各类奖助学金的背景宣传和捐赠校友情况介绍，培养学生励志、感恩、诚信意识，全面发挥资助育人功能。

成一册开一课

编撰出版一本《优秀校友事迹报告集》，把校友在返校参加庆典活动时的讲话和校友事迹结集出版，让校友育人成果可见可用可留痕，解决校友育人成果可传承性实物载体缺失问题。

推动设立一门“校友选修课”，盘活优质校友资源，建立实践经验丰富的免费校外导师资源库。

发掘并结合与学校历史、学科领先科技相关的特色亮点，组织工业设计系在全校范围举行“文创产品大赛”，鼓励校园文创产品输出，给校友育人文化传播找到实物载体，加强校友育人文化建设。

构建一支校友育人队伍

推动建立“1+1+N”（老教师 + 辅导员 + 学生骨干）院级校友育人队伍。学院由学工副书记挂帅，指定一位辅导员配合老教师和学生骨干进行信息的上传下达，选定 2—3 名在校学生骨干负责完成相关具体校友工作，促进校友育人队伍的系统化。

加强校友育人队伍建设。建立校友联络员培训机制，发挥校友联络员的联结作用；开展校内各学院校友工作负责人培训和工作经验交流，熟悉校友联络服务工作“规定动作”，加强培训指导和政策解读，鼓励结合学院特色做好“自选动作”的设计及实施，建立校、院两级校友育人工作联动机制。

（2019 年立项项目　撰稿人：吕朝伟）

传统与创新相系，工程与人文交融

“卓越工程师教育培养计划”在人才培养过程中提出“卓越工程师是要具备一定的人文情怀和社会道德责任感的人，才能够驾驭技术更好地为人民服务”，这要求高校在培养环节既要加强理论与实践硬实力，也要强化学生使命教育、责任教育、奉献精神、诚信意识等工程师素养的软实力。

“与书本为友，与大师对话”工程师文化感悟活动是工程师素养培养探索工作的组成部分之一，是多年“工程师文化和工程师素养”培养工作经验上的深入、再探索，着重综合素质和创新能力的培养：通过学习先贤论著和中国传统优秀文化精髓，将“社会人”和“自然人”的角色“内化”；通过与工程领域楷模近距离接触，将“工程与人”“自然与人”和谐相处的理念“固化”；通过了解“卓越计划”建设历程，与优秀师长深入交流，体会近在咫尺的奋斗史，将“社会与人”“使命与人”的时代命题逐渐“升华”。

在总结“工程论坛”和“墨香传递”过往经验的基础上，学院在工程师文化感悟活动开展过程中，致力实现活动内容、实施形式上的传承与创新，培养模式、检验效果上的进步与突破：

1. 围绕培育和践行社会主义核心价值观的总体安排和习近平总书记关于弘扬中华传统文化系列重要讲话精神，建立“以人才需求为目标，以核心价值观为出发点，以文化为载体，以互动为手段”的工程师文化感悟活动；

2. 加强顶层设计，根据年级特点和成长规律划分为倾听（阅读）、感悟、淬炼和传承四个阶段，加强学习、联系专业、形成规模、注重分享，力争每个年级、每个学期都根据学生所处成长阶段进行相应的读书学习和分享活动；

3. 活动开展中注重营造“文化氛围”，强化“文化感悟”，实现“文化传承”，通过书籍漂流、书籍阅读、读书分享、主题论坛、专题研讨等形式，要求全员参与，力争使读书学习、感悟思考内化于心，外化于行。

工程师文化感悟活动分为墨香传递、“工程人”论坛、“卓越计划”历史溯源三个主题板块：

1. “与书本为友”——“墨香传递”读书分享活动

围绕社会主义核心价值观和习近平总书记八字箴言，邀请校内外师长推荐书目、整理书单、形成书库，在微信平台上进行公布宣传，学生根据兴趣爱好自行登记领取，阅读后形成读书心得，包括图书概述、本篇文章、推荐理由等，从而丰富学生的课外阅读量，引导学生形成爱读书、好读书、读好书的习惯，促进知识更新、思维活跃、素质提高。

自2014年底至2015年10月，学院面向12到15级学生开展发起“墨香传递”读书分享活动7场，累计参与学生1093人次，发放图书1108册，回收符合要求的读书心得1068篇，目前通过学院卓越传媒微信平台开展成果展示35场。结合读书活动开展，学院组织开展“我与书本合张影”“我与实验室合张影”等专业文化活动，发挥载体育人功能，实现趣味分享；部分年级结合读书分享主题，结合“社会主义核心价值观”深入学习，调动学生听、说、读、写、看、思、行进行深入实践交流，创新改进了读书分享活动；借助读书交流，学院与学校图书馆开展读书月和阅览室勤助项目，开展10余次培训，组织53名同学参与相关活动；结合读书学习效果和专业特色，学院延伸开展“百炼成钢”知识工程竞赛，内容包括集体展示、知识竞赛和工程对抗等，要求指定年级团队参与，目前已覆盖5个年级。

后期，学院将进一步推进读书心得成果整理，形成读书手册，进行平台推广，开展读书分享会，并将学生的读书学习历程、推荐书籍、箴言感悟制作书签进行传播分享。

2. “与大师对话”——“工程人”论坛系列活动

中国是世界公认的工程大国，新的时代呼唤着工程创新，呼唤着新一代、新型工程师强化国家使命、社会责任、规范意识、诚信态度等，这要求院校在中国优秀传统文化与工程教育实践之间积极搭建桥梁纽带，贯通人才培养体系，引导学生在工程活动当中端正价值观念，树立科学发展观，培育学生的自信心、自豪感、责任感和专业认同感。充分发挥课堂教学的主渠道和课外活动、社会实践的重要作用，

学院组织邀请在工程科技和生产建设领域中专家学者进行现场主题报告 5 场、专题课程 1 场，主讲嘉宾包括原交通部总工程师凤懋润、中国科学技术协会研究员丘亮辉、国家科学技术部办公厅调研室主任胥和平、中国科学院大学教授李伯聪、内蒙古科技大学教授董振域等，分别围绕“铺路架桥、造福社会——世界一流的桥梁工程和卓越工程师”“工程哲学与卓越工程师”“工程思维和工程研究”“工程师的良知与责任”“创造学原理——TRIZ 理论”等，借此营造良好的工程师文化氛围，提升学生工程设计与思维能力。

接下来，学院将进一步邀请在生产建设领域做出杰出贡献的企业工程技术人员、首届杰出工程师奖获得者进行系列论坛交流，借鉴优秀工程技术人员成长经历，弘扬工程技术人员脚踏实地、敬业奉献的精神，激励“卓越计划”学生以优秀工程前辈为榜样，为提高社会生产力和综合国力积极准备，做出贡献。

3. “与师长同行”——“卓越计划”历史溯源与文化传承

学院通过主题评选、风采展示、青年论坛、专题采访等形式，面向不同师生群体收集信息，对工程师学院建设历史、“卓越计划”实施进展与成果进行梳理，发挥历史育人、朋辈引导功能。

以“践行核心价值观，共筑学子青春梦”为主题，将培育与践行社会主义核心价值观与行业专业教育相结合，评选“院长奖章”、“卓越工程师教育培养计划”最美实习生等，组织学院“院长奖章”获得者、“最美实

习生”获得者与低年级学生共话“卓越计划”成长发展、畅谈对社会主义核心价值观的理解感悟，进行主题拍摄和院内展示，其中成长经历分享已开展2场，邀请12人。

发挥朋辈教育的育人作用，开展“卓越青年论坛”，包含“优秀校友谈发展”“先锋团队讲建设”“励志学长话成长”三个主题，发挥院内外资源，挖掘学科特色和文化内涵，用榜样力量诠释“北科梦”、高工学生的“工程师梦想”，开展梦想启迪教育，团队建设指导。

开展“高工书飘香，卓越意相传”捐书活动，组织学生在毕业前推荐书目、捐赠书籍，实现书籍漂流、知识传承、资源循环，在捐赠图书的首页写上积极、健康、向上的寄语，为低年级学生提供精神关爱，发扬薪火相传的卓越精神。

面向大四学生设计颁发“工程师之戒”及“卓越计划”学习证书，进行工程师精神和伦理教育等。

近期，学院将组织“院长下午茶”主题交流会，进一步邀请学院领导定期与不同年级、不同群体的学生茶叙工程师学院建设历程，进行工程师成长指导。

将传统与创新相系、工程与人文交融，通过外在渲染与内在感化相呼应，通过书籍著作、杰出人才、优秀师长、青年榜样的指导与感染，让学生内心产生共鸣，发生由内至外的思想、思维交互，营造书本与学生间、大师与学生间、朋辈之间和谐交流的氛围，让学生的感悟落地生根，实现工程师文化和工程师素养潜移默化地提升。

（2015年立项项目　撰稿人：王小宁）

高校校报电子化的探索与实践

高校校报是校园媒体的重要组成部分，不仅在新闻宣传中发挥重要作用，也在思想政治教育、弘扬校园文化方面发挥不可替代的作用，是校园精神文明建设的重要载体，是立德树人的有效途径。

在新媒体时代，高校校报坚持以高品质、有深度的内容作为核心竞争力，和新闻网融合实现校报转型，加强校报电子化建设具有三个方面的重要的意义。一是符合新媒体时代阅读习惯，传播范围更广泛。校报的缺陷之一就是发行面狭窄，影响范围小，通过报网融合，校报可以千万倍地扩展自己的发行空间，不仅在校师生能看到，学生家长、校友能看到，而且其他社会团体和个人都可以在网上看到，扩大了校报的传播力和影响力，使校报真正起到上下联系、内外沟通的纽带作用。二是能提高校报时效性和交互性功能，做好高校宣传思想工作。加强校报电子化建设，通过网络实现投稿、查询、检索等功能，读者通过留言板发表意见、反馈信息，在校报和读者之间架起了联系的桥梁，有利于校报密切联系师生员工，深入做好宣传思想工作，成为高校重要的宣传阵地。三是能更好地发挥校报在大学校史编研中的作用，实现校报自身的史料价值。校报详细记录了高校建设和发展的全过程，为校史研究提供了准确的史料。校报电子版作为史料的新载体，扩大了史料的容量，在史料查找、检索方面提供了技术便利，大大提高了校史编研工作的效率。

实地走访调研，考察发展现状

进入 21 世纪，网络已成为当今社会最重要的信息载体，以网络为代表的电子媒体较传统媒体在获取信息的快捷与便利上，具有特别明显的优势。它深刻地影响着现代人的生活方式，对传统纸媒的生存、发展方式也提出了挑战。高校校报作为传统纸媒中一支重要的生力军，是校园媒体的重要组成部分，不仅在新闻宣传中发挥重要作用，也在思想政治教育、弘扬校园文化方面发挥不可替代的作用，是校园精神文明建设的重要载体，是思政教育、立德树人的有效途径。

在新媒体时代，高校校报不仅要坚持以高品质、有深度的内容作为核心竞争力，还要跟上时代步伐，加强电子化建设，促进校报的创新和可持续发展，这是一个十分重要而又迫切需要解决的问题。在本期课题下完成了对包括清华、北大的北京各大学的网络实体调研，电话寻访调研，均未有全部校报电子化的先例。

北京科技大学校报自1954年建校至今，目前共出版1200余期，由于历史和技术条件限制，现存电子版仅起始于2014年11月15日（第1151期至第1254期，共103期）。2003年，校报开始生成电子版，但由于电子化的迅速发展，历次校园网的升级，使得2014年之前的低版本软件电子版报纸无法上传，成为空白。

比较各种电子化方案，最终确定对早期报纸进行高精度拍照、扫描、修版、上传重现，对后期报纸二次排版上传，最终形成完整的电子化校报。

结合技术手段，逐步实现电子化

（1）在北科校报模块内设置新的数据库。

（2）将以往纸介报纸进行整编，运用计算机进行高精度扫描。

（3）将电子版报纸存入光盘予以保存备份。

（4）利用Photoshop软件对扫描后的电子版进行美化处理。

（5）将处理后的电子材料上传至北科校报模块。

（6）读者进入学校新闻网北科校报，便可在期数选择链接框内查询任意时期校报。

截至目前已完成1955—1965年期间校报电子化，并上传到新闻网，还原了建校—文革前校报的原貌。200期校报从油印到铅字印刷，到印刷照排，再到 pdf 版的校报，目前都能在新闻网上查阅。扫描繁体字的校报，进行图片处理，上传到新闻网，已经能够查阅。

开创高校先河，成果意义显著

报纸的出版、发行要经过一系列的烦琐程序。由于以往校报的纸质韧性差、强度低、不易保存，单期报纸存在量极少，并且时间较久，已经具有一定的文物价值。读者无法接触到以往报纸，信息传播的速度受到了一定的影响。

实现电子化编辑后，所有环节都将采用相关计算机技术辅助进行。通过这种“无纸化”的手段，读者可以不受任何时间和空间的约束，简便、快捷、先进地在电子媒体上获取信息，只要打开北京科技大学新闻网，即可以分秒之内轻松查阅，了解学校各个时期的发展状况。希望北京科技大学校报电子化的实现有一定的领先意义，推动学校文化的发展，带动北京地区各大高校对校报电子化的重视。

（2019 年立项项目　撰稿人：李伟）

《青声系语》网络微视频栏目

《青声系语》是一档依托网络新媒体开展大学生思想政治教育工作的校园微视频栏目，充分发挥网络文化的育人功能，采用青年学生喜闻乐见的短视频形式，聚焦“培育和践行社会主义核心价值观”，探索校园文化建设新模式新路径。

提高栏目质量，打造精品作品

《青声系语》自2016年创办以来，以“小声音讲大道理”为工作理念，已录制完成两季，共计拍摄制作网络短视频12期，网络总播放量达到10多万。

第一季针对大学生普遍关注和提出的共性问题，围绕“读书学习”“恋爱情感”“新生适应”“爱国情怀”“健康生活”“感恩回馈”六大主题，以“辅导员答学生问”的主持口播形式进行。作为“校园首档治愈系网络互动微视频”栏目，开播后引起了校内学生的广泛关注，也开启了微视频的网络思政教育新模式。第二季栏目在总结第一季经验和不足的基础之上，开始进行微转型。

第二季关注学生学习生活中的热点和重点，围绕“热播剧”“社会实践”“国防军训”“喜迎十九大”“人际关系”“考试加油”六大主题，以“小剧场”的互动短剧形式进行，大大增强了学生群体和基层辅导员群体的参与度。栏目的关注度较第一季也有了显著提升，栏目逐渐开始形成品牌化效应，也形成了相对固定的粉丝群体。其中“喜迎十九大”特辑，曾被北京市教工委、团中央学校部在各个平台进行多次宣传播放。

两季的微视频栏目制作，形成了经验丰富的制作团队和制作思路。在获得2018年度文化建设项目立项之后，《青声系语》第三季进行转型尝试，在前期的积累上，不断提高栏目质量，将作品精品化，继续围绕社会主义核心价值观这一主题，通过“公益微电影”的形式载体，来开展润物无声、掷地有声的思想政治教育，传播校园正能量，助力推进校园文化建设。制作完成了公益微电影视频两期，分别为通过辅导员工作群像宣传一线教师敬业精神，进行师风师德建设的《你还有我》，以及围绕毕业季感念师恩，感恩母校，立志报国，造福社会为主线的《后来的我们，从不曾忘记你》。其中，《你还有我》作品代表北京科技大学荣获2018年新时代教师风采公益广告征集活动入围作品、《后来的我们》荣获第三届全国高校网络教育优秀作品推选展示活动优秀奖。

打造形成品牌的网络思政栏目

目前网络微视频栏目层出不穷，《青声系语》网络微视频栏目明确栏目定位与传播形式，加强顶层设计与专业指导，制作和推出质量较高的微视频栏目，服务于学校的文化传播需求，作为网络思想政治教育的有效途径，助力大学生思想政治教育，形成了一档起步早、发展快、前景好的品牌栏目。

创造深入人心的微视频作品

《青声系语》结合思政主题的大热点，主题教育的关注点，以及学校文化宣传的着力点，围绕一个核心价值观主题，策划制作播出总共14期微视频栏目，并作为学校新媒体宣传的有力尝试取得了阶段性的成果，形成了视频光盘。

塑造网络思政的辅导员队伍

《青声系语》栏目组成员共 8 人，分别为来自学校各学院的辅导员和学工系统的一线工作者，栏目组架构基本完善，成员职责分工各自明确。通过栏目组的工作平台，很好地发挥了骨干成员的引领和带动作用，并以此契机继续挖掘和培养校内网络视频思政的青年优秀人才（一线辅导员和学生骨干），建立了网络视频思政人才智库，扩大工作队伍，增强工作能力，为青年网络思政人才的传帮带和迅速成长保驾护航。

提供学生展示自我的成长平台

介于栏目主要依托微视频形式开展，每期栏目都由师生共同参与录制完成。通过新媒体传播平台，吸引了一批兴趣浓厚的学生参与其中，并为其展示自我提供足够大的舞台。一方面学生通过参与其中，找到一个展示自己表演能力、语言表达能力、视频编辑能力（根据栏目内容选择不同特长学生）等各方面能力特长的舞台。另一方面，通过学生亲身参与的体会，使教育内容针对参与学生外化于行，内化于心，同时通过学生以点带面，辐射和影响更多的青年群体，带动学生关注栏目，增加栏目影响力。栏目已建立《青声系语》栏目粉丝群。

（2018 年立项项目　撰稿人：孙晓丹）

“携笔从戎　参军报国”

——北京科技大学大学生参军入伍纪行

大学生响应祖国号召“携笔从戎、参军报国”，是新形势下加强国防和军队现代化建设的需要，也是当代大学生践行社会主义核心价值观的重要体现。多年来，我校一直把培育学生爱国情怀作为理想信念教育的核心内容，坚持把征兵工作纳入大学生思想政治工作体系，推动“保卫祖国、抵抗侵略”的神圣职责落地扎根于大学生心中。在多年的参军入伍工作中，我校大学生积极踊跃，参军报国情怀深厚，为国家和军队的强大做出北科人特有的贡献。

2001年至今，学校共292名大学生参军入伍，他们在中国人民解放军和中国武装警察部队的各个岗位上，坚韧勇毅，勤学不辍，勇于担当，服役期间全部获得嘉奖或“优秀士兵”称号、16人次荣立“三等功”。他们当中有人在青藏高原驻守边疆，有人在武警边防缉毒立功，有人经过不懈的刻苦训练成为特战队员，也有人在抗洪抢险前线奋不顾身保卫人民群众的生命财产，我校大学生士兵用自己的实际行动展现着北科精神，展现着当代青年报效祖国的情怀。

文化项目“携笔从戎、参军报国”北京科技大学大学生参军入伍纪行，计划通过走访、调研、访谈，收录全国高校开展大学生参军入伍以来我校292名参军大学生中的先进事迹，挖掘和采编2001年以来我校大学生参军入伍服役期间的图片、文字和影音资料，并且收录汇编《北京科技大学大学生参军报国事迹集》，以此记录我校大学生携笔从戎的事迹，弘扬我校大学生参军报国的精神，并且形成我校大学生参军入伍历史记录资料。

团队成员走访了我校前人民武装部副部长曲涛老师，详细了解我校自

2001年全国高校大学生参军入伍工作在我校试点以来的情况，包括这期间国家政策的调整、资助力度的不断加强、我校学生积极踊跃的热情，以及我校学生扎根军营和建功军营的情况。团队成员召开讨论会和研讨会三次，梳理总结我校学生参军入伍情况，包括退役复学继续攻读研究生、毕业报考北京市公务员、服役期间报考军校等情况。

案例:《北京科技大学大学生参军报国事迹集》(选)

特战是怎样炼成的

——记武警上海总队退役大学生士兵钟文靖

钟文靖，男，现就读于北京科技大学冶金与生态工程学院，共青团员。曾服役于武警上海总队反劫机中队，服役期间曾参加亚信峰会安保、第23届上海国际烟花节安保、“上海武警魔鬼周”等训练任务，获得“优秀士兵”称号。在校期间曾获2015年北京科技大学定向越野普及赛公开组男子组第一名，2015年北科演讲赛十佳演说家等荣誉，担任戎程研究会副秘书长。

座右铭：幸福的永远是昨天。

初入警营

2017年9月12日晚上，坐了10个小时左右的火车，从北京到了上海，从学校到了军营，从学生变成士兵。刚进新兵连的大门，他感慨万千。想想十几个小时之前，他还身穿学生装在校园散步，现在就换上迷彩服，成了绿色军营的一员。不到一天的时间，就彻底改变了身份和环境。那时感觉命运有时候真的很奇妙。

新兵连初期的训练跟军训差不多。第一堂课都是站军姿。那时，他还没有适应上海炎热的气候，站了不到十分钟，他就有点晕，有点恶心反胃。他就死撑着，没撑两分钟就坚持不住了，跌跌撞撞地跑到边上花坛吐了。那时他头晕眼花，恶心难受。班长就扶他到班里休息去了。当时他脑子里就三个字：真丢人。因为当他离开队伍的时候，有人在背后说了一句：大学生，真脆弱。所以从那一刻，他开始意识到：很多时候，他代表的是大学生这个群体，很多人会通过他去看现在大学生的一些素质，他丢不起这人。他下定决心，别人能做到的，咬紧牙，肯定也一定要做到。但是“想到”和“得到”中间，还要有个“做到”，真正要“做到”还是很难的。

当时他们班有个战友，俯卧撑一口气 50 多个，双杠撑臂十几个，引体向上十几个。而他那时俯卧撑 20 个都困难，双杠一两个，引体向上一个上不去。到了军营第四天，增加训练量，俯卧撑 20 个一组，一共 5 组。仰卧起坐 20 个一组，一共 5 组，蹲起 30 个一组，一共 5 组，中间还穿插着冲刺，跑得慢的还有额外训练。他俯卧撑一组都做不下来，只能在那撑着，仰卧起坐第二组就做不了了，蹲起，做完第三组，腿都发抖。至于冲刺，排到了倒数。而且冲了两次他又吐了。可这次吐完，还要跟着练。第二天起床，全身感觉哪都疼。也不能跟在学校一样翘课，该训练还要接着练。疼，只能忍着。

每天训练，前几十分钟都是站军姿。有时候也会觉得晕，慢慢坚持，坚持时间也就能越来越长。他就这样慢慢习惯了部队生活，慢慢进步。新兵连最后一个月，增加了体能训练，开始三公里跑。第一次跑，就让他们四十个人来一场个人竞技。在校期间除了体育考试的一千米之外，他从来没有跑过步。他只想着尽力就行，别落后太远。开跑没多久，他发现前面的人越来越少，到第四圈他排第三了。再一圈，就已排到了第二，一直保持到了终点。那时候他终于建立起了自信。

连队生活

新兵下连，他成为了百里挑一的战士，很荣幸分到了反劫机中队。刚下连的新兵一共八十人，是从今年的上千新兵中选出来，组成的一个特殊的队伍：反劫机预备队。预备队的意思就是，不是正式的反劫机队员，还要挑选。而到了预备队，第一件事，就是参观荣誉室。所有人一进去都是被琳琅满目的奖杯所震惊，而最让他印象深刻的就是一张版面上面所记录的在 2014 年反劫机中队参加魔鬼周的过程。只要在百度输入：上海武警魔鬼周，就会出来历年来的新闻。很多场景只能用惨烈来形容。附着几张很震撼的图片。他的第一感觉就是：残酷！魔鬼！第二想法就是：他也要参加。

在预备队的训练要辛苦很多，单单说跑步，早晨5000米，下午5000米，还有不定数量冲刺。每天跑步的训练量在12公里左右，而且还不像我们平时锻炼身体慢跑，而是拼了命地练。就这样训练一个月，考核一次。再练一个月，再考核一次。当然随着训练的时间越来越长，强度也越来越大。跑步从一开始轻装不负重，到负重2公斤，4公斤，6公斤。攀登也逐渐增加负重。所以每天训练，睡觉，再训练，再睡觉，一天天过得也很快。而且最幸运的是，在整个预备队四个月期间，他没有受过严重的伤，小腿、膝盖都保护得很好，这样考核的时候也没出现伤病影响成绩，很顺利成为第一批预备队毕业的队员。

反劫机中队

正式分到反劫机中队，他很兴奋。一个班里不再全是新兵。考核也不再是一个月一次，而是不定时。没等缓过兴奋劲，他就又被浇冷水了。同一批兵中，他能跑第一第二，可到了这里，前二十名都没他的位置。每天跑步，他经常就是班里最后几个到终点的。所以他就加大训练量，人家负重4公斤他就负重6公斤，攀登人家爬一次，他就爬两次。那段时间连吃饭都拿不住筷子。虽然难熬，好歹成绩有了很大提高。

就在他为成绩提高感到高兴的时候，又一盆冷水来了。14年8月底，来了一项考核任务，时间在9月初，有一项考核项目是：携带作战器材奔袭20公里。作战器材是指处理飞机劫持事件中要用到的装备。除去枪支弹药，还有梯子和各种电子设备，而这次考核是要过夜的，所以还要带上单兵帐篷等东西。平均下来一个人带40多斤。有了任务就要训练。虽然是八月底，但是上海的天气仍是很热，那天每个人背着装备，从下午两点半就开始跑，一直跑到五点半。当20公里跑完，装备一脱，他还没喘口气，就直接晕了，不省人事。旁边战友赶紧把他抬到树下，撩衣服，擦酒精，敷冰袋，能降温的全用上了。最后考核只要32人，从第三年以上士官中选择，义务兵不在考虑范围。他只是跟着体验，训练了一次。

魔鬼训练周

期待了快一年，魔鬼周终于到了。整个魔鬼周五天四夜。第一天第一个项目是从凌晨五点到中午十点，要背着背囊跑三十公里。大多数人因为跑了太久脚掌和大腿都磨烂了。而且这是个人淘汰，没有在规定时间到终点的就淘汰了。终点是一个湖。如果提前到终点，就开始下一个科目——烤肉。每个人发了一个生的鸡腿，自己烤当午饭，但是没有调味料。在十一点半之前都是烤肉休息。十一点半开始绕湖跑。一圈八公里，也要按时到达。由于午饭是没调味的烤肉，甚至有些没烤熟。半路恶心吐的，中暑的都有，甚至还有去医院抢救的。一个战友，就在医院抢救了一天一夜。这八公里淘汰的人比最开始的三十公里还多。

魔鬼周中也有射击科目，狙击手打鸡，打死当午饭，打不死饿着。中间还有反恐，反劫持演习。最后是海边泥潭。海水退潮后露出淤泥，站上面慢慢就沉下去了。在泥潭上要完成扛圆木、子弹箱等一些力量训练。结束了泥潭综合体能后就是整个魔鬼周最后一个科目，五公里武装越野。这最后的时候，就算再累也不能放弃了。跑的路线是一个很大的弧形，从起点就能看见终点的勇士之门，虽说能看到，跑起来真不容易，跑一会看一看，跑一会看一看，感觉终点就在眼前，但是怎么也跑不到。最后前三十个到达终点的，被授予勇士勋章，成为魔鬼周勇士。这可是真的至高无上的荣誉。整个团参加魔鬼周的在200人左右，最后只有30个合格，想想这个对比和过程，魔鬼勇士真的很让人佩服。

在整个过程中，除了去和回来时坐车之外，任务之间的路程都是用跑的。一个科目结束以后，稍作休息，奔袭十几公里，二十几公里到下一个地点。每次奔袭都会有收容车，不想跑可以上车，算作淘汰退出。魔鬼周每个人的背囊都贴着自己的标语。他的标语是“天堂在左，战士向右”，“只有达到极限，才能挑战极限”。魔鬼周五天四夜全部在野外训练，住单兵帐篷，没有洗手间，没有淋浴，也没有炊事班。整个过程中，每个人只有四瓶水，四袋压缩饼干，四个咸鸭蛋。而且是分两次发的。经常能看到新兵提前吃完干粮没吃的，老兵班长再把自己不多的干粮分出来给大家。也常有上甘岭战役中那种一个苹果怎么也吃不完的故事。他深切地明白战友情深，不是一起扛过枪那么简单，是一起吃过苦，所以才深。

特警学院集训

第二年最重大的一项军事任务是要在特警学院考核集训。他们中队接近150人，只能去50人，还包括队长和几位排长，留给战士们竞争的名额只有四十几个。跟第一年一样，他每天都跟自己说，只要能喘气，就要抓住这机会。部队都是崇尚荣誉第一的。这就是个证明自己的机会，一个为中队，为自己争荣誉的机会。中队也是严肃对待，以前他们五点半起床出操，跑完一个五公里，别的中队刚起床。那个时候为了考核，五点十分他们就起床训练。而且首长提出战争不只有在白天发生，晚上也要训练。那个阶段是很累的，但是过去了也就没什么感觉了，现在他想起来就感到很充实。

最后一次考核，他还是很紧张的，毕竟这是为之奋斗了大半年的目标。去考核的车上他就在想，这次要是射击或者攀登出现失误，就彻底没戏了。当走上靶场接过子弹的一瞬间，他就没了紧张感，跟平时训练一样，很流畅完成了射击科目，成绩也还不错。当听到自己在名单里的时候，他很是欣慰，大半年的努力没有白费。

置身于一个与学校截然不同的地方，过着一种从未想象过的生活。如果不是每天能感到颈椎不舒服，或者经常跑完步的腰痛提醒着他，他可能会把过去的两年当作梦中的场景和经历。当他仔细搜寻记忆，他会想起那急促的枪声，令人生畏的大绳，紧急的集合，还有每天痛苦得不能再痛苦的体能。当兵时，他经常抱怨，为什么放着好好的书不读，跑来这种地方吃苦。昨天这么痛苦，今天还是这么痛苦，而明天或许比这更痛苦。可是当他退伍的时候，他开始思考，这两年获得了什么。是攀登训练爬废的一根又一根大绳，还是每天十多公里的体能？是每个月消耗的上百发子弹，还是那让他跑了无数圈的跑道？都不是。回到学校才发现，并不是所有人都经历过跑步跑到晕，做单杠直到手抽筋，带着伤病考核，结束后到医院打点滴。在这些背后隐藏着的，让他们心甘情愿的，就算拼了命也认为值得的东西，叫作集体的荣誉，军人的荣耀，以及身边跟他一起努力的战友兄弟。

（2018年立项项目 撰稿人：陈大鹏）

打造北京科技大学“理学之美”学术论坛

北京科技大学在“十二五”期间将理科定位为支撑学科，提出了建设特色理科的发展目标，为了更好地推进学校理科建设，2014 年 10 月，学校决定每年划拨 100 万元基本科研业务费用于支持特色理科发展。“理学之美”名师讲坛 & 青年论坛因此应运而生。论坛首讲嘉宾是瑞典皇家科学院院士、诺贝尔化学奖评委安德鲁·尤因（Andrew G. Ewing）教授，从此“理学之美”论坛邀请到了众多国内外知名的专家、学者分享前沿的学术思想、成果及方法，开拓了学校师生的研究视野，促进了学术交流，为学校培育工理交叉学科平台、协同创新平台，培植科教结合等特色项目夯实了基础。

“理学之美”论坛是由科研部、数理学院和化生学院共同举办，是学校加强理科规划、推动特色理科建设工程的重要组成部分，是实现“以工带理、以理强工”战略的具体举措之一，对提高我校理科研究实力、提升我校理科知名度具有重大意义。

开展“理学之美”学术论坛

自 2014 年 10 月启动以来，“理学之美”系列学术论坛已举办青年论坛、名师讲坛共计 133 讲，主讲嘉宾来自世界各地，讲座题目涵盖化学、生物、数学和物理等多学科领域，讲座内容包括学术交流、科研成长经历、学术诚信等多个维度，其中化学和生物学科方向的讲座有 52 讲，包括中外院士讲座 13 场，饶毅、颜宁等国内高学术影响力讲座 29 讲，国际高学术影响力青年讲座 10 讲。汇编内容包括讲座嘉宾简介，讲座题目，讲座内容概述，讲座现场照片，及名师讲坛中的嘉宾留言等。在讲座开展过程中，又创立了“理学之美”前沿论坛，主要是考虑到“青年论坛”有时不方便把有一定学术造诣的年长嘉宾囊括其中。因此，本次汇编包括了化生学院自 2014 年 10 月以来举办的所有讲座，包括名师讲坛，青年论坛，前沿论坛。其中名师讲坛嘉宾有瑞典皇家科学院院士、诺贝尔化学奖评委安德鲁·尤因（Andrew G. Ewing）教授，诺贝尔奖获得者斐里德·穆拉德院士，美国麻省理工学院罗伯特·兰格院士，美国加州大学圣地亚哥分校约瑟夫·王院士等，中国科学院姚建年院士、万立骏院士、陈洪渊院士、习振锋院士、程和平院士、李永舫院士、张玉奎院士、谭蔚泓院士、陈晔光院士，美国科学院邓兴旺院士等。青年论坛和前沿论坛嘉宾有高学术影响力的清华大学颜宁教授，北京大学理学部主任饶毅教授，清华大学帅志刚教授，清华大学林金明教授，清华大学李景虹教授，中国医学科学院吴晨研究员，北京大学邵元华教授，北京大学李彦教授，澳大利亚阿德莱德大学乔世璋教授，南京大学鞠熀先教授，南京大学李根喜教授，浙江大学王福俤教授，中国科学院侯建辉教授，佛罗里达大学范仲辉教授，加州理工大学高伟教授，南洋理工大学陈晓东教授，山东大学刘宏教授，美国加州大学马胜兴教授，美国国立卫生研究院陈小元教授等。《“理学之美”学术论坛汇编》共 89 页，27265 字，照片 87 幅，名家题字 15 幅。

制定《北京科技大学“理学之美”论坛管理办法》

为了更好地开展“理学之美”系列讲座，总结相关经验，提高学术讲座的组织效率，激发师生的参与热情，经过多轮讨论并提请学院党政联席会讨论通过，在 2017 年 9 月制定了针对化生学院的《北京科技大学“理学之美”论坛管理办法》（附件 2）。该办法提出了“理学之美”论坛组织形式除了名师讲坛和青年论坛增设前沿论坛，并鼓励系、所和科研团队积极组织参与其中；规范了组织流程，包括申报审核，组织宣传，会场安排等。对于不同主讲嘉宾的讲座费用进行了细化规定，方便学院师生邀请专家学者做客“理学之美”，大大提高了理学之美讲座举办的频率和质量。

举办首届“理学之美”国际青年论坛

为了更加高效地开展好“理学之美”论坛活动，项目组曾计划开展一次“理学之美”三周年特别论坛，邀请曾做客“理学之美”的主讲嘉宾对“理学之美”论坛活动提出建议。但是在邀请嘉宾的过程中，我们发现这些嘉宾时间非常紧张，联系过程中对于“理学之美”的建议也大多是褒扬之词，所以为了工作开展的有效性，决定取消这项计划，改为利用化生学院承办北京科技大学第二届国际青年学者论坛的机会创造性开展首届“理学之美”国际青年论坛，发挥论坛培育人才的初衷作用，发展论坛吸引青年人才回国报效祖国的宣传作用。

2017 年 6 月，北京科技大学第二届国际青年学者论坛暨首届“理学之美”国际青年论坛顺利举办，论坛邀请到来自英国剑桥大学、英国牛津大学、美国宾夕法尼亚大学、日本东北大学、新加坡国立大学、新加坡南洋理工大学等国外知名学府、研究院和高科技企业的 10 名青年才俊齐聚北京科技大学开展了“能源与信息存储材料”“智能响应可控释放体系”“药物结合新型检测技术”“金属有机化合物”“纳米材料表面化学”“同位素标记与碳水化合物”和“过渡金属化合物的可控制备及其在电池和催化中应用”等主题的交流。北京科技大学校长张欣欣，人事处处长臧勇，科学研究与发展部部长刘杰民，化学与生物工程学院院长李正平，化学与生物工程学院党委书记郑安阳，化学与生物工程学院全体院领导、教师和学生代表 50 余人参加了论坛。在这次论坛中，国外青年与会学者参观了学校校史馆和化生学院相关实验室，在参观过程中，青年学者就化学和生物医药相关前沿及热点领域展开了主题交流、分享了各自的科研成果，并同与会人员进行了热烈讨论。这 10 名青年专家中有 3 名是北京科技大学培育出来的人才，他们回校参加论坛，即促进了学科交叉与学术创新，也加深了学校与校友之间的感情，为青年人才回校发展奠定了良好基础，同时也加强了其他海外学者对北京科技大学的认识与了解。此次论坛是对“理学之美”系列讲座的一次总结和提升，建立了海外华人学者和学校之间畅通的沟通交流平台，更是推动“理学之美”品牌建立和与国际接轨的一次重要尝试，得到了学校领导的大力支持。

制定讲座系列规范，激发师生参与热情

及时新闻报送，定期汇编总结非常重要。在我们汇编的过程中，很多材料依赖于当时报送的新闻材料，如果不定期汇编，没有及时刊出的讲座内容可能就会遗漏，因此非常感谢宣传部支持我们做了这项工作，让我们近四年的工作有一个翔实的总结。

制定讲座组织规范，激发师生参与热情。清晰的组织安排和相关规定，可以让讲座嘉宾邀请者更方便组织讲座，提高工作效率，同时使得讲座的质量得以保障，比如我们规定讲座嘉宾一般要在化学或生物学科有相当学术影响力，教授以下的嘉宾要经过讨论才能决定能否来“理学之美”开办讲座。

关注讲座主题多样性和时间安排，增强师生对“理学之美”学术论坛的关注度和参与度。讲座的受众通常是研究生、高年级本科生和教师。通过总结，我们发现“理学之美”存在部分主讲嘉宾专业领域偏窄的问题，这样虽然一方面有助于问题的聚焦和深入研讨，但在另一方面，也在一定程度上限制了听众的覆盖面。因此关注讲座主题的普适性，特别是科研精神、科研成长等方面内容，可以发挥更好的引导和教育作用。在时间安排方面，需要尽量避开学生期中、期末考试的时间。

建立长效机制，保持知名学者对在校师生指导的长期性和有效性。“理学之美”系列论坛不仅仅是一个讲座品牌，更是一个促进学科交流，推动特色理科建设的工程，因此建议加强“理学之美”的平台建设，维护和保持知名学者对北京科技大学的长期关注；建立双向沟通机制，促进在校师生与学者之间的有效沟通，提高北京科技大学化学和生物学科的社会影响力。

通过“理学之美”论坛，提高学生深造层次。“理学之美”论坛受邀讲座嘉宾多来自高校、科研院所或科技公司，他们长期从事科学研究，非常重视科研队伍的建设，特别是对于基础扎实、思维敏捷的学生的培养。北京科技大学化生学院的学生一直以踏实进取，基础扎实为特点，通过“理学之美”学术论坛上的交流及后续深入探讨，激发了学生对于主讲嘉

宾研究领域的兴趣，同时也给了学生展示自己的功底和优势的机会，近年来化生学院多位学生与“理学之美”主讲嘉宾建立联系，获得深造机会，如北京大学、中科院化学所直博等。

（2017 年立项项目　撰稿人：曹艳秋）

依托传统文化进行实践育人的研究与探索

习近平总书记曾多次论述实践在青少年成长成才中的重要作用，鼓励青少年在实践中锻炼成长。2012 年 1 月，为落实《国家中长期教育改革和发展规划纲要（2010—2020 年）》，教育部等部门联合下发了《关于进一步加强高校实践育人工作的若干意见》，明确表示实践育人是党的教育方针的重要内容，要求全国各高校积极整合各方资源，形成实践育人合力。大学生是祖国的未来，民族的希望，将中华传统文化融入到实践育人工作中，结合北京科技大学社会实践课程，构建“传统文化+”的实践育人工作体系，更有助于高校学生理解中华传统文化的内涵，将他们培养成掌握真才实学、可堪大用、能担重任的栋梁之才。

中华优秀传统文化是中华民族的智慧结晶，是东方文化的集中体现和代表，中华优秀传统文化积淀着中华民族最深沉的精神追求，包含着中华民族最根本的精神基因，代表着中华民族独特的精神标识，是中华民族生生不息、发展壮大的丰厚滋养。习近平总书记在十九大报告中曾提出：文化自信是一个国家、一个民族发展中更基本、更深沉、更持久的力量，要深入挖掘中华优秀传统文化蕴含的思想观念、人文精神、道德规范，结合时代要求继承创新。

21 世纪以来，部分青少年受西方文化的影响，更青睐西方的感恩节、圣诞节、情人节，而对中国传统的端午节、中秋节不屑一顾；有的大学生对美国大片如数家珍，对钢铁侠、美国队长十分崇拜，对于民族英雄如岳飞、文天祥却了解甚少；一些学校开设与中华优秀传统文化相关且教学形式相对丰富的选修课，但由于选修课有人数限制，强制性和覆盖性并不高，而一些选课同学态度不积极，课上所教授内容并没有做到入脑入心。将中华优秀传统文化融入到高校实践育人工作中，将传统文化的优秀思想传播、灌输给学生，不仅能够增进高校思政工作的吸引力，更能够丰富思政教育形式，将中华优秀传统文化通过多个平台以多种形式传播给学生，使之变得生动形象，学生的记忆才会更深刻，才会将中华优秀传统文化的精神内涵运用到生活实践中，能够高效提升学生适应大学的能力，增强实践育人工作的效果。

将传统文化融入新生教育实践活动

大学新生要经历由中学生向大学生的身份转换，尤其是思想观念的转换，要逐步适应大学、适应社会，要时刻关注社会发展动态，学会在复杂的信息中去伪存真，提高自己的敏锐性。机械工程学院通过抓住历史节点，在新生教育中开展了一系列传统文化相关活动。循着长征的精神轨迹，致敬长征峥嵘岁月，组织2016级新生自编自演的话剧《重走长征路》，在新生文艺晚会中深得全校师生的好评；倡导受资助新生阅读《弟子规》等传统文化相关书籍并分享读后感；结合新生成长对话课和主题团日活动，将相声、茶艺、剪纸等传统文化项目带入学生生活，由学生自编自导相声小段《对春联》，既满足学生不同的兴趣，又实现了文化育人的整体目标；精心设计了一套以中华优秀传统文化为主题的卡贴发放给全体新生，将中华优秀传统文化在学生入大学的第一时间就灌输给学生，在学生中引起强烈反响。

将传统文化融入党员教育实践活动

学生党员是学生中的先进集体，在学生党支部活动中加入传统文化的学习与传播，不仅能够加强学生党员对中华优秀传统文化的了解，增加他们的理论知识储备，更能够通过他们将中华优秀传统文化的思想观念、历史积淀传达给周围同学，发挥他们的先锋模范作用。在党支部红色“1+1”示范活动中，通过为帮扶单位（北京市光爱学校）设计以“中华优秀传统文化”为主题的墙画、制作《民俗传统宣传册》、为学校的学生讲解中华优秀传统文化故事等活动，在教与学的过程中既增加自身对中华优秀传统文化知识的积累，又能通过自己传播给其他人，达到“入眼、入脑、入心”的育人效果，该活动获 2017 年北京市红色“1+1”示范展示活动三等奖。

依托新媒体平台进行传统文化教育，提升实践育人效果

随着信息技术的飞速发展，“互联网 + 新媒体”已成为年轻一代日常生活必需品，运用新媒体技术对学生进行传统文化教育是必须而又切实可行的新途径。运用微信平台“北科机械学生会”，在传统节日，如端午节、中秋节等，向学生普及相关传统文化知识和典型历史人物；在微信平台推出 8 期“导员 Talk Show”脱口秀栏目，为学院辅导员设计古典风格头像，每期由一位辅导员讲解中华优秀历史文化中蕴藏的人生智慧，为学生带去正能量。同时继续推进“心随影动”电影播放活动，定期为新生播放与历史和传统文化相关的主题电影，在满足学生多元化需求的同时，进行传统文化教育，减少外国电影里西方文化的侵蚀。传统文化，只有跟上时代的节奏才能被赋予不朽的生命力，只有开启“新媒体”模式才能释放出不竭的推动力。

将传统文化融入社会实践工作

依托新生社会实践课程，在 2015 级新生中组建了关于成都地区蜀锦、夹江竹纸文化、宛梆、蜀绣、满族民俗、川剧变脸、传统面塑等 7 个中国传统文化项目实践团；在 2016 级新生中组建“中华优秀传统文化调研”实践团，对中华优秀传统文化的传播方式进行调研，共计 15 名同学参与此次调研，实践团队分别走访了北京科技大学附属中学和北京民俗博物馆，采访相关专业的老师以及博物馆的馆长，并在上地南路社区进行了有关中华优秀传统文化的主题宣讲和现场的问卷调研，通过调研可以得出，在传统文化教育中，人是行动的主体，要牢牢抓住这个关键，不能单单只靠学校的教育，应走好“群众路线”，广泛发动学生家长在日常生活

中对子女进行传统文化教育，让广大学生家长挑起继承和发扬传统文化的责任。同时，传统文化教育要从娃娃抓起，要让孩子们感受到趣味，他们才能乐意去学习我国优秀的传统文化，从而将文化继承并发展下去。最终两个实践团获“北京科技大学社会实践银奖团队”，通过剪辑和修饰制作成微记录2部，实践论文《中国传统节日文化教育调查与研究》在石家庄新闻网和搜狐网发表，学院与北京民俗博物馆建立实践基地，学生自主向海淀区教育局德育处提交的建议书部分内容已被采纳。

将传统文化融入日常学生活动

学校校庆之际，在学生中举办“机械风华，满井新章”艺术设计大赛，学生结合传统文化元素，设计出剪纸、书法等传统文化作品，通过线上投票的方式让每名新生在感受节日气氛的同时，受到校园文化和传统文化的双重教育，同时邀请工业设计专业教师作为评委为学生进行专业指导，全部参赛作品将在5月4日“贝壳青年科技文化节”进行现场展示。

中国优秀传统文化是中华民族语言习惯、文化传统、思想观念、情感认同的集中体现，凝聚着中华民族普遍认同和广泛接受的道德规范、思想品格和价值取向，课题立项以来，除开展一系列相关活动外，课题组成员通过查阅文献及课题内容完成论文“‘传统文化+’大学生思政教育体系的研究与探索”的撰写，目前已经被接收。

（2017年立项项目　撰稿人：陈雷）

“徽”写昂扬青春　训育书香人生

北京科技大学图书馆成立于1952年9月（当时为北京钢铁工业学院图书馆），2018年图书馆迎来了建馆66周年纪念。

大学图书馆是社会主义精神文明建设的重要阵地，是对大学生进行学术文化、校园文化熏陶的熔炉。60多年的发展历程，风风雨雨，图书馆全体馆员精诚团结，努力奉献，不断提高自身的素质修养和业务能力，为读者提供优质服务。图书馆馆舍整体布局合理，功能齐全，环境舒适，文献资源实行开架借、阅、藏一体化管理，实现了开放、综合的现代化管理与服务，为全校师生营造了一个良好的信息获取与学习研究的环境。

在图书馆建馆66年的契机，回顾历史，规划未来，策划、组织系列纪念活动，提升读者的归属感与认同感，提升服务水平。

图书馆建馆66周年馆史回顾

1952年，全国院系调整，“清华大学钢铁学院筹备组（北京）”成立。随之图书馆也建立在清华大学生物学馆四层，开始提供读者服务；1953年搬至现校址的教室楼一层，1964年建立了独立馆舍，到了2002年，图书馆形成了2.4万余平方米的馆舍结构。

1952年至1998年是属于传统图书馆年代，馆藏建设购书经历了从手拎肩扛到现代工具运输的过程，读者服务也由闭架阅览模式向开架阅览模式转变，由手工模式向电子化、自动化模式转变。1999年，实施“十五”“211”工程给图书馆带来了巨大的变化，由此拉开了信息化建设的数字图书馆序幕，馆藏建设日趋科学化、现代化，服务方式也形成大开间、大开放的以读者为中心的自助模式，网络文献信息资源十分丰富，读者足不出户即可领略全部。

图书馆建馆66周年馆史回顾从资料整理和旧物整理两部分开展。资料整理分为馆舍变迁、历任馆长、馆藏建设、领导关怀、对外交流、读者服务、馆员风采、Calis-Balis建设及“冶金高校图书馆”工作等模块。旧物整理则主要以历史沿革传承的旧家具、物品以及“卡片式检索”相关的用品等为主。

图书馆首届馆徽 & 馆训设计大赛

馆徽、馆训是图书馆重要的文化标识与精神象征，是图书馆文化的阐释。北京科技大学图书馆一直没有自己的馆徽、馆训。为加强图书馆文化建设，彰显馆藏特色，凝聚人文精神，打造文化品牌，不断提升图书馆的影响力，助力学校“双一流”建设，2018年4月份举办了图书馆首届馆徽 & 馆训设计大赛。“我的LOGO，你做主”，图书馆首届馆徽 & 馆训设计大赛旨在更好地展现北京科技大学图书馆整体形象，提升服务水平，提升读者的归属感与认同感，营造出更加和谐的阅读氛围与环境。同时，此次大赛也为全校师生提供一个更深入地了解图书馆的历史以及特有的文化的机会与平台。借由此次比赛这个契机，在图书馆新主页上线之时，发布图书馆最新的馆徽、馆训，展现图书馆精神内涵，以文化育人。此次比赛共收到馆徽设计作品38件、馆训29件。通过专家评选、网络人气投票评选相结合，评选出优秀作品进行了表彰，极大地提升了图书馆的吸引力与关注度，提升了读者对图书馆的归属感。

推经典、重分享，以读促评，以评促读

大学图书馆在校园文化建设中有着不可替代的作用。图书馆一直在致力于推广全民阅读，2016年图书馆获得中国图书馆学会全民阅读示范基地称号，2017年图书馆通过中国图书馆学会全民阅读基地复核。在新的互联网时代，大学生的阅读方式越来越呈现数字化、碎片化的趋势。通过微信

平台推送的“读书天”与传统荐书方式的不同在于每天的短篇推送更符合现代大学生数字化阅读习惯，短小精悍的书评或段落精选也可以让读者在短时间内了解到荐书的主要内容，同时“读书天”中附上了馆藏索书号，读者可以根据自己的兴趣到图书馆借书进行深入阅读。“草根”也是“读书天”一大特色，传统荐书的书目来源一般来自专家、学者、知名媒体人、读书排行榜等，自上而下的荐书不一定最适合大学生读者，而来自同学们读过的图书则更贴近大学生读者的需求与兴趣，这也是“读书天”深受读者欢迎的特别之处。原创书评栏目“读书天”于 2017 年获得第 14 届 IFLA BibLibre 国际营销大奖第一名。

图书馆微信自 2014 年上线以来，关注人数达到 2 万余人，阅读次数近百万，已推出同学们的原创书评 200 余篇。2018 年推荐原创书评 74 篇，段落精选 75 篇；目前累计阅读人数达到 4 万余人，累计阅读次数 8 万余次。2019 年世界读书日当天图书馆将集结成册的“读书天”原创书评——《贝壳书语》发放给读者，书评集精选、收录了原创书评 34 篇，是图书馆送给同学们读书日的礼物。图书馆将继续通过线上、线下相结合的方式推广全民阅读，线上推荐与阅读，线下鉴赏与分享，相得益彰，相辅相成，以浅阅读的方式激发大学生的深度阅读与思考。

聚焦改革开放 40 年图片展

2018 年是中国改革开放 40 周年，为记录并展现中国 40 年来的经济社会发展成就，生动讲述中国人民众志成城、砥砺奋进的故事，《中国日报》社策划举办了“百名摄影师聚焦改革开放四十年”活动，甄选 210 余位优秀摄影师 40 年来拍摄的 325 幅精彩作品，推出了《百名摄影师聚焦中国改革开放四十年》画册。北京科技大学图书馆与《中国日报》社联合举办了为期十天的展览，吸引同学们纷纷驻足观赏，感受着伟大祖国改革四十年来的巨大变化，激发着同学们爱国与报国的热忱。

（2018 年立项项目　撰稿人：张涛）

中国传统文化对港澳台学生的思想影响研究

习近平总书记在党的十九大报告中指出："中国特色社会主义文化，源自于中华民族五千多年文明历史所孕育的中华优秀传统文化，熔铸于党领导人民在革命、建设、改革中创造的革命文化和社会主义先进文化，植根于中国特色社会主义伟大实践。"这为高校统战部门如何更好地围绕传统文化做好港澳台学生的思想工作指明了方向，提供了重要思路与路径。港澳台学生是华人的后代，接收的文化与大陆文化同根同源。但他们教育和文化背景受中华民族传统文化与西方文化即双重文化的影响，因此在思维方式、价值取向等方面具有双重性，港澳台学生是未来港澳台事业发展的接班人和主力军，是祖国统一大业的"星星之火"，高校应引导港澳台学生亲近、融入中国优秀传统文化，增强民族自尊心与自豪感，增强港澳台同胞的民族认同感和凝聚力。

高校港澳台学生对中国传统文化认知现状

1. 中国传统文化的内涵

中国传统文化起源于远古文化时期的神农氏时代以前，依据中国历史大系表顺序，经历有巢氏、燧人氏、伏羲氏、神农氏（炎帝）、黄帝（轩辕氏）、尧、舜、禹等时代，到夏朝建立，发展至今，形成具有丰富多彩文化元素的灿烂文化。

中国传统文化包含儒、佛、道三家主流文化，其范围广泛，文字、语言、书法、音乐、武术、曲艺、棋类、节日、民俗等都属于传统文化的范畴。传统文化是与我们生活息息相关的，具体地讲，中华传统文化以节日、古文、古诗、词语、乐曲、赋、民族音乐、民族戏剧、曲艺、国画、书法等为载体。比如正月初一春节、五月初五端午节、八月十五中秋节等节日和各种民俗活动，包括传统历法在内的中国古代自然科学以及存在于中国各地区的传统文化等，都是中华传统文化的组成部分。

2. 港澳台学生对中国传统文化的认知及存在的问题

（1）港澳台学生对中国传统文化的认知和了解不够充分，但意愿强烈。高校在读港澳台学生依据其教育经历，在接受传统文化方面分两个不同的层次，一是在内地接受基础教育，可以有学籍，有高中毕业证书，唯一的区别是不能参加所在省份的高考；二是初高中在港澳台地区就读学生，也就是本土化的港澳台生，主要通过港澳台学生联考的途径进入内地大学。对于第一类港澳台学生，在思维方式、价值取向、人生态度、风俗习惯等方面与内地（大陆）文化融合较好。对于第二类港澳台学生，选择来内地（大陆）上学，同时表明了一种思想和文化上的认同和一定程度的接纳，通过调研发现大部分的港澳台学生对中华传统历史文化有初步了解，表示有意愿通过学习传统文化，对国家的历史更为了解，文化更易融入。

（2）港澳台学生接受同样的课程安排，在中国传统文化教育上未有强化。在日常的课程安排上，港澳台的学生与内地的学生有所不同，部分高校针对港澳台学生思政类课程免修，但多数高校在强化思政类课程建设，已不免修或由其他国情类课程替代。如清华大学、北京大学、北京师范大学、人民大学等高校均有明确发文，学生可以修读政治课和军训课，也可由其他国情类课程替代，并设置明确的国情类课程。面对港澳台学生知识基础相对薄弱的情况，不同的高校应根据自身情况，针对学生的学习态度与热情，以及学习的基本水平，制定合理的中国传统文化学习的计划及制度，在确保其不挂科甚至优异的成绩情况下，有充足的时间了解中国传统文化。

（3）协同育人机制不够完善，导致港澳台学生管理缺乏整体性。由于港澳台学生的管理有学生处、港澳台办、统战部、招生办等多个部门参与，使得因沟通不畅所导致的问题逐渐严重。招生部门主要关心学生的日常管理，但是对详细的教学管理过程却并不熟悉，所以常常无法得到学生的当前信息；而各学院专注于学生的学习情况和日常生活管理，且常常在针对性上有所欠缺，部分高校没有安排专门的工作人员负责，使得获得的学生信息并不完全。这两者交流与沟通的不顺以及管理学生的不及时，常常导致管理的效率整体水平不高。

港澳台学生获得传统文化影响的主要途径

1. 教育内容：理论知识的宏观影响

习近平总书记说：“博大精深的中华优秀传统文化是我们在世界文化激浪中站住脚跟的根基。”[①]高校思想政治教育扎根于中国传统文化土壤，高校第一第二课堂各展奇功，充分发挥优秀传统文化在思想政治教育中的作用。从调研来看，部分高校开放有关传统文化的课程供港澳台学生选择，同学们可通过自己的兴趣选择相应的课程进行修读。同时，在中国传统文化中含有系统而独具民族特色的教育理论体系，它重视伦理价值取向，强调德智统一，以德统智。学校对所有在校学生强化马克思主义民族观教育，同时将中华民族历史教育融于课堂，增强民族认同感和凝聚力，铸牢中华民族共同体意识。

2. 教育载体：丰富实践的多元影响

除了理论学习之外，港澳台学生还通过参加中国传统文化活动来切身感受传统文化的魅力。如清华大学组织交换生赴山西体验中华晋商文化，参访“第四届‘学在北京、行在神州’——北京高校港澳台侨学生摄影作品比赛”等，帮助交换生更多地了解中国文化，更快地适应校园生活。再如一些学校以考察中华大好河山为载体开展实践教育，定期组织团队，以传承中华民族文化为核心，以“中国文化之旅”为主题考察大好河山，或组织“爱我中华”“丝绸之路”等社会实践团，还结合实际，建立了港澳台学生茶文化实践基地和陶瓷文化实践基地等，组织港澳台毕业生“海峡两岸行”，拓展文化思想教育，通过文化建设强化他们拥护祖国统一的热忱，认识和理解中华民族发展历程。

提升中国传统文化对港澳台学生思想影响的对策

中央政府一向重视港澳台青年学生的学习生活，不断以优惠的政策吸引港澳台地区的学生前来学习和交流，以期在促进两岸教育发展的同时，

① 《在十八届中央政治局第十三次集体学习时的讲话》

为港澳台地区的青年一代提供更多教育机会和更为贴心的政策照顾，推动两岸四地关系的和谐发展。显而易见，如何提升中国传统文化对港澳台学生思想影响显得至关重要。因此，在新时代，高校要以发展的眼光，结合时代需要创新活动形式，提升中国传统文化对港澳台学生思想影响。

1. 发挥课程教学优势

一是设置专门的传统文化教育课程。加强高校港澳台学生的中华民族历史教育，最有效的途径是在高校通识教育课中开设中国历史，向他们讲授中国的古今历史、地理环境等，使他们了解到中国5000多年的历史中有过辉煌的文明、繁荣的经济、领先的科技、强大的军事、丰富的资源、强大的民族凝聚力等；了解到中国传统文化绵延数千年，历史悠久；了解传统文化中所蕴含的思想，如中国传统文化的根基，儒、释、道等的代表人物、著作以及思想等内容。

二是利用现有的课程将优秀传统文化渗透其中。对于属于“有形”文化遗产的文学经典、历史文献而言，除了通过课堂学习以外，港澳台学生还可以通过课外阅读来巩固自己对传统文化的深意理解。但由于大部分的港澳台学生文化背景不一等诸多因素，往往在理论学习上颇感吃力，久而久之就会产生厌倦感。因此，这需要教师充分发挥学生在学习过程中的主动性和积极性，多注重激发学生个体的自主性、自发性、自觉性，激发他们对传统文化的兴趣。营造宽松、和谐的学习气氛，学生们也能更加投入其中，潜移默化地影响着学生们的性格以及修养。如在课堂上通过生动形象的现代信息教学手段激发学生的兴趣等方式，引导港澳台学生学习传统文化理论与思想。港澳台学生通过授课老师的讲述以及自己课后的相关阅读，宏观地了解传统文化，如传统文化的类型、内涵、精神等，从中培养自己的价值观。

三是充分开发融媒体平台。建立网格化教育平台，根据港澳台学生的兴趣爱好和身心发展的特点，利用微信公众号、微博等平台传播优秀传统文化，形成网格式教育结构，提高传统文化教育效果。各班级、学院党支部可以协同学校党支部共同打造有关传统文化特色网站，如中国传统文化网、中华传统文化教育学习网等网站，将优秀传统文化与网络等现代传播方式相结合；另外还可利用新媒体宣传中华优秀传统文化，例如，建立一个以传统文化为主题的微信公众号，鼓励广大学生，尤其是港澳台学生，分享自己的学习心得。通过每天推送传统文化相关知识，以及留言功能架起一座沟通的桥梁，使更多的港澳台学生受益。

2. 开展立体式综合实践活动

根据港澳台学生的特点，结合他们的兴趣爱好，开展开办传统文化知识文化交流论坛、组织历史古迹参观活动、民族服装展示会、创新性开展传统文化知识竞赛，还可以通过参加具有代表性的历史人物纪念活动、传统技艺传承表演活动、传统节日习俗体验活动等，使学生真正走出课堂，感受中华优秀传统文化的独特魅力。校园外可通过博物馆志愿者活动、公益活动、社会调查传统文化的影响、夏令营、传统文化讲解实习等形式，使港澳台学生广泛接触社会，了解传统文化，增进学生对传统文化的认知能力，有助于坚定传承和弘扬中华优秀传统文化的信心和信念，还可增强他们的民族自尊心、自信心和自豪感。

3. 发挥传统节日的教育效果

传统节日是一个国家的民族记忆和情感寄托，我们应该向港澳台学生多多普及传统节日的历史来源、内涵等知识，来增强中国传统文化的教育效果。中国的传统节日有很多，从年初的春节，到元宵、清明、端午、中秋、重阳等，这些传统节日会在潜移默化中影响着人们的价值观、伦理道德、文化心理、审美情趣。因此，在校园里或课堂上学校可以利用传统节日假期，借用典故传说进行传统伦理文化教育和引导，开展丰富多样、健康有益的民俗文化活动和实践活动，不断赋予传统节日旺盛的生命力和活力，逐步提升港澳台学生对传统文化的认同感，使他们能够更好地理解和学习传统文化，帮助其树立带有优秀传统文化内涵的世界观、价值观和人生观。通过网络平台传播或者以文化遗产为载体举办有特色的传统文化活动，以传统节日代表性实物，如与节日相关的植物、动物、食物，直观地加深港澳台学生对传统文化的了解。通过这些优秀传统文化凸显大国魅力，从而提高港澳台学生的民族自信心和自尊心，培养其爱国意识，自愿承担起传承和发扬中国传统文化的历史使命。

习近平总书记指出，“文化认同是最深层次的认同”，同时在谈港澳台工作时提出“要维护长期繁荣稳定，同心共圆中国梦”。当前国际国内局势时刻都在发生着变化，我国面对着诸多显性隐性的问题与挑战，港澳台青年学生是爱国统一战线的重要力量，对其进行思想上的熏陶教育，最有效的教育是文化教育，中国传统文化源远流长，高校应采取多种方式，协同各种力量，创新多种途径，以润物无声、春风化雨的理念融入每位港澳台学生的心中，为培育中华民族共同体意识奠定坚实的思想基础。

（2019 年立项项目　撰稿人：张颖）

加强宿舍文化建设，发挥文化育人功能

学生宿舍是学生学习、生活、娱乐的综合性场所，学生的思想状态、言行的文明程度都能在宿舍得到直观体现。同时，学生宿舍集体生活的性质以及朋辈之间的示范效应，对学生个体的成长与发展也会产生重要影响。在学校推进“三全育人”工作的背景下，学生宿舍理应成为育人工作必须覆盖的场所以及开展思想政治教育与文化建设的重要阵地。

推进“三全育人”，落实问题解决

尽管广大思想政治工作者认识到了学生宿舍对于塑造学生正确的人生观、世界观、价值观的重要性，认识到了其对学生思想品行的重要影响，但在实际工作中，仍然存在着尚无法解决的困难与问题。一是思政工作者在具体工作的落实与跟进过程中存在“力不从心”的现象。如前所述，学生工作部门管理干部、辅导员等专门从事高校学生思想政治教育的教师，从工作站位上对学生宿舍这一教育阵地有着清晰的认识，也有着很好的顶层设计与工作规划，但在具体工作的落实中，由于学生宿舍数量较多，需要覆盖的工作面较大，只能以点带面，通过先进典型的示范引领作用，带动影响其他学生一同进步，这从一定程度上影响了工作的落实落细，工作效果打了折扣。二是学生组织骨干在工作的实施过程中欠缺主动性和积极性。学生公寓党支部、学生自律组织骨干是在学生公寓区开展思想政治工作的主要抓手，在公寓区开展相关工作，需要他们积极的组织和动员，才能引导广大学生主动参与到相关工作中来，发挥思政工作的教育引导功效。实际工作中，这部分学生骨干既是具体工作的实施者，同时又是相关工作的教育对象，同时由于思想政治教育工作在与学生学习生活实际相结合方面，一直欠缺有效的形式和方法，容易让工作浮于简单说教层面，让学生组织骨干处于“老师布置”和“同学反感”这样一种左右为难的局面，缺乏必要的积极性与主动性。

基于上述情况，针对存在的问题，迫切需要营造出一种柔性的、易于学生接受的工作环境和氛围，让学生身处其中，能够自发地接受教育与熏陶。宿舍文化作为校园文化的重要组成部分，在影响人、塑造人方面能够发挥重要的作用。优秀的宿舍文化可以带动优良的校风、学风，可以引导学生形成高尚的道德情操，养成文明的行为习惯，促进学生成长成才。因此，开展宿舍文化建设，发挥文化育人功能，具有重要的理论价值与实践意义。

构建长效机制，推动文化建设

建立宿舍文化研讨的长效机制。由学生公寓管理委员会办公室组织，定期邀请后勤管理处、学生处、保卫处相关工作负责领导，召开学生公寓管理委员会例会，并将宿舍文化建设作为固定的讨论议题，由后勤管理处负责物业工作的副处长介绍宿舍文化建设的实施与推进情况，由与会部门领导共同制定下一阶段工作计划；在后勤管理处物业服务中心例会、学生自律委员会例会、学生公寓党支部例会中，均设置宿舍文化建设研讨环节，让后勤员工、学生骨干能够充分地表达对于宿舍文化建设的意见和建议，集思广益，凝聚共识，努力让宿舍文化成为广大学生接受认可的思想政治教育有效载体。

发挥党建工作的龙头作用，推动宿舍文化建设。党建进宿舍工作是学校在学生公寓区开展思想政治教育的有益尝试，也是学校思想政治教育的重点工作、亮点工作。从推进宿舍文化建设的角度出发，完善修订《学生公寓党总支章程》《学生公寓党支部工作条例》《学生公寓党总支基层党组织活动立项办法》等工作制度，将学生公寓党支部活动纳入学校基层组织活动立项，鼓励学生公寓党支部在宿舍文化方面开展活动立项，并给予专项经费支持，引导更多学生积极参与到宿舍文化的建设中来。

营造文化氛围，增强校风建设

校园文化核心内容的展示。宿舍文化是校园文化的重要组成，校园文化的核心内容也应是宿舍文化的重要内核。为此，在后勤管理处的支持下，学生公寓管理部门在学生公寓大厅等醒目位置进行校训、学校优良传统、办学特色等核心校园文化内容的展示，让学校办学、治校、育人的核心价值和理念深植每位同学心中，成为北科学子的独有烙印。

宿舍文化氛围的营造。由于学生公寓单栋楼体在住学生人数较多，公共空间有限，可以作为文化展示、文化氛围营造的区域更是少之又少。经过多次实地论证，选取每个宿舍门口电表箱所在的位置装饰校园文化展示窗，将校园风景、绿化苗木、重要事件、重要人物等内容配以生动的文字说明，集中、系统地进行展示，让学生在日常生活中能够随时随地了解学校的历史与文化，增强作为北科人的荣誉感和自豪感，潜移默化之间实现润物无声的教育效果。经统计，该项工作实施以来，已制作文化展示窗1390块，撰写文字说明3.5万字。

打造品牌活动，形成文化特色

开展主题类宿舍文化活动。以倡导文明行为为主题，开展“绿色宿舍”“无烟宿舍、无烟北科”“宿舍四防知识普及”“毕业生文明离校”等活动；以倡导垃圾分类为主题，开展“垃圾分类、势在必行”大型宣传活动和垃圾分类知识竞赛，在推行垃圾出楼的学生公寓，设置“党员监督员”，学生党员带头践行垃圾分类的同时，指导和监督其他同学进行垃圾分类，切实发挥学生党员的辐射带动作用；以实现学生自我管理与服务为主题，组织学生公寓党支部与后勤职工党支部开展共建活动，设置后勤职工党员联络人，及时、准确解决学生在公寓区的实际问题，解决后勤服务过程中的难点问题，实现“学生吹哨，部门报到”工作机制在学生公寓区的落实落地，切实提高服务育人效果。

创新宿舍文化活动形式。针对疫情期间学生未返校、活动组织受限等诸多困难，结合春季校园绿化的劳动需求，学生公寓党总支与物业服务中心党支部一道，面向留校学生和居家学生，开展线上线下同上一堂“劳动课”主题党日活动。一方面，留校学生同物业员工一起，参与翻土锄草等校园绿化劳动；另一方面，受疫情影响居家学生踊跃参与线上劳动课，通过照片、视频形式展示劳动成果，劳动内容包括社区劳动、垃圾分类、家务清洁、农耕农作、花草养护、美食制作等多个主题。通过活动的开展，为两部分学生群体在疫情期间搭建沟通交流的渠道，同时也让他们在劳动过程中体会到艰辛与光荣，形成崇尚劳动、尊重劳动的良好品行。

多项成果落地，文化环境成型

完成学生宿舍校园文化内容的设计与展示。随着校训、学校优良传统、办学特色等核心校园文化内容在学生公寓大厅的展示，以及每个学生宿舍校园文化窗布置工作的推进，学生宿舍校园文化内容的设计与展示工作基本完成，北科文化、北科元素在学生公寓的各个生活场景都能够得以体现，为宿舍文化的形成提供了良好的环境基础。

多项学生认可度高、实际效果好的宿舍文化活动成功打造。宿舍文化活动是推进宿舍文化建设的有效载体，在完善提升“宿舍文化节”“宿舍大讲堂”等已有品牌活动的基础上，结合时代发展要求以及学生的实际需求，有针对性地开展主题类文化教育活动，通过学生的切身参与，逐渐形成争做文明守信大学生的群体共识；此外，创新性开设线上线下劳动课，新颖的活动形式，丰富的活动选题，得到了学生的积极响应和踊跃参与，让劳动成为学生之间讨论的新话题、追逐的新风尚。

优秀宿舍文化环境基本形成。以本文化项目为依托，通过健全宿舍文化制度、做好优秀校园文化的宣传展示以及打造系列宿舍文化活动，富有学校特色、楼宇特点的宿舍文化环境基本形成，为学生学习生活提供了良好的文化氛围，为学校推进三全育人工作提供坚实的环境支撑。

（2019 年立项项目　撰稿人：鲍博）

中华优秀传统文化全方位融入高校“立德树人”的实践探索

中华优秀传统文化是中华民族的“根”与“魂”。习近平总书记指出：“优秀传统文化是一个国家、一个民族传承和发展的根本，如果丢掉了，就割断了精神命脉。”党的十八大以来，习近平总书记围绕传承和弘扬中华优秀传统文化发表的一系列重要论述，是习近平新时代中国特色社会主义思想的重要组成部分。高校作为文化传承和文化创新的重要阵地，继承和弘扬中华优秀传统文化，对于新形势下落实“立德树人”根本任务，引导大学生增强“四个自信”特别是文化自信，培育和践行社会主义核心价值观，实现中华民族伟大复兴的中国梦，具有长远的战略意义和重要的时代价值。项目实施以来，天津学院围绕立德树人的根本任务，坚持以社会主义核心价值体系引领校园文化建设，积极探索大学生思政工作新途径与新方法，全面提高我院学生思想政治素质，教育和引导广大学生树立正确的世界观、人生观、价值观。

在学院内大力弘扬中华优秀传统文化，建设涵盖课程建设、学生社团、传统文化体验馆、文化展示交流、学术研究等全方位全过程的实践体系，实现学院立德树人与弘扬中华优秀传统文化的有机融合。

我校积极构建传承弘扬中华优秀传统文化的“四个体系”，将优秀传统文化融入到教育教学、群团组织、科研实践和校园文化中，使中华优秀传统文化融入到学院立德树人的实践中。

构建教学体系，融入课堂实践

将中华优秀传统文化课程纳入到公共课程体系。面向全体师生开设《茶文化》《中国古代服饰文化》《珠宝玉石鉴赏》《民族音乐欣赏与基本功训练》等公共选修课。举办优秀传统文化大讲堂，邀请天津市曲艺团张晓琥老师、天津广播电视台高级编辑李明泉老师、天津市知方书画院副院长程骞老师、我院艺术学院胡宝嘉院长开展优秀传统文化专题讲座。

将中华优秀传统文化教育融入专业课程。积极探索中华优秀传统文化传承与“课程思政”有机结合，深入挖掘专业课程中的传统文化因素，并融入到课堂教学中，如在土木工程专业课程中融入中国古代建筑文化，在视觉传达设计专业课程中融入陶瓷文化，在环境设计专业中融入中国古代园林设计等，不断将中华优秀传统文化纳入教育教学全过程。

构建组织体系，融入群团建设

构建覆盖全体学生的弘扬中华优秀传统文化的组织体系。学院成立孝心社，目前学院各班级均成立孝心小组，各二级院系成立孝心分社，孝心社已搭建成了覆盖学院 11 个院系 245 个班级 11000 余名学生的传统文化教育和实践平台。

依托学生社团孝心社，开展形式多样的弘扬中华优秀传统文化活动。利用春节、元宵节、清明节、端午节、中秋节、重阳节等中华传统节日，开展传统文化知识的普及和教育，培养学生民族感情。开展传统文化艺术节、国学知识竞赛、书法、国画比赛等，吸引广大学生参与，增进学生对传统文化认识。深入班级开展“爱要大声说出来”孝道教育主题班会，在上学期针对大学一年级新生开展，在下学期针对大学三年级学生开展，做到教育全覆盖、活动全覆盖。活动以学生自我教育和同伴教育的方式，有效提高学生参与活动的积极性和体验感，提升了教育效果。

构建科研实践体系，融入科研育人实践

鼓励师生开展优秀传统文化科学研究。学院成立传统文化研究院，加强有关的学科专业和研究平台建设，鼓励师生积极开展与弘扬中华优秀传统文化相关的课题申报。“以孝道文化为特色的高校校园文化建设研究”获天津市教委重点调研课题，“校园文化建设视角下孝道研究的现实意义”获批天津学院第三批教研项目。

搭建师生参与的实践平台。中华优秀传统文化教育重在实践和参与，学院聘请当代国学艺术名家马子恺先生协助建设传统文化体验馆，体验馆占地面积 100 平方米，通过整合学校和社会资源，配备优质师资以及充足的器材、设施设备和场地，组织师生开展书画、篆刻、茶艺、汉服等现场实践体验活动。依托艺术设计系，开展学生陶艺作品展览展示，将学生作品作为学院礼品，鼓励学生积极参与到传统文化相关创作中。

构建校园文化建设体系，融入以文化人实践

实现中华优秀传统文化与校园文化建设的紧密结合，全面打造以中华优秀传统文化为特色的校园文化。举办“弘扬传统文化，传承华夏文明”第二届校园传统文化艺术节，开展传统文化知识讲座、传统文化艺术进校园、国学知识竞赛、“爱要大声说出来”孝道教育主题班会等活动，引导学生充分感受优秀传统文化的魅力，激发学生对传统文化的热爱。邀请天津京剧院、天津市曲艺团等到校开展专场演出，营造浓郁的文化氛围，激发学生对中华优秀传统文化的兴趣。

充分发挥校园媒体矩阵作用，营造浓郁的校园文化氛围。学院广泛利用“微信公众号”“微博”等网络新媒体和校园橱窗、电子屏的传统宣传载体宣传系列中华优秀传统文化。在校园内营造氛围，大力弘扬社会主义核心价值观以及讲孝道、守诚信、崇正义等核心思想理念，让中华优秀传统文化在身边、伴生活、促成长。

完备传播实践体系，打造品牌特色活动

中华优秀传统文化课程体系建设基本完备。目前已开设 4 门优秀传统文化选修课，全部实行学分化管理，纳入到学生培养体系中，每门课程 16 学时、2 个学分。依托第二课堂成绩单管理系统，将中华优秀传统文化主题讲座纳入到学生思想政治教育实践学分，鼓励学生积极参与，举办“非遗曲艺艺术视听分享”“话说津门小吃”“书法文化与个人修养”“中国紫砂文化”等讲座，吸引近 1200 名学生参加。

学生社团建设更加完善，优秀传统文化品牌活动特色更加鲜明。学院孝心社—各院系分社—班级孝心小组的组织体系进一步完善，覆盖学院全体学生。组织开展第二届校园传统文化艺术节，举办传统文化知识讲座、传统文化艺术进校园、国学知识竞赛活动，参与人数 3000 余人次，受到师生广泛好评，营造了浓郁校园文化氛围。“爱要大声说出来”孝道教育主题持续开展，受疫情影响，孝心社创新性以线上方式开展主题教育活动，3 月以来共开展“爱要大声说出来”孝道教育主题云班会 61 场，参与学生 2279 人，活动还邀请了学生家长参与，取得了良好效果。

弘扬中华优秀传统文化氛围更加浓郁。学院传统文化体验馆初期建设逐步推进，预计 9 月份可以投入使用，满足师生开展传统文化现场实践体验活动。举办“高雅文化进校园”“天津市戏曲进校园”活动，定期邀请优秀传统文化艺术团体到校开展专场演出，让师生在校内欣赏到高水平的文艺演出，近距离感受到中华优秀传统文化所具有的魅力和特色，激发师生对优秀传统文化的热爱，营造浓郁的校园文化氛围。

积极开展专题学术研究。结合天津学院开展优秀传统文化教育实践的经验成果，正在认真撰写论文，目前尚未定稿。下一阶段，将进一步总结提炼弘扬中华优秀传统文化与高校立德树人结合的实践路径，使之上升为具有普遍指导意义的方法，探索新时代背景下中华优秀传统文化传承创新的理念与路径。

（2019 年立项项目　撰稿人：牛犁）

依托传统文化类社团积极弘扬民族文化、挖掘文化内涵，推进第二课堂建设

中华优秀传统文化是中华民族在过去的数千年中，历经考验和沉淀，最终积累和保留下的民族精髓，是我们的祖先遗留给后人的无价瑰宝。中华优秀传统文化源自古代的日常生活，但又超越了普通生活的范畴，是在提炼和升华之后的文明体现，反映出中华民族自诞生之日起至今所取得的文明成就。民族的就是世界的，弘扬优秀传统文化不仅是对中华文明的继承，更是符合历史发展规律的时代要求，有利于中华民族在历史的积累中不断进步发展，最终实现中华民族的伟大复兴。

我党高度重视优秀传统文化的弘扬，在多种场合都提出了具体的实施方案，也指出了一系列活动的重大意义。特别是在党的十七大报告中明确提出了接下来社会发展总体要求，大力发展教育、科学、文化事业，弘扬民族优秀传统文化，繁荣和发展社会主义文化。要继承和弘扬中华优秀传统文化，弘扬中华传统美德，弘扬时代新风，振奋中华民族精神。这一重要论述，体现了我们党高度重视中华优秀传统文化的鲜明立场和态度，为继承中华优秀传统文化、繁荣发展中国特色社会主义文化提供了根本遵循。习近平总书记在不同场合都曾多次强调弘扬民族传统文化的重要性和深远意义，而在十八大，更是将“弘扬民族传统文化”这一要求写入了党章。

响应国家号召，开展系列活动

北京科技大学积极响应党和国家的号召，在校园内开展一系列以弘扬民族优秀传统文化为主题的丰富多彩的活动，特别是以社团为抓手，开展

相关的组织教育工作。经过几年的努力，北京科技大学在传统文化学生社团方面已取得了令人喜悦的成绩，成立了一大批特点鲜明、主题丰富的社团，并在学校内开展了多种内容丰富、形式多样的学生社团活动。这一系列工作的开展，极大地激发了我校学生了解民族传统文化的热情，并在活动的过程中真切地感受到民族文化所蕴含的独特魅力和深刻内涵，真正发挥了学生社团作为第二课堂所应具备的引导、教育、培养作用，得到老师同学的广泛关注和一致好评。

弘扬传统文化，主题社团丰富

北京科技大学现有以民族传统文化为主题的学生社团 11 家，分别是：尺素汉服社、历史学习社、南国茶社、翰墨情书画协会、相声社、子牛诗社、中医文化社、武侠小说研读会、国韵民乐社、北科棍舞双截棍社和太祖拳协会。同时还有十余家学生社团也在自身的基础上开展了以弘扬民族优秀传统文化为主题的相关校园活动。

整合校内资源，搭建活动平台

另外除单独社团的活动外，北京科技大学还开展了“传统文化月”活动，整合校内资源搭建优秀平台，鼓励社团联合创立精品项目，扩大活动的校园影响力。在“传统文化月”期间，各大社团结合自身特点举办了大量的社团活动，也通过社团联合的方式，进行了文化展演，最终“传统文化月”以闭幕式晚会的方式完美收官，前后历时一个多月，带给大家一场难以忘怀的文化盛宴。

2015 年 4 月 12 日，尺素汉服社在五环广场复原周礼为一名同学成功地举办了一场及笄礼，为推广并弘扬中国传统文化奉献出了自己的一份力量。《礼记》有云：“十有五年而笄，二十而嫁。”及笄礼，即汉民族女孩成人礼，是我国传统的成人仪礼，也是汉民族重要的人文遗产。通过一系列的严谨考究的活动步骤，“陈设、就位、一加、乃醮、与字、聆训、礼成”，汉服社的同学还原了及笄礼的全过程，吸引了众多同学驻足观看，大家纷纷表示很有汉服的感觉，很是羡慕，同时也表示了对笄者的祝福。同时也有不少了解汉服文化的同学，在一边向其他同学介绍及笄礼的由来与意义，让中国传统文化得到了更好的传承。

2015年4月23日，在寒食节即将到来之际，铁流话剧社向全校同学和科大附小的小朋友们表演了精心编排的话剧节目《介子推》《屈原》。寒食节，是中华传统节日之一，是纪念介子推的节日，借此寒食节的契机，铁流话剧社表演话剧《介子推》，向小学生宣传传统节日的知识。表演话剧《屈原》，形象地反映历史人物事迹，传递历史知识。话剧作为一种文化艺术形式，其内容多种多样，表现手法更是五花八门。自19世纪末20世纪初传入中国，至今已有1000多年的历史，但如今真正了解话剧的人并不多，参与话剧编排、表演的更是寥寥无几。为了让更多人了解话剧、欣赏话剧，感受话剧的魅力，同时宣扬中华民族传统文化，借此传统文化月的契机，铁流话剧社策划主办此次为大家表演话剧的活动。

2015年5月22日，相声社举办了相声专场表演暨社团成立三周年庆典。借助相声这种传统的艺术形式，社团的同学们为大家带来了一场精彩的演出。在嬉笑怒骂、唱念做打之中，为大家展示了传统曲艺所蕴含的独特魅力，并普及了更多关于相声发展的文化典故，达到了寓教于乐的目的。同时，相声社还在平时积极开展社团内部交流活动，对于相声的发展历史、各大相声流派及特点进行了普及，同时还按计划举行了社团内部培训活动，内容涉及相声基本功培训、表演台风和台上手势等。

翰墨情书画协会在开展活动的过程中了解到留学生对中国传统书画艺术的兴趣很高，故在本学期开展了专门针对我校留学生的书法教学活动，不仅可以促进中外文化交流同时也有利于推广中国传统文化。翰墨情书画协会固定每周日晚在活动室进行现场教学活动，派出一批有书法基础的同学提供专业的书法指导，通过合理分工进行主讲和示范，基本能实现一对二教学，加上与语言交流协会的合作，基本解决语言交流上的问题，可以帮助留学生更好地理解和掌握在书写过程中的技巧问题。随着活动的开展，争取能将所有对这方面有兴趣的同学全部集结在一起，互相交流探讨以形成良好的学习氛围，同时也将社团活动特别是中国传统文化的影响范围扩大到留学生群体。

2015年4月13日，《红楼梦》文化展在北京科技大学7斋南广场举办，参加这次活动的社团有子牛诗社、中医文化社和南国茶社。子牛诗社着重分析了《红楼梦》之中所蕴含的诗词魅力，并讨论了《红楼梦》在我国文学史的地位及研究这部经典著作的重大意义，同时也引导同学们如何更好地阅读《红楼梦》，并在活动现场朗读了《红楼梦》中的经典片段和诗词。中医文化社则着重分析了《红楼梦》的描写之中的中医养生知识，同时在此基础上适当扩展，介绍了中国传统的养生文化。而南国茶社从茶文化入手，向大家介绍了多种茶叶的特点和茶具的使用，并现场演示了铁观音的泡制过程，邀请观赏者进行品尝，并教导正确的品茶姿势和品茶顺序，感受蕴含在表演里的深刻茶文化。

在学校的引导下，通过学生社团的不断努力，如今已在校园内形成了良好的学习氛围，同学们纷纷表示，在参加了社团的活动之后，对于传统文化的了解更加深入，并产生了浓厚的兴趣，相信在接下来的一段时间内，还会有更多的社团活动得以展开，并会吸引更多的同学参与其中，体会传统文化的魅力。基于此，特申报此项目以促进国学社团发展，繁荣民族传统文化。

（2015年立项项目　撰稿人：刘晓东）

相约戏剧艺术盛筵，感受传统文化风采

为贯彻落实《关于培育和践行社会主义核心价值观的意见》（中办发〔2013〕24号）和习近平总书记关于弘扬中华优秀传统文化系列重要讲话精神，推动教育部《完善中华优秀传统文化教育指导纲要》进一步落实，在北京科技大学形成弘扬优秀传统文化，阅读优秀文化经典的浓厚氛围，北京科技大学文法学院立足自身特色和优势，积极将传统文化融于学院精品人文素质教育活动——文法戏剧节，为浓厚校园人文氛围、提升学生人文素养贡献力量。

文法戏剧节创办于2003年，是文法学院立足学院、面向全校的一项品牌活动。多年来，文法戏剧节不断尝试将中华优秀传统文化的经典元素和思想内涵融入到戏剧节精品剧目中，通过戏剧作品渲染中华优秀传统文化教育的浓厚氛围。截至目前，文法戏剧节共举办13届，覆盖学生近6500人次。第13届戏剧节以"戏遇满井，绎韵芳华"为主题，集中展演了《三块钱国币》《暗恋桃花源》等多个优秀剧目，并积极探索将传统文化融入部分剧目中。以往各届戏剧节的很多剧目均反映了对传统文化的深刻关切，展现了中华优秀传统文化的迷人风采，带给同学们深刻的哲理与启迪。今年来，文法戏剧节融入传统文化的主要方式如下：

演绎传统文化经典元素

文法戏剧节积极结合传统文化的经典元素。第11届文法戏剧节经典剧目《暗恋桃花源》讲述的是2个演出剧组"暗恋"和"桃花源"为争夺在剧场的彩排使用权，不时相互干扰的故事。其中"桃花源"部分以东晋著名诗人、辞赋家陶渊明的《桃花源记》为背景，演绎了古代一位渔夫出走发现桃花源前后的故事，通过两个剧组在时间、空间和演绎内容上的重叠与交叉，展示时间流逝给不同的人带来的不同命运，启示同学们要学会感恩，珍惜当前的幸福并不断坚持下去，不要因为社会变迁而改变自己曾有的理想信念。

阐释传统文化思想内涵

文法戏剧节积极融入传统文化的思想内涵。第 13 届文法戏剧节经典剧目《三块钱国币》以民国时期为背景，讲述贫穷落魄的女仆李嫂与吴太太一家因不慎打碎花瓶导致的一系列故事中，塑造了一位具有正义感的青年学生形象——“杨长雄”，这一形象彰显了中国传统知识分子忧国忧民、追求正义的“家国情怀”。第 9 届文法戏剧节经典剧目《Lost in 女儿国》以中国古代四大名著之一的《西游记》中的故事为背景，讲述唐三藏西天取经途中，路过女儿国时与徒儿们经历了愤怒、迷茫、伤感等情感历程，通过戏剧化的情节表现告诉同学们坚定理想信念，努力团结进取的重要意义。

展现传统文化现实挑战

文法戏剧节积极展现传统文化的现实挑战。第 9 届文法戏剧节经典剧目《东厢记》改编自元代著名杂剧作家王实甫的《西厢记》，讲述崔莺莺在护送父亲的灵柩归乡时偶遇张生，并一见钟情，以及由此产生的一系列爱情搞笑故事。作品将现代人的爱情观、价值观和世界观“嫁接”到身处元代的“崔莺莺”和“张生”身上，故事情节幽默并不失讽刺，由此折射出古代传统思想观念同现当代思想观念的冲突与区别，启发同学们优秀传统文化正在遭受不良文化和不良思想的冲击，作为每一个中华儿女，学习和践行中华优秀传统文化精髓，守护好自己的“文化家园”，抵御不良文化和不良思想的侵蚀是我们肩上不可推卸的责任。

除在剧目质量和展现效果方面重点设计外，学院今年在戏剧节组织筹备、内容安排方面也积极进行探索和革新。一方面，学院改变以往剧目由文法学院学生会学生干部遴选、演员由文法学院学生担任的单一组织形式，主动面向全校招募和筛选戏剧节剧目及演员，充分调动全校爱好戏剧同学的创作和演出热情，更好地让戏剧节“走出文法，走向全校”；另一方面，学院改变以往将演出晚会作为戏剧节主要环节的活动方案，将“戏剧作品创作”和“戏剧作品竞赛”作为戏剧节未来创新发展的两大主要方向，着力将戏剧节打造为包含开幕式、全校性原创剧本征集大赛、全校性原创戏剧展示大赛和闭幕式四项活动赛事于一体、横跨时长约两个月的“北京科技大学戏剧盛会”。今年学院积极探索同校话剧团、铁流剧社等学生社团合办“北科戏剧大赛”，将“北科戏剧大赛”作为“文法戏剧节”的重要组成部分，通过“北科戏剧大赛”面向全校遴选优秀剧目，并对主题立意鲜明、演出效果良好的剧目进行深入挖掘和进一步完善，最终通过“文法戏剧节”演出晚会推向全校。此外，学院积极探索建设“戏剧兴趣小组”，将其作为校内各学院戏剧爱好者的学生兴趣组织，重点创作和排练具有学校、学院文化特色的原创戏剧节剧目作品，同时进一步深化同校团委、校艺术团的合作，邀请校艺术团专业学生演员参与到戏剧节剧目设计、指导与编排中来，同时依托戏剧节为满井话剧团选拔、培养和推荐戏剧人才，共同探索将优秀传统文化元素融于校园戏剧的方式方法，合作开展校园文化艺术工作。

学院积极在戏剧节剧本设计中强化中华优秀传统文化的主题引导，鼓励青年学生创作具有一定思想性、艺术性、创新性且包含传统文化元素的戏剧作品，调动学生对学习中华优秀传统文化的积极性。在戏剧节演出安排中进一步扩大公演时长和范围，扩大戏剧节优秀剧目的覆盖面与影响力，真正将中华优秀传统文化以学生喜闻乐见的方式入眼入脑入心。

（2016 年立项项目　撰稿人：杨雄）

楼宇文化创建研究与实践探索

高校楼宇（学生公寓、教室楼等）本身具有一定的文化性，承载着历史痕迹、展示着人文精神。加强楼宇文化建设，让学生在潜移默化中接受优秀校园文化的影响和熏陶，是落实习总书记全过程、全方位育人要求的必要举措。楼宇的命名、文化氛围的营造、文化活动的开展等都是楼宇文化的重要组成，能够阐释校园文化、传递校园文化，发挥文化育人的作用。

学生公寓是学生学习、生活的主要场所，公寓的文化环境对学生行为习惯的养成、文化品位的提升以及人生观、价值观的形成具有重要的影响。因此，以学生公寓为载体，从公寓楼宇文化符号、文化氛围、文化活动等方面进行设计、打造，开展公寓楼宇文化的研究与实践，具有重要的理论价值与现实意义。

凝聚共识，提高文化素养

学生公寓楼宇文化的创建工作是一项系统工程，需要相关部门凝聚共识、形成合力。学校学生公寓管理委员会由学生工作部（处）、研究生工作部、保卫保密处、后勤服务集团组成，负责学生公寓重要、重大事项的商议决策。创建工作启动以来，管理委员会坚持将学生公寓文化建设作为例会的固定议题进行讨论，明确文化创建工作的重要性和必要性，在公寓文化创建过程中既发挥学生工作部门思想政治教育的优势和力量，又体现后勤服务集团企业化运行的优质服务与引导，努力通过公寓文化环境的营造，实现“服务育人、管理育人、文化育人”。同时，在推进党建进宿舍工作中，引导学生党员、公寓党支部在公寓楼宇文化建设方面发挥作用，在支部立项活动中，对于公寓楼宇文化项目给予重点指导与支持，充分调动、发挥学生骨干在公寓楼宇文化建设工作中的重要作用。

凸显特色，营造文化氛围

环境对人的影响和塑造具有重要的作用，也是公寓楼宇文化的最直观表现。一方面，后勤部门通过工作流程再造、提升机械化程度，配备学生生活必需的设备设施，为学生营造整洁、舒适的住宿环境，让学生身在其中，心情愉悦，心态阳光；后勤员工通过无私奉献、默默付出，影响、感染在住学生，引导他们爱惜环境、学会感恩。另一方面，公寓环境美化、文化氛围营造上注重体现正能量、体现文化元素和校园特色。一是在学生公寓统一设置党建工作宣传栏，发挥党建工作在学生思想政治教育中的龙头作用，通过党员亮身份、先进典型宣传等途径，在公寓内形成积极、向上的正能量；二是在每个宿舍电表箱的位置安装宣传框，选取校园有代表性的苗木，汇总苗木的花语寓意、校园位置等信息，制成宣传海报，帮助学生认识校园里的一草一木，进而了解校园，热爱校园。

立足实际，开展文化活动

学生是公寓的主人，是构建公寓楼宇文化的主要力量。为此，立足学生公寓，围绕学生学习生活实际，开展一系列参与度、认可度较高的品牌文化活动，是对公寓楼宇文化的丰富与充实。

宿舍文化节：通过制定宿舍文明公约、宿舍内务竞赛、宿舍美化竞赛、宿舍成员才艺比拼等环节，增进宿舍成员之间、宿舍与宿舍之间的沟通交流，引导学生在活动中建立起“宿舍即家”的观念，能够自觉地维护宿舍环境，学会理解、尊重宿舍成员，共建温馨、和谐的宿舍氛围。同时，在活动中选拔一批优秀宿舍典型，通过先进典型的示范作用，激励更多的宿舍争当先进、创先争优。

宿舍大讲堂：活动通过挖掘身边同学感兴趣的某一专题，可以是某一名著的专题解读、可以是摄影技术的传授，可以是word功能超级运用的讲解，可以是从专业的角度对社会热点、焦点问题的思考及探究等，通过在学生宿舍区设立讲座，邀请相关知识、经验丰富的同学，利用个人的专业知识和文化积淀，采用图文并茂的表现形式交流研究成果、心得体会等。同时，增加问题访谈、学术辩论、演讲、报告等形式，让学生在共享彼此知识的同时，拉近距离、增进友谊，扩大视野、增长知识。

公寓党支部立项活动：组织学生公寓党支部立足于解决实际问题、丰富公寓楼宇文化，开展党支部立项活动，引导党支部深入到学生中去，及时发现、解决学生的实际困难和问题，共同营造互帮互助、共同进步的良好风气。例如：学生公寓一斋党支部开展“我的一斋我做主”楼宇问题调查活动，从学生角度出发，倾听他们的声音，主动发现公寓中亟待解决的问题，讨论产生学生最满意的解决方法，增强学生的主人翁意识，提高学生对于公寓服务工作的满意程度；研究生春季毕业之际，学生公寓三斋党支部开展了以“家”为主题立项活动，推送就业招聘、宣讲会信息、简历制作及面试技巧等，收集毕业生对三斋建设的意见建议，抒发感想，书写祝福，制作成三斋记忆留言簿，通过记录每一届毕业生的留言，让三斋成为学生青春记忆中永远的家；圣诞、元旦双节前夕，考虑到学生公寓五斋大四同学居多，考研、就业压力较大，五斋党支部联合楼层长队伍，举办了圣诞元旦考研祝福活动，通过挂横幅、“你填贺卡我来送”等方式传达支部成员对同学们的祝福与祝愿，通过交流沟通化解压力，分享心得。

增进认识，设计文化符号

古语中“斋”为读书、休息、思过之所在，我校学生公寓以“斋”命名，形成了独有的公寓“斋”文化。加之公寓管理部门对于各楼宇的统筹管理，各斋在住学生的性别、年级、学院相对固定，人群特征较为明显，一定程度上可以代表公寓楼宇的特点，具备演化成公寓楼宇文化符号的基础。公寓文化创建工作中，我们尝试对于公寓楼宇的人群特征进行总结，通过凝练人群特征关键词、人物形象设计等工作，为每个公寓楼宇设计一位卡通形象代言人，使之成为公寓活动中各楼宇的独特标识和文化符号，逐步为广大学生所接受，引导学生从对文化符号的认同转化为对居住公寓楼宇的认同，进而产生较强的归属感。

随着后勤社会化、学分制改革的深入，班级概念日趋弱化，宿舍概念逐渐增强，学生公寓在学生成长成材过程中发挥了越来越重要的作用，成为高校育人工作的重要阵地。开展公寓楼宇文化创建工作，可以凝聚校园精神和人文气息，丰富学生的文化生活和精神世界，彰显学生朝气蓬勃和奋发向上的精神，陶冶学生的高尚品德和道德情操，在潜移默化中产生富有思想性、知识性、趣味性的文化，有助于形成优良的校风、学风，是对校园文化的完善和补充。

随着公寓楼宇文化创建工作的推进，公寓的住宿环境得以提升，各种学生兴趣度、参与度较高的公寓文化活动纷纷开展，宿舍之间“比文明、比先进”的氛围日益浓厚，积极、健康、向上的公寓文化氛围初步形成。同时，优良的公寓文化氛围，促进了优良舍风、班风、学风的形成，对引导学生养成良好的学习习惯和作息规律起到了较好的作用，晚自习时段宿舍“熄灯率”显著提高。

公寓楼宇文化创建工作，带来的是公寓住宿舒适度的提高，是宿舍文化氛围的日渐浓厚，是学生对于“宿舍即家”观念的广泛认同。学生在各类文化活动过程中，感受优秀校园文化的影响与熏陶，个人素养得到提升，同时在与他人交流中增进了解、加深感情，结交朋友、收获友谊，成为公寓楼宇文化创建工作真正的受益者，对公寓楼宇文化创建工作给予较高的认可与支持。

（2017 年立项项目　撰稿人：鲍博）

外语楼前景观美化与景观文化实践与探索

引　言

大学之“大”，不仅在于大学内有学术科研的“大师”，有朝气蓬勃的“大”学生，有宽广宏大的“大”校园，还应有与之相匹配的优美的校园景观与优雅的景观文化。一座雕塑、一个池塘、一片奇花异草，皆能引申和衍生出大学之历史渊源、人文精神、文化积淀与思想传承。

学校蓬勃向上的精神面貌充斥于学校建设的方方面面，除了在人才培养、学术科研等核心领域取得的诸多重大成就外，校园整体美化与文化景观建设也在大刀阔斧地进行，新景观的构建，新花木的引入，核心价值“新广场”的开辟等，使学校放眼望去一片欣欣向荣。

但我们也发现，校园花木的引入或搭配，依然还有较大空间，尤其是经典景观的凝练投入还不够，一些闲置空地还有待绿化开发。以外国语学院门前空地为例，虽然有银杏林作为我院“镇院之宝”，可作为四季搭配的时令花木单一乏味，我们希望能够更好地发挥本学院“兼容并蓄、五光十色”的文化特点，有效地利用起楼前空地，大力引入新的花卉，形成新的花园式经典景观，为学校整体景观文化建设添砖加瓦。

利用楼前空地，美化校园景观

自 2018 年初春，外国语学院行政团队积极行动起来，除楼宇内的环境优化外，对楼宇外空地开始尝试美化行动，力图用自己的双手，在贫瘠的土地上开辟出一片美丽别致的小型景观。

1. 对场地现有贫瘠土壤进行深度改良

外语楼前小空地的土壤土质条件极差，土质皆为黏性极高的黄壤土，并伴有大量石子、砖头、熟石灰等建筑垃圾，土壤碱性强、不疏松、不存水、肥力差，并不十分适合植物花卉的生长。为改造土壤，我们采取深耕土表、掺拌腐殖质、加强肥水管理等方式，对土壤进行了 40~60cm 深耕，挑拣出石头等杂物，施用松土精，并在平整土地后用购买的锯末、谷糠和校园内松针落叶等腐殖颗粒进行掺拌，施入有机肥等，极大地改善了花卉赖以存活的土质条件。

2. 大力栽植各类具有观赏价值的花卉绿植

近年来，校院内绿植花卉种类数量虽有一定的增长，但大多集中在春夏季节开放，且种类相对单调。为此，我们较为深入地研究适合栽植在北方园林的花卉，根据花卉习性，先后栽植校园内较不常见的花卉 60 余种，诸如百合、扶桑、绣球、菊花、金莲花、月见草、芙蓉葵、耧斗菜、唐菖蒲、鲁冰花、铁线莲、红蓖麻、曼珠沙华、纹瓣悬铃、大花剪秋罗、木本曼陀罗、日本牵牛花等。其中许多花卉花期长，植株美观，为校园内仅有品类。

3. 研究花卉习性，为丰富校园花卉种类积累数据

外语楼前空地，土质贫瘠，并生有槐树、柳树等大型树种，且位于楼宇背阴面，日照时间短，对花卉生长较为不利。但是其基础生态环境特点与校园内很多空置或缺乏绿化地带十分相似。我们在总结多种花卉种植及养护经验的基础上，较为深入地研究了 20 余种较不常见且能够耐寒耐热花卉的生长习性。如耧斗菜，多年生草本花卉，春季开花，花如耧斗，二回三出复叶，颜色丰富，花与叶均有很高的观赏价值，耐寒性强，北方冬天可露天过冬，但夏天应适当遮阴。这种花卉的生长习性以及观赏价值，非常适宜在图书馆西楼与主楼间空置草场等地广泛栽植；又如曼珠沙华和黄花石蒜，花期为夏末秋初，伞状花序，花姿优美，喜阴耐阴，冬天可覆膜或覆草防寒过冬，可栽植于档案馆与实验楼之间相关空地，初秋必然为一亮丽风景；又如菊花，本为非常普遍可见的季节性花卉，花型花色均非常丰富，其花中四君子的寓意更是广为人知，养护简单，在校园里多处均可栽植，是为晚秋校园典型花卉；蜡梅，校园内有栽植，宜在体育馆游泳馆南侧多加栽植，必会在冬天体现出浓烈的人文气息，等等。以此希望能够为校园绿化多样性提供有价值的参考意见。

积极探索尝试，初取衍生成果

经过不断努力与尝试，从2018年初春至今，外语楼前空地的景致有了明显改观，并且取得了一定的衍生成果。

首先，闲置空地得到有效利用。与其让空地长草，又或者简单铺草绿化，不如因地制宜，让一部分喜欢花卉养植的人自己动起来，建造有自身体量特点的微型花园。外语楼前闲置空地的自主开发，使本来了无生气的杂草地，多出了许多鲜艳的颜色，多出了许多各有特色的时令花卉。春夏秋三季各色鲜花盛开的时候，均有大量师生流连于此观赏拍照，同时为此付出大量心力汗水的我院行政团队人员也获得了很大的愉悦感和成就感。

其次，大量日常较为难见的花卉绿植在校园里出现，为很多植物爱好者、花卉爱好者提供了观赏和研究的目标。一些大学校园内鲜有种植的花卉，如绣球、唐菖蒲、铁线莲、虞美人、扶桑、耧斗菜、雏菊、朝颜牵牛花、木本曼陀罗、纹瓣悬铃花等，在北京或许只有植物园、世博园等地才有种植，但在我校校园内成长绽放，也一定程度上体现出大学博广雅蓄的特征和内涵。

再次，在小花园建设过程中，有一部分师生自发前来协助除草、浇水、捉虫，展现出一种师生热情参与，共建美好校园的精神，对于校园人文文化的建设有着一定的推动促进作用。

实践为引，延伸学校

虽然由于我们的团队日常工作较为繁重，仅用微不足道的业余时间来打理楼前的小花园，花园规模与影响力还有较大不足，兼职园林设计方面尚缺乏专业性，在经费基本自给的情况下，无法实现新奇性与艺术性的有效统一，但花园植被花卉的新、奇、美为师生等带来了一定的愉悦体验。同时，通过该文化建设项目，我们为校园整体景观文化建设或许可以提供一些相应的借鉴思路。

1. 校园内闲置绿化地带进行校内各单位绿化招标立项的可行性

学校整体绿化的规划是比较系统全面的，而且其中必然有很多专业人员在设计统筹，但统一性的情况下或许会存在着板、粗、僵的可能性。如果要使校园景观环境更加细致细腻，大可以在条件允许的情况下，对一些绿化死角或“鸡肋”地带实施校内单位的绿化建设项目招标，通过文化建设立项的方式，让更多的师生投身到校园环境建设中来。在有利于配合学校整体绿化工作，加强指导与规范的前提下，鼓励多样性开发。此类建设方式或可一定程度上既减少学校整体人力物力的投入，又能实现丰富多彩的绿化景观效果。

2. 合理利用条件扩大植被种类数量

工科为背景的高校，其校园景观更需要融入人文气息，鼓励新、奇、活的气质。对于绿化植被来说，更要体现大学博广雅蓄的精神。绿植花卉如果能够更为丰富、奇特，必然给人以耳目一新的感受。北京大型公园、植物园中能够养植的许多花卉，完全可以在校园里进行栽植，很多诸如耧斗菜、粉黛乱子草等植物，是可以在校园内因地制宜地大规模栽种的，而且其成本并不会太高，却可以带来巨大的文化效果，如主楼东侧的微型牡丹园，给师生带来的文化体验是十分浓厚的。

3. 结合人才培养环节打造景观经典

随着大学生数量的增多，或多或少的问题不断涌现出来，其中心理问题逐渐成为我们格外关注的一个方面。我们在外语楼前空地广植新奇花卉开辟微型花园，时常鼓励有心理问题的学生到花园中劳动或观赏，甚至发泄诸多情绪，一定程度上为此类学生提供了一个情绪宣泄途径。如果学校心理咨询中心能够同样开辟一个园地，栽植花卉或作物，或可为问题学生提供不一样的情绪调控环境。

同样，如果校园内的景观与学校的人才培养紧密结合起来，一定会起到寓教于景，增加人才培养的多维度性。

综上所述，外国语学院切实拓展文化建设外延，同时积极为学校文化景观建设积累经验。在实践过程中注重集思广益，大胆尝试，使外语楼前原本荒芜的闲置空地得到有效改善，各种具有较高观赏价值的绿植花卉很好地点缀了校园景观，得到许多校内师生的高度认可。

（2018 年立项项目　撰稿人：武冠雄）

后 记

站在世界百年未有之大变局和中华民族伟大复兴战略全局的历史高度，高校校园文化建设正面临着难得的历史机遇和使命担当。一直以来，北京科技大学坚持立德树人的育人主方向，打造校园文化建设新高地，充分发挥校园文化建设在培育和践行社会主义核心价值观、提高师生人文素养等方面的重要作用，积极探索大学文化建设的新模式、新路径、新方法，努力为学校“十四五”规划建设谋好篇、开好局。本书作为十三五规划时期校园文化发展的阶段性总结，尽可能详实、充分地记录了北京科技大学校园文化建设工作的研究成果。

《文毓满井 雅泽风华》全书共三章，共计 36 万字有余，在全面梳理汇总大量历史资料的基础上，记述了北京科技大学近年来校园文化建设难以忘怀的精彩篇章，展现了北科精神面向未来高质量发展的美好愿景。

本书是集体劳动的成果，本书的成功编撰，离不开学校各部门、各学院的大力支持。非常感谢参与编写本书的全体老师，感谢为文化建设工作提供宝贵想法的各课题负责人，感谢大力支持学校工作的全体师生，感谢“全国高校思想政治工作中青年骨干队伍建设项目（课题项目编号：16JDSZK107）”和北京市“微言大义”新媒体工作室的资助。大家甘于奉献、积极协作的高度责任感与敬业精神，正是我校艰苦奋斗、开拓创新、扎扎实实做好每一项工作的小小缩影，而这种人气旺、人心齐、人情真的良好氛围与精神风貌，也必将是推动学校又好又快发展，创造北京科技大学更加美好未来的强大动力。

本书在时间上仅收录了北京科技大学 2015—2019 年度的部分文化立项成果，此后的文化立项成果收录工作仍在进行，本书将不断结合校园文化新理念、新成果、新突破进行修正、补充与完善。本书的编撰不仅是校园文化建设成果化的一次有益尝试，也是学校文化建设工作者不可或缺的一本工具书。与此同时，我们还会在搜集各种校史资料的基础上，深度挖掘类型多样的校园历史文化专题，出版系列丛书，敬请各位读者、朋友期待。

最后，值此书问世之际，谨向参与编纂、供稿和关心支持本书出版的所有同仁深表诚挚谢意。也衷心感谢大家对本书编写组的包容与谅解！

编　者

2020 年 5 月 18 日